百部红色经典

聂耳日记

聂耳 著

北京联合出版公司
Beijing United Publishing Co.,Ltd.

图书在版编目（CIP）数据

聂耳日记 / 聂耳著. -- 北京：北京联合出版公司，2021.3

（百部红色经典）

ISBN 978-7-5596-4865-5

Ⅰ. ①聂…　Ⅱ. ①聂…　Ⅲ. ①聂耳（1912-1935）—日记　Ⅳ. ①K825.76

中国版本图书馆CIP数据核字(2020)第267052号

聂耳日记

作　　者：聂　耳
出 品 人：赵红仕
责任编辑：高霁月
封面设计：吴黛君

北京联合出版公司出版
（北京市西城区德外大街83号楼9层 100088）
北京新华先锋出版科技有限公司发行
天津旭丰源印刷有限公司印刷　新华书店经销
字数388千字　787毫米×1092毫米　1/16　25印张
2021年3月第1版　2021年3月第1次印刷
ISBN 978-7-5596-4865-5
定价：69.00元

出版前言

为庆祝中国共产党成立100周年，全面展现中国共产党成立以来中华民族辉煌的发展历程、取得的伟大成就和宝贵经验，集中体现中华民族的文化创造力和生命力，北京联合出版公司策划了“百部红色经典”系列丛书，希望以文学的形式唱响礼赞新中国、奋斗新时代的昂扬旋律。

本套丛书收录了近一百年来，描绘我国人民在中国共产党的领导下艰苦奋斗、开拓创新、改革开放的壮美画卷，充分展现我国社会全方位变革、反映社会现实和人民主体地位、弘扬社会主义核心价值观、讴歌中华民族伟大复兴中国梦的100部文学经典力作。

本套丛书汇集了知侠、梁晓声、老舍、李心田、李广田、王愿坚、马烽、赵树理、孙犁、冯志、杨朔、刘白羽、浩然、李劼人、高云览、邱勋、靳以、韩少功、周梅森、石钟山等近百位具有代表性的中国现当代著名作家。入选作品中，有国民革命时期探索革命道路的《革命的信仰》《中国向何处去》，有描写抗日战争的《铁道游击队》《敌后武工队》《风云初记》，有描绘解放战争历史画卷的《红嫂》《走向胜利》《新儿女英雄续传》，有展现新中国建设历程的《天山牧歌》《三里湾》《激情燃烧的岁月》，有寻找和重建民族文化自信的《年轮》《奠基者》，也有改革开放后反映中国社会现状、探索中国道路的《中国制造》《今夜有暴风雪》，同时还收录了展现革命英雄人物光辉事迹的《刘胡兰传》《焦裕禄》《雷锋日记》等。

本套丛书讲述了丰富多样的中国故事，塑造了一大批深入人心的中国形象，奏响了昂扬奋进的中国旋律。这些经历了时间检验的文学作品，在艺术表现形式、文学叙述方式和创作技巧等方面都具有开拓性和创造性，作品的质量、品位、风格、内涵等方面都具有很高的水准，都是有筋骨、有道德、有温度的优秀作品，很多作家的作品都曾荣获“五个一工程奖”“茅盾文学奖”“鲁迅文学奖”“国家图书奖”等奖项。

为将该套丛书打造成为集思想性、艺术性、时代性为一体，展现新时代文学艺术发展新风貌的精品图书，北京联合出版公司成立了由出版界、文学艺术界的资深专家和学者组成的编辑委员会。他们从文学作品的历史价值、文学价值、学术价值、现实意义等维度对作品进行了深入细致的研读和筛选，吸收并借鉴了广大读者的意见与建议，对入选作品进行深入细致的分析与综合评定，努力将“百部红色经典”系列丛书打造成为政治性、思想性和艺术性和谐统一的优秀读物，向伟大的中国共产党成立100周年这一光荣的日子献礼！

目　录

一九二六

六月一日

是日为史地之平时测验，上午八时高老师出题。现将所试之题无妨录下。

历史题：

1．试述元代四汗国名及其领地。

2．试述清初藩属国家。

3．试述西力东侵之原因。

地理题：

1．试述世界文字之大别，并各举出该种文字盛行之地。

2．试述耶、回、佛三教之分布地。

3．何谓民族精神。

每科以两艺[1]为完卷。

余作五题：历史二题，地理三题。后忆今日之测验，谅各题俱有七八成之合，故殊觉满意也。

[1] 指完成两道题。

六月二日

是日之周会，为校长报告本校经费状况之过去、现在、未来。现仅余之所笔记，略述如下。

一、本校经费之来源：

1．学捐——共有十九项目（如川席、花生米等），每月至少二百元多至二千元。

2．学费——收客籍费时约一千七八百元。

3．田租——共有十三石。

4．铺租——即校前之一间每月六元。

二、本校经费困难之原因：

1．封马[1]。

2．迤东一带火腿[2]少入。

故感觉入不敷出之困难也（经费局每月交来约四百元，校中之用几至一千二百元）。

三、本校以前筹备经费之□[3]地：

前任校长亦有呼经费之困难，但筹备未成。后乃赵校长以继续之。

四、此次筹备增加经费之经过：

最先与本校之吴校董商议——因其为财政委员会之委员，又与司长为至交——徐司长甚为赞成之。

十月二日旅行所需之物件：

1．回饼；2．葡萄干；3．糖食；4．饼干；5．面包；6．去核盐梅；7．仁丹[4]。

---

[1] 云南军阀强行征调马匹和民夫，影响商品流通及税收。

[2] 位于云南东部的宣威盛产火腿。

[3] 手稿缺字。

[4] 即人丹，一种缓解中暑、晕车等症状的中成药。

十月一日　（星期五）

晨地理教员杨履端云：他阅一文则鼓励起教者与学者之奋勉，夫现代之中学生程度极糟，往往眼高手低，差不多一种学问的基础都不知道，就要研究一些高深的学问。

我听了许许多多的话，真令我蹙额疾首。感觉到我凡研究一种学问都是混乱的、无头绪的，从此以后总要脚踏实地从根本上着手，不要眼高手低。

他还说：凡研究学问，要得方法。

十月二日　（星期六）

旅行之经过：

1．时间——五时半起床，六时半早餐，七时半上船。

2．路程起止——自西门马路边下船，至苏家村上岸。

3．上岸情形——上岸后直接登山至太华寺开膳午[1]（午前十时半）。

4．游览地——膳午后与本桌[2]至华亭寺及砍竹。

5．开饭时间——分二次：头次二时，二次二时半。

6．归来时间——三时半下船，六时到校。

请勿眼高手低，愿就基础根本。

A．现在我所要理之基础功课：

1．国文；2．英文；3．数学；4．史地；5．理化。

B．在中学时代应随时抱定的：

1．关于毕业后之职业问题。2．在可塑性最强之时期宜养成许多良好的习惯，去除许多坏习惯。3．关于交际上的活动。

此次关于成绩展览会我之作品：

[1] 那时云南地区每日两餐。早饭后的午餐，称“膳午”或“晌午”。

[2] 吃饭时的同桌。

1．物理学；2．数学；3．课外作品及图画等。

《地方自治讨论集》

细目：

地方之解释（定义）。

地方自治之要件。

地方自治之来源（大陆法系，英美法系）。

何谓省宪。

地方自治应注意的问题：

1．教育；2．实业；3．交通；4．财政；5．团保；6．警察。（互为连带关系）

地方自治之解释。

各科成绩之交呈日期：

1．作文；2．日记；3．生理画；4．水彩画；5．手工；6．数学；7．公民；8．史地；9．英文；10．理化画。

刺激之起，起于感官之兴奋；反应之起，则源于筋肉之收缩。

A—刺激经过神经系，其循之路径谓之神经通路。

故生理上言之，学习即系于神经系中建立通道。

A．关于学校宜复习者：

1．数学；2．物理；3．化学。

数学须将所有之练习算完。

理化先将参考抄起而后复习之。

B．关于英语学校宜注意者：

1．所上之班数共三班，而以四班之柏老师为主，五班之吴老师及六班。

2．每日所读者须于预先预习。

3．每日所读者须于课后复习。

C．自修之科目及用书：

1．历史；2．地理（世界地理）（英文）；3．数学；4．国文；5．英文文法。

时间：1．早饭前；2．午饭前或英文课后。

在十五日内应将理化参考一律抄完，此外宜在年假内须注意者：1．国文；2．历史；3．公民；4．理化；5．小楷；6．簿记；7．珠算；8．英文。

各科之用书：1．古文、《左传》；2．共和国教科书（公民）；3．现代初中历史；4．现代初中地理；5．小楷帖；6．商业学校用书（簿记）；7．珠算大全；8．英语学会所教之书。

随时温习学校所习者及多看新书。时间之分配：

早饭前习小楷，午饭后习英文及国文。

12—1 时公民；1—2 时历史；2—3 时地理；3—4 时簿记、珠算。理化有闲即看。

以上各科皆遵学习心理，每科以三四十分钟为最适宜。有暇或礼拜日即至省教育会阅书报。

吉庆有余	赵沙舟	小富春街太阳巷大门
汽车	赵石龙	小园巷四号
竹报平安	王志导	柿花巷六号
青云直上	胡绶之	
万象回春	刘天一	二矗街萧家巷六号

一九二七

对张普义之回复：1．言家母、家兄之不允。2．校长之不允。3．如蒙厚爱二次又往。4．请退于此。

三月十七日张普义、赵石龙等往上海。

四月二日寄上海信。

王国祥——上海法租界霞飞路协平里二七六号。

四月十四日九班乙组旅行石龙坝之路程：十四日午前六时半开船，十时至吴家别墅。午饭后至三清阁一游。十五日早饭后至高峣普贤寺、碧鸡关，后自普贤寺往太华、华亭寺一游。

四月十四日　星期四（晴）

午前六时半出发，十时至吴家别墅，午饭后至三清阁一游，九时食夜饭。

四月十五日　星期五（晴）

早饭后至普贤寺、高峣碧鸡关。游后返至华亭、太华寺遇省师学生旅行。四时归。五时午饭后落大雨。

四月十六日　星期六（雨）

晨起临时议决至电灯公司参观。十一时出发，行经美人峰、马鞍山、老洋沟底、哈麻山、棋盘山、妥乐山等。午后六时始抵，参观后开晚饭。八时半寝（本日遇四阵大雨至妥乐山尤大）。

四月十七日　星期日（雨）

午前八时一刻出发，十时抵妥乐村休息一小时（冒雨）。十二时十分抵长坡，后在碧鸡关食膳午。午后三时乃归（自电灯公司至妥乐二十里，自妥乐至长坡十五里）。

四月十八日

午饭后上船，至大观楼食晚饭。七时抵校（甲组未归）。

新机马力——375 匹（二部 750 匹）　旧机马力——300 匹（二部 600 匹）

交流电——三间三线势　直流电——阴阳之分（用于电车）

强电流——多用交流　弱电流——多用直流

旧机电量 300K（几量）、V（电压）、A（电流）

K.V.A×0.8（力率）=kW

（民国元年开灯）本公司之电量 =300K.V.A

$\frac{3}{4}$ kW=1 马力（HP）　HP=0.75kW

每部——300K.V.A　二部约 700　新机二部约 800K.V.A

自水源至旧机：河长 1478 米达　旧机之水面与海面之高度差约 14 米达

每秒水流约 2.8 立米　河道深 2 米达　阔 2.6 米达

股份约一万股（每股百元）　资本金一百万　职员约五百人

收入约三万元　支出约一万六千元

静电——天然电　动电——摩擦电

110 伏→发电机 3000 电压→ 23000 电压→省之变压器 3000 →各街

110 →各宅用燃灯[1]

★ 小常识

全世界方言约计 2750 种。

1897 年意人麦可尼始发明无线电。

报纸 1588 年始于英国发现。

钟表发明于 1476 年。

1829 年美国加省始发现黄金。

千里镜始于 1590 年。

指南针创于轩辕二年。

1652 年报纸始有刊登广告。

玻璃发明于 1820 年。

★ 对于鸡蛋糕的问题[2]

鸡蛋糕来鸡蛋糕，又香又甜又酥泡，
蛋糕英雄知道了，赶紧抢去装腰包。

女中[3]学生旁边思，看见此事只笑笑，
各班都有一代表，联中[4]名誉自此糟。

六月二十二日[5]

晨七时十分赴轮，至十二时许至昆阳，约四五点钟至新街。自昆阳至新街沿途有吴学显部下之军队赴昆阳（两大队），本夜未寝。

[1] 这是对参观昆明耀龙电灯公司（石龙坝发电厂）的记录。

[2] 这是聂耳写的打油诗。

[3] 昆华女子中学。

[4] 云南第一联合中学。

[5] 此日至七月初十，聂耳回玉溪过暑假，使用的日期为农历。

六月二十三日

晨，天将明，昨日所去之军队夜赶到新街，恶拍店门，大呼找伕子[1]做饭吃之。龙云之军队昨夜自安宁赴昆阳围城，于是速备滑竿，未食未洗面即起程。至刺桐关食点心时军队仍赶到。不论何家拍门封马，就地煮饭。至石狗头余等已赶在军队先行。在茶铺中仅有军人八九，云："走不动了，给滑竿借来坐坐。"余完全不理。走出石狗头约三四里之远，一伕子言其腹痛不能行。时一避拉伕之樵夫自山上而下，后即换他抬至州城[2]。约在正午十二时抵至县公署理财科，与外祖父同至大舅处午饭，与五十七[3]及姐姐至刘家[4]。夜聂子安来家，至十一时许始眠。

六月二十四日

早饭后至北门王佐臣、聂鸿文、苏华、聂四耶[5]等家。闻聂士秀前日来玉溪，闻外祖父云昨日龙云军队已至省城。晚饭后学习《算术便览》加、减、乘法。

六月二十五日

早饭后，十二时至县立中学校开会——讲演练习会——县长及各机关重要人员未至。自由演说，余稍稍讲演对于本会[6]应怎样发展……晚饭后与母亲、大姐至五舅父处。晚饭后出街看火把[7]，回家与五十七谈话。本晚大姐与五十七、保等皆在此宿。

六月二十六日

早饭后与表弟至大士庵一游，有许多孩子在大桥下游泳。回家后聂士

---

[1] 被军队强征的苦力。

[2] 玉溪为新兴州的州城。

[3] 聂耳大姐之子的乳名。

[4] 聂耳姐夫家。

[5] "耶"即叔叔。

[6] 玉溪青年改进会。

[7] 时值火把节。

秀来家，决定四五日后与伊同至昆明。后至王二舅家晚饭。晚饭后与表弟等至诸葛庙，回家送大姐回。晚表姐夫来家闲谈。

六月二十七日

早饭后无事，睡眠。至大姐处，后与母亲至表姐家晚餐。后至大姐家。本晚住此。

六月二十八日

早饭后无事。晚饭后亦无事可记。

六月二十九日

晚饭后到了许多军队。大舅家亦有人驻，臂有红布。

六月三十日

早饭后至“恒兴利”铺子内，见沿街军队头戴一斗笠，发卖杂物。有一售鸡毛掸者，一军人见之，即往取之，云：“将汝之斗笠借我一用。”本日有告示二张，一为第五旅司令官杨布告，其大意为：昨日所来之军队系因剿匪路经昆阳、玉溪。所有拉伕、封马之事一律禁止，军民人等宜安居乐业。一为元武边防军司令官杨有堂布告，其大意为：本军所属部下（即自昆阳回来的）此次来玉，皆奉政府命令，俟大局定后即开驻他处。近有伪造谣言，煽惑人心，为害不小。经此布告后，违者军法从事……昨日自大舅家回家时天将黑，恐有危险，故冒大雨回家。今早即感受风寒。自十一时半至三时半服圣灵水三次，渐愈。晚饭后正在闲谈时，忽闻小楼上有响声。往观之，则见指挥刀落于楼板。后查此刀所置之处，离所落之处相隔太远，诚可怪耶？

七月初一日

本早起来时，大姐即唤起。闻二姻兄云：第五旅之军队有许多鸦片，请县长售卖，县长不能。后由各铺家分卖，“恒兴利”令取捌拾元购买。午后一时接王继烈信后，即时回复。将晚饭聂士秀来问信。本日“恒兴利”

接姐夫之信，云二十五日半夜胡军长私逃，二十七日孟友闻进省。夜无事可记。

七月初二日

早饭后与母亲自大姐家来舅父家。军队至二三时始开拔，闻赶至昆阳。夜与舅父闲谈。

七月初三日　Today is Sunday〔今天星期日〕[1]

午闻河西之匪，约于一两日后即来玉。在家收拾东西及被褥送在大姐家。王大舅家来请晚餐，因我头痛未去，仅母亲与五十七去。聂士秀来家，商量决定俟路途靖吉后再为起身。本晚在家，头甚痛，舅父与我卜课。后五课问谋事有成否，卜后不成，既成约在九月间。消夜后寝。

七月初四日

本日头仍痛。午大姐来家，请母亲与我至九光殿。谢苍哥哥回来睡眠多时。有省城及安宁之信来。安宁信云四舅此次在安宁攻击胡逆，上峰信用，现有将任团副兼营长之消息。聂二耶家来请，晚饭后回家。本宅同住有自昆阳来玉者云：昆阳之军队已开往晋宁，昆湖之轮船、民船一律准下不准上。送第五旅来玉之保商队，今早已开回通海。后大姐回家，在彼闲谈多时即归。

七月初五日

晨起后将煮饭，二耶来请去吃早饭。午至四耶家、孙华家及王佐臣家，后又回至二耶家吃晚饭。饭后与外祖父吃茶，后回家闲谈。

七月初六日

早饭后与老表至聂子安家拿祖公单[2]，未获。又至大姐家要油纸，大姐

[1] 聂耳的日记中有时夹杂英文，六角括号内为译文，下同。

[2] 指聂氏历代宗亲表。

命我晚饭后与伊写信。晚饭在孙华家，聂士秀来请明日早饭。晚在大姐家写信：一为大姐致三兄书，一为四姻姐致其夫书。写后即在此眠。

七月初七日

晨起后聂士秀来请早饭，后与伊至各处问信。有云尚未开船，有云昨日已开昆阳船。最后决定与同往卖瓦货者初十日同行。聂士秀走后至东岳庙一游。近日有新闻云：石屏海叫，以三牲猪羊祭之，仍叫。后请神，传言云需要三百六十人头祭之。用铁打大剪子一把，见头就剪。有倮倮[1]及卖炭者云，近日满山在剪。晚饭后至大姐家写信，大姐作客尚未回来，将黑才来。后与王上街买梨。回家表弟等来接。赵珮清之子、谢汝翼之子在家卜课。消夜后寝。

七月初八日

早饭后在家写信，后与聂士秀取款，回家与舅父修伞。晚饭后与聂士秀、表弟闲游，又至青年改进会闲谈，后至大姐家。回家接继烈、文敏信。二炮[2]后与舅父至正街消夜。

七月初九日

本早元武边防军开回通海。早饭后至大姐处，闻昨夜军队向各家筹款，大姐家筹一百二十五元。写信后回家，遇李本仁。晚饭后与士秀至各家询问，最后决定明天起程。回家后舅父与外祖父等皆不准走。消夜后寝。

七月初十日

晨士秀来家喊母亲与舅母，亦不去向舅父借钱，亦不给。后少坐一时，得母亲之许可始给。在四耶家早饭后，出北门至北城街，遇王能之亲戚亦上省，后与之同行。

---

[1] 彝族人自称。

[2] 指二更天。

Ⅰ. 我要进高师的理由。

（一）在从前的时候，哪家有一个子弟是读书的，大家都认为是光荣的。现在我们家有三个儿子，两个做事，可以供一个上进深造。

（二）省立师范学校虽然不是完全公费，但供有伙食。假使不进学校，在家还是要开伙食。计算此项伙食费，每月约计十元，四年即可省四百八十元。

（三）初入校时所缴的费用共十六元。十元的保证金，毕业尚可退还，每年不过六元。假使不进此校，英文是要上的，计算此项学费，每月一元，四年须要四十八元。该校所需费用四年不过二十四元，这又可省二十四元。

（四）若果不进此校，在家闲着，当然是不可能的。去做事呢，恐怕人家说年龄幼了，做事没有经验、把握。假使能有合格的事，还要听候机会，并且哪天能有事还不知道。假使有了合格的事，每月不过一二十元，除伙食零用外，哪里还有补助家庭的钱呢？

（五）进省师的外国语组，专门研究英文和选修别的科学，毕业后恐怕有出外的机会。假若不能，最低限度总有一个中学教员的职任。

Ⅱ. 我要进高师的困难。

（一）初入校时需缴若干费用：1. 保证金十元；2. 讲义费四元；3. 体育费二元；4. 书籍费等。共计二十多元。这项费用是最初要用的，现在家庭中一文没有，哪里能缴呢？

（二）省师是一个不能通学的学校 [1]，要迁入学校寄宿，寝具当然就是一个困难问题。

Ⅲ. 我要进高师之困难的解决方法。

有了困难必要战胜，所以有解决的方法。

（一）我们家里并不是常常如此的，总有发展的一天。现在二哥考取邮局，俟有缺时，他总要来传，最初的一个总是二哥。三哥已经入银行差不

[1] 指不能走读。

多一个月，俟学习期满即可领得薪水。所以第一个困难依我的解决法是现在和朋友处暂借一时，以后可以慢慢偿还。

（二）一个人的寝具甚为简单，垫的已经有了，盖的可以向朋友处暂借。

以上困难问题依这解决法去做，若做得到就可以进，做不到就不能进。

1. 每日睡眠八小时，起寝时间宜有一定。

2. 起床即行冷水摩擦或冷水浴。

3. 每日晨起，户外散步二十分钟。

4. 每日餐前，散步二十分钟。

5. 每星期入浴两次（星期三、六）。

6. 晚餐后不宜饮茶，其他液体只宜少饮。

7. 晚餐后不宜作兴奋工作，宜安静身体，爽快精神。其适当之事为愉快之社交的娱乐法，以不费心思之游戏，静雅之音乐为相宜。

8. 在就寝二小时以前行单纯的散步及体操等。

9. 寝前宜漱口。

10. 进食前后三十分钟不宜运动。

11. 入床后不能熟眠，可于床中行呼吸法，不宜过强。

12. 入浴后宜行深呼吸。

13. 运动后不宜继续用脑，需要俟身体安静片刻后。

14. 运动后即可入浴，冷水摩擦或冷水浴。

15. 修学时宜正姿势不致疲乏。

16. 修学时若脑子不清，不妨横身椅上行一欠伸。

17. 修学时若心地不爽快，不妨就其座上行深呼吸法，并合两手互揉手掌及手颈至手尖之关节，亦可使气氛爽快，头脑敏活也。

★ 关于《可怜同》之批评

团长军帽应带泡边的。

其妻之表带须用女子者。

团长服装需多加。

其妻之戒指，其夫宜亲手戴上。

其母身宜曲。

八月初五日

缴保证金　十元

缴讲义费　二元

缴体育费　一元

八月初六日

★　入师范所需预备者

1．寝具：A. 被盖一床；B. 马褥子二条。

2．服装：A. 制帽一顶；B. 操衣两件；C. 长裤一条；D. 短裤一条；E. 汗衣两件。

3．书籍：A. 中学校教科书；B. 英文书。

★　上省所需物件

1．衣服四件。2．鞋子两双。3．书十余本。4．裤子一条。5．杂物。

十月十三日

受各种影响决定目标为二步：1. 升学。2. 职业。

1．应预备之学科：

A. 数学——几何暂用原文，其他代数、算术、三角暂用各种要览。

B. 国文——多读多做。

C. 英文——除校内应读读本外，须阅周刊杂志。

D. 理化

2．应预备之学科：

A. 地理——先看地理问答。

B. 算术——原文算术。

C. 历史——华英通史问答。

书目：

1．Geometry（W.）〔几何〕，

2．算术要览，

3．作文捷径，

4．理化教科书，

5．地理问答。

以上为第一步骤。

Karl Marx（1818—1883），犹太人，其父为律师。一八二四年由犹太教改信基督教。一八三五年入波恩、柏林两大学，初习法律，后习历史、哲学等科。一八四一年得哲学博士学位，欲以大学教授为生，其性激烈，有所不许。一八四二年遂为《莱茵时报》的记者，一八四八年受政府压迫，避地巴黎。潜心于社会、政治、经济之学，因普鲁士政府之要求放逐出境，亡命比国布鲁塞尔。一八四八年德国革命运动爆发，仍回科隆，组织《新莱茵报》。一八四九年复由普鲁士放逐，择居伦敦继续社会主义之宣传。一八六四年组织国际劳动协会（即第一国际）。一八七六年协会解散。所著《资本论》一书，世之社会主义者多以经典视之[1]。

Logic[2]：

何谓逻辑

逻辑与哲学之关系

逻辑与心理学之关系

社会学：

资本主义与社会问题

心理学：

试述研究心理学之方法并比较其优劣

试述心理学之派别及其异同

Vorunsky〔沃伦斯基〕：明天是现在的事实酝酿成的，将来的象征各类

[1] 这是聂耳抄录的马克思简介。

[2] 下列三段为聂耳记录的三门课的期末试题，Logic 即逻辑。

的本质与特性都有了朕兆的。

罗家伦：文学是什么？

文学是人生的表现和批评，从最好的思想里写下来的，有想象、有感情、有体裁、有合于艺术的组织；集此众长，能使人类普遍心理都觉得它是极明了、极有趣的东西。

Hunt 韩德说：

文学是写下来的思想的表现（written expression of thought），有想象（imagination）、有感情（feeling）、有风格（taste），能使普遍人类的心理觉得明了，感着有趣，却非专门学艺的形式（untechnical form）。

近来许多大学者说：

“文学是人生的表现和批评（interpretation and criticism of life）。”

段绍科承之	公家村巷十号
廖洪云翘	隆星街六号
李德佩鸣诃	大东门外猪集下街九号张庆三先生转交
张流清宇澄	二轟街小土巷五号
胡佩绶之	水晶宫二号
郭耀辰辉南	武庙上街四十四号
李云龙	金马坊司马第巷三号
刘光棣鄂生	螺蜂街四十九号
张有典贻中	登仕街四十号

留春之花　　A调

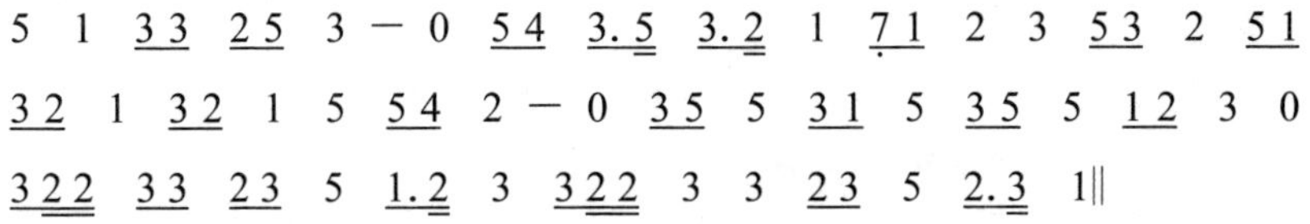

5 1 33 25 3 — 0 54 3.5 3.2 1 71 2 3 53 2 51

32 1 32 1 5 54 2 — 0 35 5 31 5 35 5 12 3 0

322 33 23 5 1.2 3 322 3 3 23 5 2.3 1||

★ 聂氏历代宗亲

大曾祖考讳铸　妣　氏　上曾祖考讳镕　妣

伯祖考讳其寿	妣	魏氏	伯祖考讳其名	妣	
伯祖考讳其禄	妣	氏	曾祖考讳其贵	妣	孙氏
伯祖考讳用周	妣	氏	伯祖考讳联科	妣	刘氏
伯祖考讳联芳	妣	张氏	伯祖考讳联富		
叔祖考讳联义			叔祖考讳联甲		
严祖考讳联登	妣	李氏			
大堂父讳天枢			二堂父讳天衢	母	金氏
三堂父讳天保	母	王氏	四显严讳天祚	母	陈氏、李氏
大堂兄讳鸿陼			大堂兄讳鸿仪	王氏	
二堂兄讳鸿康					
大胞兄讳鸿文		谢氏	三胞弟讳鸿藻		

一九二八

民国十七年二次回玉溪之日记

二月二十五日

晨五时起床，早饭后即与母亲、二哥、三哥出行，南正街遇黄包车，遂雇两架至大观楼。达轮后远见二哥、三哥在水边挥帽。后轮船开驶至观音山忽起大风，大浪入船。午后二时半始抵昆阳，至日落后始投宿新街天顺栈（本日同船熟人有盛梦酒之长子，及前次在轮所遇的一个开裁缝铺的，现在在军界上）。

二月二十六日

晨约六时出行，至午正抵州城。行经太及山，过之到河埂，正遇三、四姻兄及五十七至太及山挂纸[1]。进城后即至舅父家，进门即见黑漆棺木一口，余大惊，后见外祖父坐在天井中，病仍是不轻不重。午饭后与大姐同往大姐家，本晚遂就与姐夫同眠。

熊在昆新明　　　上海徐家汇复旦中学部

[1] 扫墓时将纸钱挂到坟墓上。

王国祥	东大附中
陈廷栋	北京群化学校

我的同学、朋友之统计：

A．同学：

Ⅰ．高 小 的：	金流光	李云龙	李犹龙	车本宽	萧炳炎
	叶从恭	唐家培	杨品洁	王有才	吴国梁
	曹兆龙	杨夔麟	高 敬	萧培贵	李 汲
Ⅱ．初 中 的：	马运新	王志导	胡 佩	张家宁	姚志云
	赵 奇	张有典	朱肇洪	王树华	陶汝泽
	秦建中				
非同班的：	马培均	黄名俊	陈起龙	苏树言	苏尔敏
	马宣文	叶在龙	罗镒恒	陈樊同	魏家禾
Ⅲ．高 师 的：	刘光棣	段绍科	郭耀辰	邓向富	萧朝纲
	张家珍	张宗祥	李 洸	郭 甡	
非同班的：	杨 珊	鲍秉之	张书铭	李仲贤	冯 洸

B．朋友：黄天石　　赵石龙　　王　奋

随感录

这一本《随感录》是继续着前一本来的[1]。这《随感录》的开始是八月三号的午后九点钟。

在我未笔记之先，我有一桩事要使我知道，就是：

多注意在文艺方面，不关痛痒的话要少说些。

还有一桩，就是此书不能为他人所阅读。

8.3.1928

Nieh Shou Sin〔聂守信〕

The Spanish Cavalier

A Spanish Cavalier stood in his retreat,

[1] 前一本缺佚。

And on his guitar played a tune,dear;
The music so sweet,
Would' oft-times repeat,
The blessing of my country and you,dear.
Oh! say, darling, say,
When I'm far away,
Some-times you may think of me,dear,
Bright sunny days will soon fade away,
Remember what l say,
And be true,dear.

I'm off to the war,
To the war I must go,
To fight for my country and you, dear;
But if I should fall,
In vain I would call,
The blessing of my country and you,dear.

And when the war is o'er,
To you I'll return,
Again to see my country and you, dear,
But if I be slain,
You may seek me in vain,
Upon the battle-field you will find me.

Translate into Chinese〔翻译为中文〕

西班牙的武士

一间退隐所里，站定了一个西班牙的武士，
甜美的音乐声，自那六弦琴上传递出来；

我的爱人呀！甜美的音乐呀！
我不是这样就要停止，我要把它多奏几次，
我的爱人呀！这是我国的幸福和你的恩赐。
啊！这是我的劝告，我最钟爱的劝告，
当我远离了，远离了，
我的爱人呀！你要随时地念及我。
清朗的晴天，甜蜜的生活，快要衰落了，
我的爱人呀！你切记我所说的话，就是金玉良言。

我要出战去了！我实在要出战去了！
我的爱人呀！
这次的战争，完全是为我的你和我的国家。
假使我一败涂地了，
我哀怜地狂叫，也无效，
我的爱人呀！这是我国的幸福和你的福德。

假使这次的战争得胜了，
我将再回到我的祖国，
再来看望我的爱人；
假使我被敌人杀了，
你来找我也是无效，
就是你到战地来找我还是无效。

八月十二日早

十一号他才回信给我（我六号寄给他的）：

守信弟：

你七号寄来的信，我已早收到，因为公忙，不能即时回复，对不起！

你译的一首诗，已经看过，万分称慕你文学的天才！读时我脑里幻显着未来的著家的一个。希望你趁着黄金的青年，努力发展你的文学天才吧！

明晚无事，请过来闲谈或打球。

汪西林上

十七、八、十一

（日期缺失）[1]

这学期来的沉闷的学校生活实在有些讨厌了，尤其是在这几天，天天都是滴答滴答的大雨，下个不息；又遇我们同舍的李云龙、郭耀辰等和阮荫槐的低声细语的谈话，随时在我的耳周围缠绕，好像蚊蝇似的，讲什么努力去干啊！到社会去啊！做终身好友啊！什么那司令官啊！……真是的讨厌，真是的阻气，随时做出一种骄态来，真是看不得。他（李云龙）以为他是多么能干，交得这一个有一无二的好朋友，随时都崇拜他好像观音菩萨似的。可笑啊！李已经受了阮的利用了，他还以为是怎样了不得的。据我有一次同阮的谈话，他说："我不做一点大事或大官或高于他们的——县长啊，他所谓的土豪劣绅——我再不回家乡。"由此可以看出他是一个想做大官的人，所以现在不得不利用几个人来崇拜他的志愿，看可有点机会来谋他的发展。哈！李居然被他吹翻了！郭、胡也差不多了！[2]

九月一日

……约他，然后他又约我。我们十一点钟出发到庾庄，到五点钟回来。墨水被云龙拿去了，不写了。

九月三日

满天布着灰色的白云，鸟雀的歌唱声叫得非常的厉害，显然就是一个初秋的清晨。我几乎把这桩事忘却了，一直到我醒来后才想起来的。我以为时候一定迟了，谁知我把脸都洗了，庚侯才从那窗子里喊我，比我还懒的他这时候才爬起来。我和他出学校的时候大约已有六点一刻，我们想一

[1] 本日日期缺失。

[2] 此处遗失一页，至九月一日"约他"内容缺失。

直走到“女中”去约她们，谁知她们已早等在三牌坊了。

九月四日

她们实在有些奇怪，既然出来游山玩水，现在到了这风平浪静的“草海”里，她们七人中就有五人在打盹，我觉得那时候很没趣味。个个的眼睛都呆望着那一把开水壶——它很安稳地摆在火炉上。等到它能烫牛奶的时候，已差不多要到西山了。

她们真是不行，才爬了一点小山坡就走不动了。我再也走不来慢步慢步的走，后来跑上她们的前面做开路先锋，鹤仙和苑也跑来和我一同走。我们先到华亭寺吃了一会茶，我们又到太华寺，也是我们三人先到。因为太华寺里有许多的勤务兵，听说是马总在里边，所以我们玩了一会就回到华亭寺。到两三点钟的时候，我们就上船到庾庄。……到学校已经有七点半了。

九月十日

我最亲爱天真烂漫的两个小孩子——李家英、彭文蓉——她们的活泼，她们的可爱，我一天也不会忘却的。今早是一个没有日光，没有下雨，天气不太热的星期天的早晨，我和庾侯提议：“我主张今天叫着家英出去玩好吗？”

我们吃过早饭就去约她——在她们家里和她祖母坐谈了好一会。然后我们领了她去约文蓉，没有找着。后我们去翠湖、“东大”，快乐极了。

九月十一日

假使她们做了我的小妹妹，我是多么的快乐呀！她们每天在我面前跳舞，唱歌，握她们的小手，kiss〔亲吻〕她们的小脸。

我料不到我的好友涟[1]今天会回省，我正在沉闷的时候，躺在床上一面闲谈，一面看了一本《创造月刊》。他进来了，戴着一顶半新的毡帽，穿着一件新的蓝布衫子，他的裤子和鞋子，都是新的，还戴一架金丝玳瑁边的

[1] 邓向富，后改名邓象涟。

眼镜，简直不像从前的邓向富了。

将近二月没有见的好友，今天相见，真是快乐得话都说不出来。今天正是上课的第一天，他来得真正凑巧。

我以后的生活，我想一定是一个新的生活。我的同志涟，他也极端赞成我向文学的路上走。

九月二十七日

前星期天的晚上我在淑仙处听得消息，她说："我们的同学李家珍和我说，'我妹妹家英星期天和你的亲戚聂守信去游翠湖。她和她说，她知道女中八、九班的多数人，尤其是和什么朱咏楼好得很'。"我听了这话实在的奇怪，什么朱咏楼，哪个知道她，简直是家英给我造的谣言。

Marriage is grave〔婚姻是坟墓〕，我实在相信这句话。三哥快要订婚了。我和淑仙说到这个问题，她也很附议的——他实在危险了。我和她借了一本《情书一束》。

十一月二十八日

最近一些天只是在谈革命，我的随感录到现在又隔了好久没有写了，今天晚上我觉得不由己地要写一写。

什么享乐，什么跳舞唱歌，一切一切都过去了！现在只落得一个空幻的回忆。前几天苏尔敏从上海的来函，里面有一节大概是这样说："舍妹来函说我的聂兄此次在附小恳亲会和一位李女士双跳舞，大出风头。"这才怪了，我并不知道他的妹妹，也不知道她会知道我。这是我的回忆之一。

"洋花子真讨厌！我今天遇着鬼了吧！"一个带有女性腔的省师附小教员张崇明这样地嚷闹着。

我记得那天是阳历十月初旬一个星期六。附小的男教员发起要去游西山一次，他们的意思是要去打住一夜，他们务必要约我去，觉得趣味要浓厚一点。因为那几天我正过着苦闷的生活，所以我牺牲了一天功课，决意和他们去。

正是一天没有日光而没有下雨的阴天，午后两点钟在附小吃过午饭，预备不久也就出发，人数是八个。

不见得怎样阔大的草海里——就是出大观楼不远的草海，我和庚侯合奏着一个洋调子，幽雅的、清脆的、不可思议地动人。他们都静着细听，只剩那有规律的拨桨声和我们打着拍子。一阵乱风吹来了一大堆乌黑的聚云，恰恰停在我们的头顶上。一会儿，吧哒吧哒的大雨滴，不住地加速度地下个不歇。我们所有的人都躲在篷里，好像是失望似的一个也不开腔。一个很粗俗的船家，现出一种极骄傲的样子，向我们说："不要紧！这不过是一点过云雨，马上就要出太阳了。"我们听了这话，又看看他的态度，好像他是视为一种很平常的事。

下了一二十分钟的大雨，果真出了太阳，大家又高兴起来。

三清阁一层层的房子，看着有些模糊了——黄昏——那时还在海里漂着，听船家说大约还有五里左右。

天也黑完了，我们的船抵了山脚。秋天的凉风在那空旷的海边上，习习地吹来，觉得有些寒冷。我的小腿，禁不住地颤动起来。我们所携的行李，除了重大的给力夫背去外，其余的零件都是分配携带。我穿了庚侯的外套，还背着一个暖水壶，慢慢地上了山。乒乓的一响，水壶跌碎了，大腿也跌痛了。

将抵华亭寺，大雨下个不住。我们找了宿处，自动地做了一点食品——炒饵块。怪闹一阵，两个人一张床，我们就睡了。在睡前有两桩很有趣的事，就是厕所的阶级，和我与张崇明的戏弄。

第二天早上，天气愈渐冷了。我取了 Mr. 侯的一床花毯披着，持了一根手杖，我们一路上走着还放了几句洋屁，如此我的"洋花子"绰号从此发生了。

张崇明随时都被我戏弄着，他们给他起名做"洋花小婆"。

现在西山的三清阁、石房子还留着我们的遗迹，"洋花子偕其妻及其令公子游此"。这是我的回忆之二。

附小旅行海源寺，又是戏弄崇明的一个好机会。活泼可爱的小学生们，他们一天嚷着"聂四哥"，随着我爬山，随着我在聚仙洞里呼口号。

不到黄土坡天就黑了（因为我们在队伍后面耽搁着），有几个附小的女教员一路上不敢开腔。回忆之三。

十一月一号我们邓、李和别几班的二十人做了本校旅行黑龙潭的筹备员（黑龙潭酒醉后之快乐之一夜）。回忆之四。

最近的二十五号、二十六号、二十七号的到省中游艺会，算是最有趣的三个月夜。人数：李家英、家珍，金韵宜、张梧岗，全姊及附小男教员。绿杨村前我跌倒了，家英拉我。猪叫；电影腔，玉溪腔，建水腔，和最后一晚在崔绍虞家里的乐趣。这是最快乐、印象最深之晚。

十一月三十日

今天起床的时候，我觉得头有些晕，我居然认为我是一个病人了。我正在追思我的病源的时候，李云龙的同乡范进来，我得到了他们明天要走的消息，他请云龙和他换法币。他们那种很平淡的谈话，使我起了极大的反应。我忽然想起了我必定要与他们一同出去，云南不是我在的地方。虽然我的家庭是这样快乐，学校生活也是这样有趣，思去想来，宁肯牺牲了一切一切，甚至于牺牲了我的可爱的小朋友。我决定了，无疑了，明天一定和他们走吧！在这情绪极高的时候，我的什么病都忘却了，一鼓勇气自病床上挣起来，刚刚病饭送到我的桌前。

当我回家的时候，我仍然保持我的病态，我对家里的人说我是回来找点药吃——这不过是敷衍他们罢了，其实我是回来看望我的家庭的最后一次。我那最亲爱的母亲仍然如平常似的和她的几个女朋友弄麻将，一听见我病了，她很关心地弄药给我吃，特别地做几样我平常最好的菜。唉！或许上帝给了她一个预知，说这是我们的最后一次会面了吧。

这桩事情除了象涟知道，我没有告诉别的任何人。“老邓可以借我十五块钱吗？”“你要了有何用处？”后来我喊他到我房里详细地对他说过，后来他拿了四块给我。我又向一个同学夏世春借了十元，四元七换一元法币，我换了三元。昨天拿了一元的零钱还没有用掉，去了十四元一角换法币，剩了九角的滇币。

在这寂寞的寝室里变成一个极忧郁的空气，涟进来了，手里拿了一个信封，面上写的是“这是临别时的敬礼，敬献给我亲爱的守信弟永存”，里面是一首很简洁而能触动我的情感的诗。

“这就是我们最后的一面了吧！”我的很惨淡的声音低声地对他说。我的左手夹着一个布包，里面是我的几件衣服，我的右手紧握着他的右手，行了一个分别礼，我转回客栈里，进去预备明早的早晨出发。

皎洁的月色照遍了南校场，这客栈正是附近着它。我一从客栈出来看见了这样的情境，于是我回想起翠湖的月明之夜。我的小朋友家英、文蓉，你们不能再见我了吧！不见你们的聂四哥，要离别你们实在是环境造成这样。

校里的灭灯号吹过了，自然的灯——月光——透过了校园里参差的花木。我仰了头慢慢地踏过校园走向寝室去，还有几间寝室在点着私灯，其中一间不是别的，就是涟的一间。

“怎样你又回来了？！”“因为客栈里人挤满了，所以今晚还是回来寄宿。”这也不过是我对他暂时敷衍的话，实在是我还想在校多留恋一晚和他谈几句话。

我的思想完全集中到“明早五时起床”，什么心事我都暂时丢下，默数着一二三四地睡着了（午后十点半钟）。

一个怪梦把我惊醒了，我燃了一根火柴看一看表，整两点钟。

月光照在对面寝室的瓦屋顶上，天井里的柏树和几件晒着没有收的衣服，很明显地自玻璃窗外映在我的眼眶里。因为我睡的那张破床摇动发出叽里喳啦的声音停止了，云龙的鼾声，还有两个老鸦在屋后的大树上东西相应地叫个不歇。又燃了根火柴看一看表，差不多五点钟了，我翻起身来披上衣服，靸着鞋子，燃着一盏煤油灯跑到对面的寝室外面把涟叫了起来。

月光和电灯光照在街上，除了几个清道夫外，只有我和涟君走着。“生离死别，我们今天也尝到这种滋味了！”我开始这样对他说。在这种情形之下，好像人人都可以感觉到的就是有话想不起来说。他仅答应我“是的”，他又想了一会，很悲壮地对着我说：“你看这明朗的月光，它的表示，是说我们始终都是在一条光明的大道上同行的，信弟多多地想想吧！”

无情的汽笛啊！你真是不让我们再说几句吗？呜——离别了！离别了可爱的故乡！可爱的朋友！这一去不知道是怎样茫茫的前途啊！

火车渐渐开快了，月台上的涟君也有些模糊了，但是我仍旧回顾着我的故乡。我们随着车头转了一个大弯，为路旁的大树所遮，只看得车路上的几个较高一点的洋屋顶，但是我依然回顾着。

过了几个车站，我所遇见的事物都是一种新的景象，渐渐把我思乡的观念打破了。

火车仍是不住地拖着向前方，我看了路旁的树木一棵一棵地睡下去，又看看火车头的勇敢毫不惧怕地勇往前去，我的脑海充满新的希望。

伟大的火车头整整地把我们拖了十个钟头，天也差不多黑完了，大概有六点钟的光景才到阿迷车站。下车的时候，照例要排班点名，然后才进了大安旅店。

晚饭后，同着我今早才认识的三个新朋友，在街上逛了几转，茶铺里坐谈了好一会。

我想来我还有一封预备好给家里的信，我急忙把它投到邮箱里。

对门旅店里的大钟响了十二下了，“喂！睡了吧，明早起得早啦！”新朋友中的 Mr. 黄这样地对我说。

Today I sent a letter to my family in Ar-mi 8 o’ clock.〔今天八点我从阿迷给家里寄了一封信。〕

十二月一日

因为注意力集中的缘故，昨晚做了一个怪梦：我的母亲和二哥都赶到阿迷州来捉拿我，于是我对他们作一种极迫切的恳求，他们无论如何都不许可我，他们紧扯了我的两臂，但是我竭力地挣开，拉扯一阵怎么就把我扯醒了。

房间里的煤油灯还在亮着，我们同房四人都一齐醒了，大家都以为是起床的时候了，于是我们起来洗过脸预备吃早饭上车。

因为昨天的衫子抓烂了，今天穿了我的学生衣服，戴了便帽，似军人不军人的样子站在月台上和他们晒着太阳，在等八点五分的河口车。

开到滇省的货车已开了，我们正在闲谈的时候，忽然跑来一个同行的，说那边辗着一个小女孩，被车轮把双腿辗断了。当我们听到这个消息马上起了好奇心，就跑到那边去看。可怜啊！从膝盖以下只见破碎的骨头和血肉，简直分别不出哪里是脚掌。看她的年龄只有十岁光景，看她也不知道疼痛，嘴里还叫着“你们哪个有刀或枪可以快些地把我杀死，我不愿这样受罪了”。据熟悉她的人说，她的父母是非常贫穷的，大概是自己耕着一小块田。在这阿迷过来的一个车站叫小龙潭，这里产的煤炭最多。碎的和搬运漏掉的，任何人都可以得取。这小女孩每天都借着这货车带到小龙潭，尽量地拾取煤炭，大概每天都有几毛钱的进益，然后又借它带回来，从来没有出过车费的。今天她照例地到小龙潭去拾碎煤，汽笛一响，她提着她的篮子跳在踏板上——因为她跳车的经验太多了，所以车子走得相当快的时候，她跳上跳下都很平常的，今天她跳了上去也不算一回什么事，但是你们知道她的足断并不是为着跳车。

火车走得也不远，从这货车的后一辆走来一个安南[1]人，手里拿着红旗来到她的面前，不说三不说四地把她推下车来，刚刚地推在两条来路拨车的交点，火车吭哧地从她脚上走过了。

大约有七点钟了，我们才到河口，很随便地对一对相片，然后走过桥去，法人又清一清人数，才向老街长安旅店走去。洗脸后我们满街地逛了一转，把所剩滇币用完后又到店里开晚饭。

卧薪尝胆今天也算尝过了，在这里的店子比较阿迷实在差多了，仅仅垫一床席，枕就是一块柴，盖的是一床灰毯。

（我打算把这小孩足断的事实，完成一篇很好的小说。）

十二月二日

今早我们起得很早，因为要赶六点二十分到嘉宁的早车。今天所走完全是平路，没有一个山洞的，昨、前天共有一百六十五个山洞。入了热带，天气很热，两旁的植物都是大叶的、奇怪的。五点半钟到了嘉宁，很有一种电影的气象。车路的旁边有一条汽车路，我们将到时就见两辆汽车，这就是我出省见汽车的第一次。在嘉宁吃过晚饭，又到车站去等八点半的晚车。费了三个多钟头的功夫，远远地就见海防的电灯和路旁的汽车。渐渐接近了车站，就别是一重天，新的气象快临近了。

海防的汽车啊，马车啊，马路啊，美丽得了不得！我们好像乡下人到省城似的东张西望。到店子已有十二点了，二点打过我们才睡的。

十二月三日

今天早上七点钟就爬起来满街地逛了一趟。九点钟开过早饭，我们四

[1] 指越南。

人连着把一个个的商店都参观过，楼上转到楼下，觉得很没有什么意思。汽车一来，我的注意力完全引去了。又看看他们骑单车的是多么有趣，所以我和黄永清各人租了一架，逛了一点钟，花去一毛钱。

十二月四日

同样的又在海防住了一夜，今天午饭后要预备上船了。早饭后我们有十多个人逛到海边，看见我们要坐的是一艘名字叫“顺康”的大轮船。

晚饭已经开过了，大家乱个不已，收拾的收拾，洗脸的洗脸，大约五点钟的光景，从旅店出发。

旅店门口有几辆黄包车停着，那些车夫看到了这点装束，只见他们在那里互相谈话，不晓得是谈些什么，他们的眼睛完全注视着我们在大笑而特笑。

我们上了“顺康”大轮船，店主就把我们招呼在舱板上，我们以为给我们休息一会，后来一问才知道这里就是我们的睡处了。大家听到这话都很不高兴，咒骂着，可是有什么办法呢？虽然是一个非常污浊的地点，忍气吞声地还是住下了。

四十多个人通通睡在这舱板上，这天晚上真是挤得要命，外面大吹着冷风，里面在出大汗。一个晚上那鸡的声音、猴子的声音和安南舟子的吼声叫个不休，吵得个一夜不能安眠。

十二月五日

第二天早上，我们以为船一定开得很远了，我们跑到船边一看，码头还是在面前，轮船仍是停在原来的地点。

搭船的客商大概没有了，我看看海防马路上来往的汽车怎么渐渐地移向我的后方去了，这时我知道是在转船头，或许不久就要开船了。

兴高采烈地站在船边，两眼只凝视着隐隐忽忽的海防码头的桅杆。站了一点多钟，海防也看不见了，经过着几个大礁石，渐渐地入了大海，吹到脸上的风也觉得有些凉了。我低一低头钻进布棚来，只见我们的同伴一个挤一个地睡着，我看了这种情景，实在有些讨厌，我不理他们，一个人跑上楼耍耍那些有钱人住的官舱。

我们在云南的时候，常常听到从外省来的人说："外边的大轮船坐着真是摇得了不得。"今天晚上大家都在谈论这个问题，个个都说我们坐了一天的船都不见怎样的摇，这船真是平稳极了，他们是说谎的。

鸡屎猴屎的恶臭，海面上的大风真是不容易吃。有的带着毯子的，倒可以御一点寒，没有的就是这样露着。我算有点拉连[1]，还找到一床灰毯和他们挤着盖。

The suffering of headache in the steamer.〔在轮船上遭受头痛之苦。〕挤。

十二月六日

一望无际的大海啊！看着实在伟大。凶猛的大风浪也渐渐地增大起来。睡得昂然不动的人也渐渐地随着船的支配而摇动起来了。

吃过早饭我也学他们跑去睡着，熟睡了一趟。听着他们乱嚷着吃饭，我挣起来，一看原来是晌午用的糯粥，我喝了一碗，仍然睡下去。吃晚饭的时候，轮船一上一下地愈更摇得厉害，在开饭的那十多分钟内，给我摇得个头晕眼花，我又慢慢地半步半步地走去睡着。我看看有多数的同伴都没有起来吃饭，他们吐出来的食物摆得东一摊西一摊的，我知道我的身体还比较强得多哩。

这天晚上的臭味愈加厉害了。海风当然不消说了，又加上船的大摇动，当然是能使人难受心酸的，所以在这四十几个人之中，思乡的叹息声啊，懊悔的咒骂啊，晕船的哼声啊，充满在这船舱上，成为一个非常复杂的空气。其中有一个昭通人，他从昆明逃营出来，连夜地赶到宜良来赶我们的车，他晕船晕得非常厉害，又兼一点痧症，看他的样儿是非常危险，离死不远了。他那可怜悲哀的声音叫着他的爹爹呀！妈妈呀！和叫着他初交的一个朋友。用针刺他的手足救他的命，乱了好一半天，他的手足的麻木才稍稍地止一点。这里歇了没有好久，那边的呕吐声又来了。唉！说不了啊，恶臭随时都围着鼻孔，假使我的钱可以坐在官舱上，吃的是大餐，睡的是钢丝床，何必要来嗅这臭味呢？

It is harder than last night.〔比昨晚更加艰难。〕呕吐臭味。

---

[1] 即有些关系。

十二月七日

从早上就希望着的香港，一直到了太阳落才看得见一小点影子。

今天的轮船，依然还是经过一望无际的大海，那些晕船的，依然还是静静地睡着。我今天的脑子觉得分外的新鲜，吃过早饭，我就跑到船头上去站着看远远的前方，我所希望快要到的香港，我理想着香港是我平素最想到的地方。我到了那里，我可以用我的法币（三元）买一枝自来水笔——我的计划中最紧要的和我所喜欢的东西，价廉一点的买点。还有一件很要紧的，就是我到了香港可以找得着我的一个老朋友黄天石先生，他是我的一个思想的先导者，现在是《大光报》社总编辑。我正在这样地想着，忽然听得一种云南腔的谈话，说什么转过这个湾就是香港了。我回过头去一看，是两个云南老者指着前方的一个大湾。我问他们：香港快要到了吗？他们也是同样地回答我。

奢望变为失望了，我们只想轮船一到就可以上岸去，不料被留在轮船上，接着又换了一只“广西大沧”直达广州。

〔我们抵达香港，但不能上岸，只能留在船上。没有晚饭，只得拿到三块面包。我们在席包上睡得不好。〕

十二月九日

韶州找店子。

十二月十日

灰毯和席子——From〔从〕老街 To〔到〕桂头——60Li〔里〕——饿饭。Fine day.〔天气不错。〕

十二月十一日

From 桂→罗昌——饿饭半顿——80Li 蛮里。Also fine day.〔又是好天气。〕

十二月十二日

From 罗→九峰——80Li 蛮里。

Cold and cloudy day.〔寒冷的多云天。〕

十二月十三日

From 九→塘村（湘粤交界的大蛮山一时遇大雨）——90 more Li〔还余九十多里〕。大山坡。

Cloudy，rainy and cold day.〔多云，寒冷的雨天。〕

十二月十四日

From 塘→良田——80Li 蛮里。

Also cloudy，rainy，cold day.〔天气依然阴雨寒冷。〕

十二月十五日

Today we arrived Hoo Nan.〔今天我们抵达湖南。〕From 良→ Chen Chou 郴州——40Li。Also cloudy，rainy and cold day.〔依然阴雨寒冷。〕到下看见新兵之惨状，见熟人之流泪。吃罢晚饭，稻草三把灰毯一床。

十二月十六日

I sent a letter to my family and a letter to my dear friend Mr.Den.〔我给家里寄了一封信，又给亲爱的朋友邓寄了一封信。〕

遇见柳恒藻，默默无言，经武遇张树义。

我剩一元的中央纸与赵江吃一点膳午，剩下的储蓄着。在馆子里见桂仰之，只有假装看不见。

十二月十七日

休息。

早晨发给军帽、油衣[1]、皮带、绑腿。

今日见一小点日光，找虱子成为普通现象。

发给大洋一元，余剩小洋一元储蓄。

---

[1] 油布雨衣。

本来想一元四的小洋通通储蓄，不过同他们一同出去也不得不应付一下，吃了一台膳午。剩下一元我说我要给朋友。

十二月十九日

今早实行操洋操，天未明即起床，气候严寒，特别操的慢步。

平常事，抢饭的本事不佳，只有饿饭。

十二月二十日

仍然出操，厉害的正步和跑步。

新兵队生活之片段：

1. 听见起床号急忙爬起来。2. 点名后预备出操。3. 决定上正操或特别操。4. 到操场只希望少走几步。5. 收操时看着菜饭不敢顽皮。6. 厨房内抢食锅巴。7. 吃饭时要有计算，而举动确凿。8. 饭后清扫一次。9. 午操决定。10. 锅巴。11. 晚饭与C之谈话。12. 向火[1]。13. 洋油灯之清扫。14. 临睡后之脚冷。

其他：1. 面盆之争执。2. 花生油巴巴糖。3. 公菜吃完后，要吃所谓左眼饭一两碗，或是抬光饭来吃斗笠中之私菜。

十二月二十一日

本日午操，被教训官提为特别操八字慢步，深受打击，流了无数的伤心泪。晚饭后三人商量之计划，已决定星期日到宜章请柳与张之援助。

十二月二十二日

晚，认识毛本芳、张树义。日，到河边洗衣服找虱子。

认识他以后，我们计划破坏了，因为经武找得一个司书之职，毛（玉溪青年改进会的分子）约我以后和他到江西。

[1] 烤火。

十二月二十三日

宪兵队开晚饭和消夜。今天没有放假，因为逃营的人数太多了，大队长被罚到军部的烂房子抬砖头，后准假三小时与毛本芳至“香水盆堂”洗澡，他送我一件毛衣。今天逃营的连经武有三人。

十二月二十四日

我听得编团营的消息，我和毛、张商量，他们和我想出许多办法，并且和我进行暂时的逃避。由柳找我们的一个同乡，在师部的。今晚在此消夜。

十二月二十五日

晚饭后我看赵江在睡着伤心，他以为将来的前途完全黑暗了。那个计划失败得可惜，我们又恢复了这计划；并且又新订一个，请他们援助我们到江西。事情出乎意外，他们已经进行得两个司书的位置了。（消夜）

十二月二十六日

Mr.Chou Kian and I fled from the army at eight o’clock this night, we get the office of a clerk.〔今晚八点，赵江和我离开兵营，我们获得了司书的职位。〕

今天，在宪兵队会着我们的同乡冯则，并决定今晚逃营。

十二月二十七日

Today I feel very happy.〔今天我感觉十分快乐。〕不消抢吃，不消给脚受苦，听说他们已编团营。

一九二九

一月一日

木叶渐落、凉风入户的秋天，现在已经过完了。

冰雪森严的冬天早已摆在面前。

一月三日

萧飒，淅淅沥沥，弥漫。

一月四日

我已知道我的事业，我的希望，都同冬日的积雪遇到日光消溶了；夏日的游丝，遇到罡风飘逝了。

一月六日

以前的一切希望，现在只是投入失望的海底。

一月七日

微弱的残照，清澈的月下，妩媚的花前，作苍凉的声音，唱那乱着的歌曲。远远的海水放出寒栗的光芒来，我寄我的深愁于流水，我将我的苦闷付于清光。

丝丝的细雨敲着窗子，密密的黑云罩着天空，澎湃的波涛震动着船身。海天辽阔，四顾苍茫，这是我们离海防第二天早上。

假如智慧之神不光顾我，苦闷的眼泪永远不会从我心里流出来啊！

一月九日

海防之小学生足球队。嘉林和小孩谈法文。

一月十日

1．接信之感觉。

2．出湘的动机。

3．改变环境。

4．希望：上海、江西。

5．此次的环境。

6．其余的答复。

今天春雨不住响地滴着，窗外天容黯淡，耳边风声凄厉，我静坐幽斋，思潮起伏，只觉怅然惘然！

一月十一日

可爱的家英妹妹，她穿了她的舞衣和白帆布的舞鞋和她的爸爸一齐在某一处遇着我。我握着她的两只小手，kiss着她的小脸。又拥抱着她的小体问她一些学校里的话，醒来时只觉睡梦一场。

一月十二日

自从到团长侄子处弄乐器后，认识了所谓美术学校的首美。今晚正在闲谈时团长（一三七团谭秉良）命两个勤务兵来请去弄乐器，因略有伤寒未往。细微的皱褶。

一月十三日

二十人左右，十人左右，你的倾向是什么？

一月十四日

究竟是什么意思？各自的，十分尊敬的。

一月十五日

那是我最心爱的一张画片，谁知道在这里又能重会着她，无限的惆怅的回忆啊，何日才能打破呢？

一月十六日

这是一朵最后的玫瑰花，独自残留在枝上，它的亲爱的伴侣，都已衰退而忘去了。

一月十七日

上海法租界贝勒路761号中央汽车专校。

一月十九日

Yunnan〔云南〕，法政府欲以十万元了结越南惨案。

一月二十日

淑秋的忏悔：

heads〔项目〕

1. 结婚之日。

2. 回家后之回忆。

3. 希望的真爱。

4. 收到日记及书信。

5. 日记（a. 初改环境的痛苦；b. 他的堕落；c. 忏悔；d. go to the sea〔去海边〕）。

一月二十一日

1. Political utterance international〔国际政治言论〕：国际盟会第九次毫

无结果，国际新局面，英国变更历年来抑法扶德政策，德国要求裁兵，不遂后，与俄亲善。

2．Chinese-Canton communist was arrested 70 more people, two girls, officer.〔中国广东逮捕了七十多名共产党员，两个女孩，军官。〕

3．Soldiers and policemen 30.〔三十名士兵和警察。〕

一月二十三日

一个绝早的清晨，月儿的倩影还隐约云端，偷窥世人未醒的酣梦呢！

一月二十五日

Fear; It's primitive use？ Escape by flight or paralysis. —Physiological Cause or accompany action. Fears of 2000 years ago, Fears of Today,How use? How overcome？〔恐惧；这是原始的形式？用逃跑或瘫痪获得解脱——生理原因，或相伴的行动。两千年前的恐惧，今日的恐惧，如何面对：如何克服？〕

一月二十六日

今天我到便所里去，经过士兵的讲堂，在黑板上发现了几个字，使我大为感动：

鸦会反哺羊跪乳，犬能守贼报主人。

父母养我几十春，不知何日报恩情。

一月二十七日

A．To visit the Mayor at Chen Chou. B．To visit the general at Chang Sha.〔A．在郴州拜访市长。B．在长沙拜访将军。〕

一月三十一日

多雨的湖南，伴着我流泪；

卑湿的湖南，伴着我忧郁。

异乡作客原是不堪忍耐的，况且又是在这种卑污下贱的生活里——录事——更是不可多日逗留的。

我时常总是这样想：看花的时光，故乡总比客地好看，比客地来得赏心。

二月五日

Mr.Young Tsi Jong and Chang. We spoke about metal Company and Air school. It is very interesting.〔杨志琼和张。我们谈论金属公司和航空学校，很有趣。〕惠芳日记之封面，这一夜里起了无限惆怅的回忆。

二月六日

Sometimes I thought about her.〔我有时思念她。〕

二月七日

Today is my birthday〔今天是我的生日〕，十八岁快在面前了。年光总不可倒流，我的青春渐渐地销蚀，斟满了少年的苦酒，在眉峰紧蹙之中，慢慢地吮吸下去。

二月十一日

一个卑湿污浊的荒岛上，
站立着一个初离母巢的孤雁！
他那细长的头颈，不住地转向后看，
看不见他可爱的故乡；
他那细长的头颈，又不住地伸向前望，
只望见他的前途茫茫。

渐放光明的东方，
突起一轮通红的太阳；
残暴怒吼的洪涛巨浪，
一阵阵地拥上他的身旁。
他知道这是他的穷途末路，
只好挣开了他那柔弱的翅膀，

预备着奔向他的自由之乡。

啊！自由之乡！

二月十三日

A letter to your friend reporting him the thing you have done since his departure from you four years ago.〔写一封信向你的朋友讲述分别四年以来你做了什么。〕

Personal—School—Plans in future.〔未来的个人求学计划。〕

二月十四日

无情的暴雨哟！你那冰冷的雨滴，不禁地打到孤行中途的他，没有携带雨衣的他；同时又打到我忧郁的心里，惆怅不已的心里。你是不是阻碍我们前途的妖魔，是不是我们计划成败的先知？光明之神哟，请你施给我们一部分的恩惠，放给我们一线的曙光，巩固我们的意志，从黑暗的牢狱里，达到光明的彼岸。

二月十五日

今日与C决定计划，并拟一具体的步骤表，明天先往宜章接洽周团副。

二月十六日

他去了，他为实现我们的前途计划而去了。

他是陪着我漂泊的伴侣，可靠的伴侣。

她来了，它备着尖锐的利器，虎凶扑扑地来了。

它是能使我心酸的暴雨，无情的暴雨。

二月十七日

我的希望是水中月，我的事业是镜中花。

二月二十一日

计划中要写的：1．小英（短）；2．兵（长）。

二月二十二日

今天接C从宜章寄来的明信片，It is no hope〔毫无希望〕。晚饭后他才回来。又决定第二步计划，to make the pretended envelope〔伪造信封〕。

二月二十三日

本日呈假条。

二月二十五日

大安旅馆、均益货仓——阿迷　　长安旅馆——老街

亚东旅馆——嘉林　　平安旅馆——海防[1]

三月九日

国耻的意义：1. 帝国主义的侵略。2. 国内军阀之压迫。

三月二十七日

4/12海防轮船，5/12航海，6/12航海，7/12自香港赴广州轮船，8/12广州云南会馆，9/12韶州，10/12桂头，11/12罗昌。[2]

三月二十八日

自郴起程。

四月一日

1. 我与涟在滇之生活；2. 自滇至郴途中之经过；3. 士兵生活；4. 录事生活；5. 聂四哥；6. 洋花子；7. 到郴后之感想。

[1] 这是补记1928年12月离开云南时行经的住所。

[2] 这是补记1928年底从海防到罗昌的行程。

四月四日

至韶关。

四月六日

自韶赴广州。

四月八日

发资遣散。

四月九日

21/1 寄双挂号家信一封；22/1 江炯明，李家英，张庚侯，王继烈，杨子佩，苏尔敏；24/1 郭耀辰；22/2 楚雄——聂紫铭。[1]

四月十三日

迁入剧校。

四月十四日

迁入旅馆。

四月十七日

My small friends〔我的小朋友们〕：

李家英　彭文蓉　杨慧珍　常实珍　罗静娴　全增弟　张坤厚

四月二十二日

这是一件分别时的礼物，献给我亲爱的朋友们，一切一切的问题，只有留诸后谈。悲楚的余泪，只有从眼的内层流向心的深处。

啊！世界，金钱的世界，伟大的物质之神啊！无一时不受它的支配，

[1] 这是补记的寄信对象。

白眼……

现在暂祝你们：

途中无阻，

安宁抵乡！

孤零的守信

于广州，4.22.1929

四月二十三日

云南通信处：聂子明端仕街44号　郭辉南武庙上街44号

胡绥之水晶宫二号　李沛霖司马第巷三号

王继烈南海子边赵公祠内　李家英威远街十八号

四月二十五日

上海通信处：王樨明美专　王一安闸北虬江路七号

王国祥东大附中　姚志云艺大

江炯明商务印书馆　李玉庭霞飞路尚贤坊三十九号

徐寅生新江湾里一号

江西：杨子佩南昌第三军第七师政治部义苍七号

杨茂英中国国民党第七师特别党部

山西：严尔修太原府大铁匠巷八号

香港：黄天石般航道二十二号大光报社　黄显骧

湖南：郴州宪兵队毛本芳兰卿　一三七团四连三排长袁子藩、真人杰

一三七团六连连长陆潇雨介之　一排长徐志高

二排长温文华　三排长童朝义

政治部魏嘉谷一吾　军官团聂功勋耀环

龙显章宪之　桂仰之

广州：周正一云南会馆（并不认识他，不过他在子立处集会过并与聂功勋是好友）

唐雍甫在广州市开医馆　萧汉选子珍郴州后街马家巷首美

甘钧（住郴州军官团第一队）云南昆明市钱局街敬节堂巷十四号

杨乃觉广州大石街女子师范学校余淑贞收或广州惠爱东路大塘街76号

广东惠阳良井墟福和堂周惠泉　　四川叙永杨成坊豫丰恒

李德佩鸣诃四十六师部参谋处　　冯元庆四十六师部副官处

柳恒藻仲采四十六师一三六团二营十连

黄金山湖北汉口大智门德月茶楼熊维新

王元道湖南湘乡永丰尧马街积庆堂

杨矩中小西门水塘子11号　　吴登云湖南郴县东横街二十二号

周伦南京国立中央大学赵薪传先生转

李占魁文光湖南耒阳北门外托里

伍志和、赵君森昭通县北门内木牌坊永记工厂交可也

张子嘉云南昆明市三义铺六号戚崇义转

上海市共和路地路总局国军陆军第五师十三旅二十五团一营四连赵尼森

上海博物院路二十号青年会全国协会转汪西林

上海江湾劳动大学劳二学院黄家声转黄愚生

唯物史观，经济条件绝对律：人类意志的决定，是绝对受经济条件之支配。

马克思说，物质为历史的重心，唯物史观认为生产方法的变动为一切制度变动的标准。

阶级斗争：

马克思说，阶级斗争是社会进化的原因。

要有阶级斗争，社会有进化，阶级斗争是社会进化的原动力。

剩余价值：

马克思说，资本家所得的利益，是剥夺劳动者的过剩劳动产生的剩余价值。

马克思说，资本集中是资本主义自己造坟墓。

四月二十六日

由广州上船（廉州号），晚至香港。

四月二十七日

早自香港开船。

四月二十八日

早至海口。

付轮船票：港纸八元；付海防店伙：法纸五元八毛；付河口店伙：法纸七毛；付河省车票：法纸四元六毛五仙[1]；付阿迷店伙：法纸四毛三仙[2]。

今将沿途向阮教官取之钱记录于后：四月二十六号，借由云南会馆至广泰来之车费中央纸[3]一角；与阮教官同时开饭去中央纸三角。

《饮冰室》之要点：

意义丰富，

笔墨流利。

《阅微草堂笔记》之要点：

词笔不深，

深入浅出。

禁止现金及非商业上之汇兑出口，

禁止奢侈品入口。

据最近日本驻滇领事调查报告，谓昆明市之货物，有60%为日本货，35%为他国货，中国货仅5%而已。

图书馆应阅之书

1. 大仲马《侠隐记》　　伍光建译

2. 狄更斯《滑稽外史》　　林　纾译

---

[1] 港澳等地的辅币，一百仙为一元。

[2] 这是补记的从广东回云南时的花费。

[3] 当时南京政府发行的纸币。

张打铁，李打铁，
打把剪刀送姐姐。
姐姐留我歇，我不歇，
我在张家楼上学打铁。
打到正月正，狮子跳龙灯；
打到二月二，龙抬头；
打到三月三，三朵菊花泡牡丹；
打到四月四，四个铜锤跳四个字；
打到五月五，五只龙船飘花鼓；
打到六月六，家家门前晒红绿；
打到七月七，七个果子甜蜜蜜；
打到八月八，八牙西瓜赛月牙；
打到九月九，九朵菊花泡烧酒；
打到十月十，十个老官偷屎吃；
打到冬月冬，提灯笼；
打到腊月腊，糯饭煮ㄍㄚㄍㄚ[1]。

矮板凳，土鸡台，
我的姑爹不成才，
好吃酒，好打牌。
……[2]

青天绿叶春色漾，
愁肠相共转田庄；
轰轰电台促前去，
恍然又似入梦乡。

---

[1] 昆明地区儿童称猪肉为“嘎嘎”（ㄍㄚ），这句的意思是腊八节吃有猪肉的腊八粥。

[2] 这是作者记录的两首童谣。

1. 何谓氧化？何谓还原？

2. 如何可使火焰光明？

3. 氢、氧、氮如何制取？

4. 燃烧之条件有几？

5. 氢、氧、氮之性质有何区别？

6. 举例说明同素体之意义。

《父亲的义务》人物：

陈锦屏——陶汝泽　　陈维美——孙维智　　大丽花——熊希文

衣店伙——唐　恒　　婢——聂守信　　亲　友——吴天化

《到饿死的时候》人物：

祖母——唐　恒　　父——吴天化　　母——赵　勋

子——聂守信

五月三十日（雨）

不敢谓之曰“诗”

绵绵的细雨，滴答，滴答，

凄凄的微风，嘻洒，嘻洒，

上课，吃饭，睡眠；睡眠，吃饭，上课……

这些机械的影画：

有时竟会一幅一幅地清晰地自我脑海里映过，

——当我在那波涛滚滚的浪海中，飘浮无定的时候，

空幻的理想，始终不能给我畅达，

恶劣的环境，总是不能被我战胜；

走吧！上海，留逗着几千个失业者的上海；

住吧！广州，向例排外的广州；

回头吧！故乡，可恨又可爱的故乡；

这便是我最后决定的最后一途了！

……

一切的一切，依然如旧，

啊！绵绵的细雨，依然滴答，滴答，

凄凄的微风，依然嘻洒，嘻洒。

六月一日

滴答滴答的绵雨，已经绵延了三天了！初下雨的那一天恰是我们的龙主席出师贵州，因此有许多无聊的人，竟把这事讲出许多鬼话。有的说："今天主席出师就下大雨，这一定是打败仗的一个预兆。"有的说："今天主席出师，就下大雨，龙不能居山，现在龙下山了就有水来供给他，这是多么巧奇的一件事啊！这一定是打胜仗的预兆吧！"昨天的捷报有"……二十七日我军左翼已占领了贵阳……"等语。这个消息传开以后，我们可以听到那些讲鬼话的说道："我就说……这是打胜仗的兆头。"还有在先讲的那些呢，不但不讲"打败仗的预兆"等语，居然也异口同音地说："我就说……"这虽然是一件极细微的事，但是我们也可以看出现在的投机者真多啊！现在我也来讲一讲鬼话吧！

在我的预料中，理想着今天定要天晴——因为是总理[1]奉安纪念，少不了青天白日照耀在总理的柩前。我今早在未起床之前，一幅美妙的图画早已摆在我的眼前：大概是一很晴朗的天空，国旗飘扬，游行，呼声……同学的吵闹把我惊醒以后，才知道刚才的事竟是一些幻想，谁知道依然是天阴下雨，冷静。啊！总登记处开纪念会，天为总理而流泪！

久居在这繁华的城里，空气总觉污浊，尤其是这几天的放假，连连地下雨，使人感到十二分的沉闷与无聊。若是不下这几天的雨，我们对于这个较长的短假期，早有提议要到昆明惟一的胜地——西山一游。到现在终于失望了。

今天是忍无可忍，奈无可奈了。天气虽然照旧的阴着，但是总想到一处较远一点的地方游一游，经了多方的提议，都没有一个地点满意。然后我很滑稽地提出西山，何以说滑稽呢？因为这时候已有十点多钟了，假使果真去游西山，事实总有许多问题：今天去今天就来呢？关于游玩的时间就成问题；今天去明天来呢？明天放假不放假又成问题；天气的能晴与否，

[1] 指孙中山。

又未尝不成问题。所以我这个提议似乎有些滑稽，我想决不会成事实的。过了多时，个个都有勇气地叫着“赞成”，居然成为事实了。

刚刚一打人坐在一张小船上，欢乐的嬉笑，小朋友的歌唱，不觉大观楼已遥遥在望了！“轰”的一声，午炮[1]响了！

灰黑的云雾，渐渐变为暗黑，一团一缕地自远方卷来。一阵大雨下来，一会儿成为一个污黑昏沉世界。这时我们站在这陡灵灵的悬岩上了，真是一个可怖的境地。

大雨拼命地下着，昆明湖里的小船，从这朦胧里可以模糊地看到，它们仍是慢慢地前进着，蠕动着。我们无意识地伴着雨声大吼起来，这雨声的响度似乎是被我们的力量克服了许多，但是当我们停止了吼声以后，雨声更觉激烈起来！我们更这样无意识地继续了好几次，到最后一次停止的时候，雨声的怒吼，似乎是到了一个不可收拾的程度。

记得是我们忠厚爽直的“蒋总司令”提出一个“下棋待晴”的口号，大家都高兴地同意了。石房子的石桌上，马上便成功了几种棋盘，于是便开始动起来。三次都还没有下完，那可爱的晴天已现在我们的眼前了。

[1] 中午十二时报时的炮。

一九三〇

1．To borrow the clothing of dance.〔借跳舞的服装。〕

2．To buy the string of violin and mandolin.〔买小提琴和曼多林的琴弦。〕

3．To prepare the luggage.〔准备行李。〕

1．What is Commence ？〔何为开始？〕

What is Young M.C.A ？〔何为基督教青年会？〕

他们在政府路线上、组织上、工作上的问题。

2．Commence National and Y.M.C.A〔国家起始与基督教青年会〕与世界革命中他们的组织和工作。

Chinese Y.M.C.A〔中国基督教青年会〕过去工作的错误和 New〔新〕任务、政策和工作路线。

Class-Schedules of myself-study〔我的自学课程表〕

The morning〔早晨〕

School Lessons〔学校的课程〕

After breakfast〔早餐后〕

Japanese〔日语〕

The night〔晚上〕

Books of Social Science and Literature〔关于社会科学和文学的书籍〕

Before sleep〔睡觉前〕

Diary〔日记〕

I shall read the English books except the school.〔我要阅读一些课外英语书。〕

1. The English Echo〔英语对话〕

——in order to remember the sentences of conversation.〔用来记忆一些对话词汇。〕

2. Abraham Lincoln〔林肯传〕

——in order to remember the new words.〔用来记忆一些生词。〕

3. English lessons〔英语课文〕

——in order to remember the new words.〔用来记忆一些生词。〕

4. Essentials of English Grammar.〔英语语法要点。〕

1. The Friday to go to Ton Ta.〔星期五去东大。〕

2. The quarrel of our family.〔我的家庭争论。〕

3. She said that there are not the holidays in May.〔她说五月没有假日。〕

In Chinese.〔用中文。〕

★ The influence of 1.15.1930

The night, there is a very bright moon hanging in the sky. Mr.Chang with me walking to Green Lake, I have an idea:

1. I can' t with C[1] from my "Thinking".

2. I can' t with C from my "Loving".

3. If I depart from C, I can' t assure that l would not with another.

4. If l scarify my "Thinking", I can' t sacrify C' s hope.

5. The "End": I go on my "Thinking" hardly.

★ 〔一月十五日所想

今晚，天空中悬着一轮明月，张君和我到翠湖散步，我想道：

[1] C指作者的女友袁春晖。

1．我无法将 C 移出我的“思念”。

2．我无法将 C 移出我的“爱意”。

3．如果我和 C 分开，我也许无法再和另一人在一起。

4．如果我牺牲我的“思念”，我不能牺牲 C 的希望。

5．结果：我继续我苦涩的“思念”。〕

★ The influence of 1.16.1930

If I go on my“Thinking”, I can’t suffer longer. On the“End”,“Suicide”.

★ 〔一月十六日所想

如果继续我的“思念”，我难以长久忍耐。结果：自杀。

★ The influence of the night of 1.16.1930

To go on live of“Lun Mun”for six months.

★ 〔一月十六日晚间所想

在“龙门”继续住六个月。〕

一月十六日

I met Mr.Sun We.〔我遇到了孙维先生。〕

1．To speak to them in a voice.〔和他们进行意见一致的谈话。〕

2．I speak the another one if they speak about Lao.〔若他们谈起罗，我会谈起其他人。〕

3．Speak hardly about our indeed.〔难以谈到我们心里所想。〕

4．To attend the combination of youth and relate to them.〔参加年轻人的集会，联系他们。〕

5．The attention of grand.〔注意重点。〕

6．To make the report.〔做报告。〕

三月一日

1．The meeting.〔会议。〕

2．The speaking of yesterday.〔昨天的会谈。〕

3．The speaking on road.〔路上的谈话。〕

4．To across the bridge.〔过桥。〕

5．Sitting beside the seashore.〔坐在草海边。〕

6．On the boat.〔在船上。〕

7．Back.〔回来。〕

8．At I chwan.[1]

三月四日

在烂书堆里找出了这本将近一年前所写的烂字纸，现在看起来，实在有些可笑。回头仔细地看过、想过，简直感到自己的幼稚和空虚。

当我起这样的感觉以后，很想提起笔来发上一点牢骚；但是我的笔依然刚硬地被我捏着，它总不听我的指挥，把我埋藏在心里好久没有说而不能说出的话灵活地表现出来。现在我的脑海里，更堆起一层黑黄的污泥，只剩下一些杂乱的情绪，惆怅不已。

实在说，我们没有“作家”的头衔，而且并没有什么所谓“作品”发表过，就是一篇“作文”，也未曾通顺地作过一次，怪谁呢？有什么惆怅可言呢！

现在已是到了这样的一个局面，我不能不加速地补实我的空虚，努力地跃过现有的幼稚。

以后不论怎样，我总保持着每天记账的工作，惟一的这点要求，想来不致中断吧！

三月六日

看相片

静坐寝舍的他——每晚的深夜，当他长时间地沉思以后，忽然跳将起来，忙把箱子打开，抽出一件很可爱的宝贝。由他的眼光中看出来它是可爱，他不住地向它凝神、微笑、狂笑，有时双手地捧着忽远忽近地仍是不住地向它凝神、微笑、狂笑。俟经他长时间的鉴赏后，又慢慢地打开箱子，轻轻地插入底层，

[1] 此句疑为作者笔误。

然后又跳到桌旁，骄傲地坐下。我们由他一双温媚的眼珠的表情，可以知道他是得到一种异常的胜利，静坐寝舍的他——每晚的深夜，总有一次这样的把戏。

三月八日

遇人

别的人只以为我们是和S君去看考试的牌示，谁知道那时的我的心灵，早已飞向我爱的艺弟的身上去了！

当我和他们在一路同行的时候，他们高兴地注意和我谈话。我的耳鼓里虽然会起一部分的作用，而我并不知道他们所谈的是什么，我竟会不自觉地答他们几个“ン”[1]字。我的视线只浏览地注意到人车密集的街上，有时发觉了远远走来一个相似他的人，我的脑里忽然起了一种特殊的感觉，那时真是说不出来的欣喜啊！等到他渐渐地走近，发觉了不是我爱的艺弟时，我在先时的情绪，马上便起了变态，一口失望的深呼吸不自觉地会做了出来。艺弟啊！你知道我们实在不能再等你了！昨天不是说十二点钟吗？现在已是一点钟有零，没有办法，只有借题发挥，以和S君来看牌示的名义来遇你们。但是，充满了热望地跑了一趟，终于是空！我在等你的那一个多钟头间的心情和转回来时的失望的滋味，给你去猜想吧！

可恶的小东西！谁知他已早回家来同样地在等我了。不，仅不过是我这样想像罢了，实在他有没有这样的心理，我还不知道。我一见他便向他低声地说了一句：“各人不肯……给人家空跑一趟！”他只微微地给我一个很温柔的笑容，并找不到一句相当的话语答我——大概是因为人多的缘故吧！不过，在他的微笑中，也许有向我道歉的意思。

约

那边弄麻将的声音简直杂乱不堪，可是一点也没有打扰着我读日文的专心。任他们怎样地吵闹，我总是默然地躺在沙发上，好一块艺弟的毛围巾给我安适地垫在沙发上。我想不管他怎样寒冷，他总不会着想到要取回他的毛围巾，我知道他是很乐意借给我的，我也才敢这样做。

[1] 日语假名，“嗯”音。

刚刚他们麻将打歇，他便跑来坐在我左边的一把藤椅上，“恐怕那天天不会晴吧！”他低声地对我说。我知道他已接到那张约会的通知，心里是很想去，而口里又不得不说着这样的话。我因为机会的关系不得不赶快地给他一个回话：“怕什么！到那天一定会晴，并且……”“各位！请饭了！请！请！……”这么一来，我们的密谈，当然暂告结束。

雄哥的饭在我之先吃完后，他便依然跑到厢房里，我知道这当然是给一个谈话的好机会，我便少吃一碗，急忙跑进厢房。在先我只想他和艺弟所说的恐怕一样，不致会有异议，而且我也希望不再有什么问题发生。不料他还没有开口便先蹙眉头，“最好是不要去了……恐怕太玩多了，不对吧？”“怕什么？不要再犹豫了！”“算了吧！我不去了！那么你们三人或是两人去还不是一样！你想，我的态度已是在先表明过，恐怕越玩越是……不对，对你们倒是很好的，可是……”

“这有什么办法呢？道理固然是这样，可是……不玩又不得，算了吧！各人走吧！要是不去，那么……也就……”“啊！……你们推牌吗？来赛谁的运气好……”“……”

三月九日

读日文

我学习日文的开始，不算不早了，但是到了现在，还是跑不出字母、音便……的范围。在先是和同学中懂得日文的曾经一度地研究过，没有半月的光景，不知因了什么会感到无趣便停止了。记得是在前年的事吧！到了去年的下学期，本校正式地添设日文选修，那时我也很高兴地报了名，上了课。没有上了一学期的三分之一的课程，并不是教员偷懒，只怪我一天去唱革命，从此便终止了。

前两天在伯民处谈起学习外国文，大家都激起了急要学习外文的兴趣，尤其是我爱的艺弟和雄哥，我于是也被鼓励了以后要努力学习外国语的决心。

昨天晚上我到伯民处，艺弟高兴地向我嚷着：“明天要读日文了，我们。”虽然他们没有直接地问我加入他们与否，但是由他的表情上看来，已是表示出这种意思。他们在口头上还唱着不要我读，若是我加入和他们同时学习，真是相去天地了……这不过是他们说说罢了，实在我又算什么呢？

我们的日文班，居然在今天成立了。不守时刻的S君，居然不按时到校，终于缺席。冷静滑稽的ラサン[1]他还给我十五分钟的休息，以作我们取笑“夹猪脚”的好机会，同时我在这个期间还和奂若做一次短时间的英语会话。

ラサン愿意绝对地守时刻，他恰在午后二时便停止工作，我们也就此自由地谈起话来。

他们都夸奖我是得意的大门生，聪明伶俐的小动物。实在说，我算什么聪明伶俐？不过是在他们之先学过一点。我的笨拙，以后你们才知道哩！

艺弟读鼻浊音时，真是有趣。

三月十日

约

今天下一天的雨，我十二时才起床，整天地坐在打字机旁。

午饭后与家人围炉聚谈时，艺弟来家找我。

“啊！这么大的雨，你还跑来！”“不要紧的，我是特别来告诉你，若是赫君的病已经痊愈，并且天要晴，那么，我们便履行前约吧！……”

三月十四日

失望的归来

看着今晚是大有晴的希望，怎么又下起雨来了。当我跑到天井里发现雨是渐渐地大起来，我跑回房里报告晋安的时候，我们的面庞马上便有一种特殊的变换，不自觉地叹了一口冷气，一阵地沉静着。

今天像这样的表情不知是做了若干次，总之，只希望着明天——十二号的西山之游不会失败。

虽然艺弟说是“天要晴才能去”，可是像我们现在这样希望的热情，就是明天的天不会晴，只要没有十分大的雨，都会有去的可能。即使不能，也许他们或艺弟会到我们约集的地点知会一声。说不定大家高兴的时候，会不顾一切地履行前约。我们的理想是这样可靠地自信了，所以我们的热

[1]“×先生”，指日文的任课老师。

望还是继续不断地保持着。

街上的行人已是渐次稀少，除了几家卖夜点的馆子还热闹地开着外，其余的商店都已关得黑压压的。这样阴天的夜黑的冷风，加上细微的冷雨，同时吹到脸上来，简直冷得不能再把缩在一件薄外衣的领里的一半脸伸出来。虽然头上没有戴帽子，上体是这样怕冷地缩着，可是我们的四条腿不得不加速度地往前跑，我们还是很高兴的很乐意的。

等我们预备了一点食品后，看着雨又渐渐地大起来，我们便叫了洋车回来。当我们下马市口的时候，车篷已是响得相当的厉害了。

我和晋安在未入眠之先，我们高兴地翻了一些过去，又理想一些最近的将来——明天——是怎样的快乐。

经了一次很长的静默后，我以为他熟睡了。他一翻身，“你还没有睡着吗？”他问。为此，我们又继续起刚才的谈话。……

“晋安！天亮了，有太阳没有？”

“哪里才天亮！你看现已有六点半钟了，快起来去看天气去！”

天上布满了一层薄的白云，只见它很快地动着跑着，但是又不见一线的青天，不论哪个看来都可以知道决不会落雨的。我们洗了脸便得意地出发，只希望在他们之先到，去等。

等我走了两条街，看着东方渐次光明，发现了我们头上已退出了一小块青天，我们的心境高兴极了！开展极了！竟会想到他们或许会在我们之先去等着。于是我们快速度地走到大街，选择了两个能跑的车夫，直达西门外的汽车路口，还没有出西门，长汽哨才呜呜地叫起来。

发现了大桥上没有他们的踪迹。

慢慢地吃着牛肉，眼睛看着城门洞，我们已经故意地耽延了相当的时间。吃完后，仍不见来。

这时太阳出了，我们又是何等高兴！愈更确信他们没有失约的可能。

我们进西门想去半路相遇，偶然想起，他们或许会走城脚过来，他们在桥上了吧！于是我们赶快跑到城外，桥依然是桥，并无人迹，我们只有静静地坐着等着。

坐不住，跑到汽车路口远远地看着。

站不住，脚酸了！又坐着，看着，望着。

坐不住，又跑去站着，看着，望着。

站不住，又坐着……晋安低着头低声地对我说：“走吧！没有希望了！”“不，等一等，还有一线希望呢！”“走吧，九点钟了！”“不！等一等，再等两个钟头吧！”“……”“……”

交涉的结果，决定再等半点钟。

很快半点钟的工夫过去了！终于不见来。本想再多等一等，但是心里的跳动，怅惘，再不能使我们再在那里多留一刻了，便是这样失望地归来。

三月十九日

The result of this night our speaking〔我们今晚的谈话结果〕：

1．To make the Youn Mi Boun.[1]

2．To make a teacher of middle school at other provinces.〔到另一个省当中学老师。〕

3．To go out.〔外出。〕

4．To cultivate the place at south-west of Yunnan.〔开发云南西南部的一片区域。〕

On bed.〔在床上。〕

The shake hands.〔握手。〕

1．“Hopes”.〔希望。〕

2．The door of Li’s home.〔李家的门。〕

3．In the Green Lake.〔在翠湖。〕

4．To scribe hill.〔描画山峰。〕

	8—9	9—10	11—12	12—1	1—2	2—3
一、	文学史	文学史	作文	作文	文法	文法
二、	历史	历史			教学法	教学法
三、	地理	地理	军事操	军事操	翻译	翻译

[1] 此句意义不明。

四、尺 牍　尺 牍　哲 学　哲 学　日 文　日 文
五、诗文选　诗文选　教行政　教行政　翻 译　翻 译
六、小 说　小 说　小说读本　小说读本[1]

战法：局地战

河川战——半渡而击之利

森林战

村落战

高地战

三月三十日

“啊！守信！是不是张二哥曾领过五哥去耍过一处什么地方的？”

“什么？……”我迟疑地问，同时在无头绪地想着。

“……我想，是黑龙潭吗？”

“啊！有的，你还记得吗？那天不是省师附小开恳亲会吗？我因为应了他们的约，这天不能不去。不错，他们是骑马去的，人数是‘九九社’的和五哥大约十人吧，目的地就是黑龙潭。当他们去了以后，他母亲才发觉了我没有去，她很惊异地问我为什么不替她阻止，并且请我叫他回来。我说，他们已经去远了，不要紧的，他是和张二哥去的。大概就是这次吧！”我很平常地回答了她，我知道这并不是一回什么新奇的事，可是由她的态度上，给了我一个莫大的怀疑。她微笑着，很骄傲地摇着手说：

“嗳！不是，不是……哪里会是这次，那时他妈已经回来了。我说的是她回临安去的那一回。”

“那我就不知道了，您要问了做什么？

“不是的。这是廖家告诉杨大嫫[2]的，说是她不在省的时候，张二哥曾经领了五哥去耍某一处，我记不得了。”

“这有什么关系呢？”

“大概是张二哥的不好吧！……”她说到这里，我急忙打断了她的话头：

[1] 这是作者抄录的课程表。

[2]“伯母”的意思。

“管他做什么！这些不关自己的事，最好不管的，并且还是这些不关痛痒的是非话，说它做什么！”因为我发现了她老人家闲谈常论人非的毛病，也可以说是她老人家固有的特性，我才敢当着人出口，要不然我决不敢这样地对“上辈”。我知道这么一来，她老人家一定会多心，说不定会当着人骂我几句，最低限度在回家的时候一定要教训我这种态度的不该，可是我又不能不这样做，所以我只得准备着去接受她老人家任何的教训。

真出我意料之外，当我打断了她的话头以后，她并不发怒，也不骂我，但是我已看出她已心中暗暗地多了我的心。过了一忽儿，她偏一偏头，很不高兴地说：

“稍稍稍！！！我不管……不过嘛……近几天来，十妹她们，哪个不在议论张二哥……算了，我也不说了……”

“什么？”好多事的干妈从烟床上挣了起来，这样诧异地追问着妈妈，但是她并不回答，她的眼神呆看着我好像要迎合一下我的心理，依然又说：“算喽！我也不说喽！”

这么一来，不但不能迎合了我的心理，由周围的人的眼光对我怀疑的注视，倒反引起了我一种莫名其妙的反应，使得我非要向她们说明一下不可。

“这并没有什么奇怪的，只因为张二哥的几个亲戚，是几个‘女学生’！时常肯到那里来玩，他们议论的大致是这样吧！”

“哼！那些不要脸的‘女学生’！”我妈妈这样妙地和我补充了一句。这时一位在座的“女学生”走出去了，不知道是因为戳了耳朵而去的呢.还是有事而去的，到现在我都拿不定，因为她始终不曾发过言、关心这事。

“嗳！现在这些读书的女学生，简直太——太开通了……”老辈子的口吻，她们同情地谈上了。

“亲家母！你不知道，最近的张二哥和那些女学生是窝窝饼饼[1]的。”

“真怪！他女人在的时候，公然不敢来，只有女的找女的，男的找男的。”现在很有精神的干妈好像是弄得很清楚地笑着说。

“是啊！终归猫在可以逼老鼠。”这句成语大概是这样，不过妈妈说着，辞句上比这个还要好听，她继续地说：

[1]“勾搭在一起”的意思。

“杨大嫫说，张二哥是近一年来才坏了的。”

我听到这里，实在忍无可忍了，但是我态度很平静地说：

“是，张二哥实在坏透了！”

……

时间使我不能再在此地多留一刻，并且我也不愿再听这些扛气[1]话。恰好妈妈也提出要早回去洗脚，预备明天的扫墓，我们便同时离开了此地。

借了送她回去的这个短时，我很诚恳地对她说了几多话：

“妈妈：你家何必这样爱管闲事？我觉得这些话在家里说着也就够了，实在没有向外人传播的必要。张二哥，我们不管他是好是坏，我们总不能和一些没有关系的人评断人家的是非。况且我们现还不能断定他是一个全好的好人，或是全坏的坏人。总之，是非这样东西，是会添佐料的。”

“哼！有什么说场，你们当然是维护着他们的。”

“唉！妈妈！不错，张二哥是我的朋友，而且她们也是和我认识的。说到维护，似乎是很可以说得通的，不过我实在没有维护他们的必要。我总觉得评判一个人不应该这样地无根据，据我对于张二哥的观察——因为我和他是知己，大致可靠吧。他并没有具有半分坏的元素，而他对于女学生，也没有所谓的‘窝窝饼饼’、‘不要脸’的行动。总之，现代的我们，什么‘坏人’的头衔是免不了的。”

“你既然知道，你就不该再和他们。”

“和他们与不和他们是全无关系的。有时和他们在一处的时候，全是光明磊落的，并没有什么不能见人的事。我说的‘坏人’的头衔，并不是和他们在一处才得到的。只要是现代的每一个男女学生都早已戴上了‘调皮的男学生’，‘不要脸的女学生’的头衔，这是现社会里必然会有的现象。”

“稍稍稍！！！我不管，有人家房主人去说的。”她似乎动气地说。

“最后，我希望你家不要起一种什么疑心，我完全是诚恳地说公道话！并且你家对我的行动也请尽管放心，我对于这类的事情，是极有把握的。要是我没有把握的话，那么，我早已坏透了。”

说到这里，不觉到了门口，因为时间的促迫，不能同她齐到家里继续

[1]“怄气”的意思。

地谈话，我只得告辞回校。她听了我这些话所给我的答复便是：

“管你不是的[1]。”

四月十六日

最易激起我胸中的悲戚的雨声，又是洒喇喇地下着。虽是初夏，在这样黑云密布的雨天，不觉有些寒冷。我的清鼻涕，不时会滴到纸上来，也是因为伤风没有痊愈的缘故。

近几天来，因为起得太早，白天总感到异常的疲乏，只想跑到床上去躺一躺。但是我不愿破坏我的好习惯，无论怎样，我都支持着我每天预定要看的书。

一种小女孩唱的尖脆的歌声伴着雨声在我的耳旁振荡着，我知道这歌声是从附小传来的。她们所唱的调子都是从来听得惯熟的，而且是有很长的时间未曾听见的了。

我们的委员会去晋谒了要人回来后，疲乏异常。我躺在床上静听这有刺激性的歌声和雨声，我真不知道我心里会起了一种说不出的特殊的感觉，什么前几年的琐事都会一幅一幅地映将出来。

——啊！多雨的湘、郴……

——啊！《三蝴蝶》的表演……

——我们不是也在像这样的冷空气中多次地集会过……你对于雨天也许会有特殊的感觉吧！不错，有，不过我们不是同样的。我可以说你对于雨天仅有快乐的回忆，而我，便是痛苦的悲戚，但是，在这样的回味当中，还可找到相当的乐趣。

——啊！一年前……几月前……一月前。

四月二十一日

我知道明晚她是绝不会来的，因为她在前星期曾述明她所以不来的真实理由。真实不真实，我确也不知道，但我终于希望着她明晚会来一下。不过因为她这样说了，总使我不会想到明晚要到那里。

[1]“随你便”的意思。

因为昨天受了寒，今天简直头痛不堪，不得不找点药吃。真出我意料之外，雄哥和伯民会在侯处，他们会想得起明晚要约李君来此唱戏，当时我很高兴地答应了他们，但这么一来，我是更不愿意来的，即使她来。我并不是这样忍心地不想见她，实在是因为他们的眼光太厉害了，怎样可能呢！

果不出我所料，当我上楼的时候，那些小鬼们的冷讥热笑真使人难堪，如此更坚定了我明晚不来的决心。

好快啊！居然这样容易地混过了一天。我吃过晚饭，急忙跑到那里告假，他们当然不会对我十分强求，十五分钟后，我走了！

“啊！……你的那本书，我……”雄哥追着我出来，“你知道我特意告诉他今晚要来，你不来吗？”

“说不定我在九点钟以前把会开完，会来一下。”

这事真叫我难办，去呢？又是……不去呢？……好，实在不能不去应付一下，为的是他，这叫意志不坚强吗？

我进去时候，那里已经满座了，他们并没有发现我，因为我是直接上了楼。在石阶上坐着的爱甥叫了我一声“四舅”，我在楼上的走道上看下去，只见有一人不住地回头看，大概是为了这声“四舅”的关系吧！我猜想着或许是他，但在我那一瞬间的视察，并不像他。我在楼上周旋了一下，便下来，果真是他在那里。

“你多时来的？”我问。

“刚刚才来。”

“你看我的奖证。”

“真是乖学生。”

“我这星期真忙，几次要写一封信给一个朋友，终于写了半封。”

“啊！……明早我们来赛早吧！”

咚！咚！咚！开门！开门！咚！咚！咚！开门！开门！粪买！粪买！喽！—喽！—喽！……叽哩喇！“啊！是你来了，ラサン都还没有来！”“洗了脸进来吧！”他的脸，他的眼，他的衣裤，他的手，他的口。

“你不要说我来。”“四少爷已经起了。”“啊！怎样不见？”“茅厕里。”“Good morning！〔早上好〕”“……！”“等我去看他们起来没有。”“小顺！热水！”“二孙少爷！二孙少爷！起呢！二孙少爷！二孙少爷！二孙少爷！……”玫瑰花写生。“他们在洗脸了。”“オハヨウゴザイマス，ラサン。〔早上好，× 先生。〕”“——还有两分钟。”“他不来了。”……“前提法……法……”他的脚，他的毛巾，在手里，“前提法……法……”他的手，他的毛巾，在桌子上，他不愿意，一拉，“终止法……终止法……”吃鸡蛋。“你知道我昨晚写给朋友的半封信吗？”“怎么不知道，星期四我还到了你的学校门前。”“啊！”“你不信吗？”“信！”“我以为你会在先写信给我的，寄《凤还巢》。”“哈……”“相片是……”“当然不可能放在容易拿的地方。”“我就不然，在学校里。”星期六不来总有原因。“不，不……”他才起来，ラサン去了，画字，地理先生，怕灰来，搬家在鱼房里（忘记一样），在先，耳房里，他给我夹花片，吃饭去！

晚饭后，他的干跳干跳的衣裳，姑姑，衫子马褂，送出大门。“你也要去吗？”“是。一下就来，你等着吧！”洋五耶！洋五耶静坐，洋五耶看书，“从你们去后我都没有说话。”洋糖，春花色，味特别好，他俩拿嘴咬。天井里，绒沙发，静默十分钟，逗笑，“你不要睡着吧！”回头一笑，哈笑，“我不会笑。”“真的么？”真的，没有笑，面向里，我去看，埋下去，他的脚，他的腿，我靠着，手，交换，我的脚，我的腿，他靠着，“你真胖。”“你还不是胖。”他靠，钥匙，图书馆，天文，赤化，英文原文布塞，“我想尝滋味”，《国际歌》，西山，丰满的，足球，星期二，小三三，向后转，并坐，要分南北，彗星，大尾巴。

四月二十四日

同学们陆续地都回校了，有的提着大包小包的食品，有的夹着一包洁白的衣服，有的拿着一个帽套大惊小怪地喊叫着明天究竟戴不戴帽套的问题。我拖了一辆单车进来，准备明天的单车队。时候已经是八点半了。

对门寝室里拥挤着不少的同学在听一个小军官——C 君的同乡讲此次战争的经过，有时竟扯到明天旅行的一切。我因了骑车后太疲劳的缘故，简直热得不得了，我脱了衫子躺在 C 君的床上，也和他们凑热闹。

惯爱应付新朋友的 L 君，他的牙齿虽然痛得那样的厉害，但他宁肯按着嘴巴，忍着痛，而不愿意放弃了和这位新朋友的谈话，他仍不住地向这位小军官发问许多关于军事的问题。

他是在高小就和我同学到现在的，他是一个好胜心最强而心直口快的人。自我们认识以后，直到现在，都是保持着原有的好感。他去年回家去娶了一个小脚长发的家乡女子，昨夜他请假外宿，大家都以为他是回去“打牙祭”，谁知他是患了牙痛，唉！要是他再请一夜的病假或牙祭假，那决不会有这样的不幸的。

点名号响后，大家都充满了异常高兴地到天井里来集合。点名后P老师叫我们早些睡，明早要早起哩。我到老密士那里商量单车的事。C君已经安稳的睡了，他怎知道他将有这样的不幸临头。然后我又到L处周旋了一会。谈天的人依然是那样拥挤地团团围住那个小军官。老S也是其中的一个，他呆站在那里听得出神。

电灯熄的时候，我已睡在床上了。但灯熄后好像还有些微弱的灯光透进我的蚊帐里，我知道又是李在用功了。我睁开了眼睛，伸起头来一看，果然他那里燃着一支洋烛，左手摸着前额，右手拿了一支蘸饱墨水的钢笔在墨水瓶口上接连地刮着，嘴里喃喃地反复着$x^2+y^2=$……我并不理会他，翻了一个身，决心一睡就到天亮。

不知从哪里跑来这么多的臭虫，把我咬得简直不能合眼。兼且成群成堆的杂事，不断钻入脑子里盘旋着。

——明早，快点起来！先到……然后再到翠湖。不错，一定可靠……

时间相当的迟了吧！寝室里寂静无声，不时可以听到墙角下的老鼠在打洞时的抓土声，要是我有一个表的话，我一定把它准确地看一看，是不是天亮的时候了！不，扯远了！老李的洋烛都还没有灭，他还正在有味地深思着他的方程式哩！我依然不理会他，只盼望着明天的到来。

一股白光忽地从我眼前闪过，我的眼被它给了一个非常的刺激，感到怪难受的酸刺，等我能够把眼睁开去观察一下究竟是什么一回事的时候，我发现了P老师站在老李的桌旁，手里拿着一个电筒——咦！他是从哪里飞来的？我这样想。

“怎么这时候还不睡？干什么？”他的态度和平，声音低微。

“我在做数学……”

“睡吧！明早要早起！你叫什么名字？”他不等老李的话完，便这样说。

“我叫李××，我就睡吧！”

P老师好像不是专为清查没有睡的学生而来的，因为他要走时，用他的电筒射着这寝舍里另外的一个的脸，仔细地看了一看，然后又转过来射着我的脸，我当然闭了眼睛，假装睡着，我想他也同样看了我吧！我不知道他有无什么特别原因，但另外总觉有些奇怪，不，不会有什么特别原因，也许是他这人太琐碎吧！我不再想下去了，我也不愿和老李谈话，以妨碍他的思想。实在说，为我的瞌睡着想，最好还是少管闲事。

杂乱的思想倒渐渐地远离了我的脑子，虽然有一两个摸不着的臭虫在被窝里和我捣乱，但终于由朦胧而入眠了，因为过于疲劳的缘故。

“你妈的，电筒又来了！”我这样想，同时我的眼睛受了一种更强烈的刺目的白光而睁开了，原来是这小间寝舍里的两盏电灯在大放光明，我的眼实在支不住这样强的光线的刺射，我又闭了眼。

我觉得在这一瞬间以前，我曾经熟睡了，为什么猛然地会从睡梦中醒来？不是这电灯的开放还有什么？这时，我的两眼虽是那样的难过，为的电灯的开放，但我终不埋怨，终不诅咒。为什么这时候就要开灯，因为我觉得现在总是开灯的时候他们才这样做。虽然，我觉得我没有睡了多少时。

大概是快要天亮了吧！在过去也曾这样做过，大凡要起床很早的那天早晨，学校都可以把电灯开着以避免同学们点洋烛，恐怕失慎。不错，一定是这样，我希望着今早的到来，居然快到眼前了，我应该感谢他们——开电灯者。

“叮！叮叮！——叮！叮叮！”一个听得惯熟的开箱子的声响从上面的寝舍附近传来，我知道是老张在开箱子准备今天旅行的衣服；同时一个低微的谈话声叽里咕噜地，好像是有多数人在议论什么似的，在同样的地点发出。这时，我并不觉得怎样奇怪，我只以为他们全寝舍的人都醒了，在议论起床，渐渐又不听见什么声响。

我希望今早的到来，虽是那样的心切，但是我不愿意这时候就爬起来，我总觉得它太早了，至少也要天有亮，或是起床号响。

寝室里依然那样的寂寞冷静下去，狗也不咬了，老鼠也不闹了，刚起的一阵大风，刮着寝室门外的几株大树，哗啦哗啦地作响。我的身体好像送到深山野地去了，大概是风太大的缘故吧！老鸦们呱呱地叫起来，我的心真如受了什么创伤似的，不禁地跳动起来，而且有点发冷，我想定是天变了，要不然不会这样，要是下了雨，又怎样办呢？

——怎么天还不亮？起床号还不响？电灯只管老开着，我看了看这间被灯光刷得这样光明的寝舍，追寻地想着为什么要这样？……

忽然电灯熄了，我的心理马上起了变态，急忙从床上挣起望着窗子——咦！怎么还是一套嘴脸，天空依然那样的黯黑，寝室里的空气依然那样的寂静凄凉，毫没有一点天亮前后的景色，简直是一个纯粹的黑夜，我又失望地倒下了。

真见鬼！我睡下不久这鬼火又着了！这时我急得想要骂出来，我又看看这两个同舍，睡得像憨猪一样地在打鼾。我不管了，我也不问天亮不亮了，我把我的被窝往上一拉，把头包起，不问世事，睡吧！

起床号一响，把我从甜蜜的睡梦中惊醒，披起衣裳，拿了面盆，往后面走去。

“你妈的，是哪个有这样不冬年[1]？无缘无故地把门锁起来！”一个校工一面在扭那道通操场门的锁，一面这样地骂着。

C 君和我一同到这里来打水，我们发现水缸里一无所有，又见这校工在那里扭锁，我们只有向他扯筋[2]。

“今早为什么不挑水？”

“不是，这道门向例不锁的，不知道是哪个不冬年的昨晚把它锁起，等我找钥匙去吧！”

“走，到厨房里去打去！”C 君一面说一面拖着我从西寝室的大门向厨房里去。

“你知道昨晚的事吗？”他挂着一副忧郁的面庞低声地问我。

“什么？……”

“昨晚的事啊！”

---

[1]“不懂事”的意思。

[2]“交涉”的意思。

"我实在不知道昨晚有什么事发生，你能告诉我吗？"

"就是电灯着的那个时候……"

"电灯着，我是知道的，怎样呢？"我抢着说了这一句，我好奇地追问他。

"昨晚拿人啊！"

"什么？"

"拿人啊！就是在开灯的那个时候，老S，老C，老L，就是他们三个。"

"什么人来拿的？他们为了什么？"

"武装宪兵。大概是'红帽子'[1]吧！"

我们的洗脸水抬到寝舍里时，同学们都在议论纷纷。我们才知道：他们来时，原是那样的轻巧，把人拿去了，别人都不知道。果真是除了他们两舍外，都没有人知道……

将近九年的同学L君呀！世间上的事怎样变易得这样的快啊！

记得老C昨天曾对我们说旅行要用钱，他的钱也用干了，昨天他没有和我们出来进行参观团的事，就是告我们旅行要用钱。但是今天旅行，昨晚被捕，多么的不幸啊！

老S昨天在翠湖和我们走过新路听见杜鹃在叫，他还说："你们听云南省务党务指委会在叫了！"今天呢？

虽然今天旅行，脑里盘旋着的：

"宪兵司令部"

"开灯"

"宪兵司令部"

"开灯"

"……"

四月二十五日

旅行的早晨

六点半，脚踏车，八卦丹，纸壳。七点钟，翠湖与杨骑车，来，我先走，你慢慢走来。景贤祠门口，车，书，手，书掉了。明早七点钟。

---

[1] 指共产党员或进步人士。

四月二十六日

朝游

一个清朗的朝晨景色，胸襟开畅，写一封信到河口。七点钟，翠湖朝游，兵多，中路旁吸新鲜空气。七点半，遇老陈，什么公司，绿草地，半封信，报纸，忽。

五月一日

午游

一点钟以后就是闲着无课可上，不知怎样才能度过这闷热的半天，城里实在呆厌了，take〔去，做〕一个午游吧！

金碧公园，流氓真多。我一个人，走到庾庄，遇到两次朋友。欲雨，不能达目的，坐在路旁——下雨，树下躲雨——他们来了，老陈，小张，小鬼等。不足奇，有什么笑的？赤裸裸地，回来。大雨，大风，谈一点革命。

五月二日

厄运，彭芳草，阿庚，生药铺学徒，张木匠女儿，回家娶妻，被抢，地保，村长，张连长，祖遗，田中小家庭，吃酒与屠夫打架，卖洋货与女主顾打架，遇木匠女，上省城，烂眼边跑回娘家，看吃酒席，被搜抢，以树杆充手枪抢车夫，五毛钱雇用贴标语、被捕，释放，穿中山服，当委员，中国国民党万岁！！！

叶：新俄学生日记　新思潮三册　我的幼年　文学周报

胡：社会科学概论　辩证法入门　辩证法的唯物论

郭：唯物的社会学

五月十日

真是有趣，为参观女中不能去——因为时间提前了五分钟，公然会到校务处扯起干筋来[1]。

[1]“强行扯皮”的意思。

当我夹着 *Ivanhoe*〔《艾凡赫》〕经过校务处要到教室去的时候，校务处的门口和窗子附近，围满了许多爱多事的同学。他们的每一个，最低限度都是微笑着，大部分的都在大笑。有的竟露出牙齿笑得不成声气。这样的情形，自然会叫我挤进去看一看，至少也要知道他们笑的是什么。

原来是两个初级部的学生在那手舞足蹈地和教务处的职员辩论。他们似乎是很有充分的理由似的，质问为什么队伍不到时间就走。实际上这并不成什么理由的，不过是不得去看女学生，心里有些戳气[1]。

我一见着稽查，就会联想到恐怕是有人找我，我都问他一问。刚才他从校务处闯过去了，我注意了他一会，他向外面走去，只见一个看得惯熟的人在和他说话，我仔细一看，原来是三哥来了。

“现在有一件重要的事情要告诉你的，就是今早我的一个朋友李君，特意到家里来说你有……的……你赶快请假回家去吧！”

当我听了这种消息后，并不觉得怎样惊异，我平静地回到寝室里换了衣服，更动了几本所谓禁书的地位，便向校务处请假去了。

当我回家的时候，家里的人都以一种怀疑的眼光，凝视着我，好像是问：“怎么会有这样的事发生？”可是不等我再去理会这眼光给我的是什么时，大哥早已像我所想的开始问我了，那时我真找不到一句相当的话来答复，我过了半晌地说：“谁知道？我还不是在黑暗里！”

时间说来也快，白昼渐渐消逝，黑夜很快地到来。

三哥从外面回来了，他是负着调查真实消息的使命而去的。当他跨入房里，一面把草帽脱了，顺便就倒在床上的时候，我们都不知道感到一种说不出的惶恐。

“李君对我说，这是千真万确的，本来昨晚就要……了！只因人家有事！……”

听了这一番话以后，这间小房子里都被恐慌的空气包围住了，一家人一时惊慌失措起来，好像有一种什么大不了的危机将到来也似的。这时你一句我一句地在想什么办法，什么办法，终于找不到一个现实可以做得的。

时辰是这样飞跑地闪过，各人的情绪更一步一步地紧张起来，那种料

[1]“不甘”的意思。

想着的恐慌也逼着我们不得不急要想出一个救急的办法来——便是今晚怎样解决？不几分钟，终于想出来了！

不错，便是这样做，时间已经不早了！

五月十五日

我本是名家的女儿，生性儿却有点古怪，有福儿不享也不爱，偏偏跑上革命的浪头来。

跑上革命的浪头来，到今日不幸失败了归来。我不投降我也不悲哀，我只想变一个巨弹儿将人类炸坏。

我只想变一个巨弹儿将人类炸坏，那时将没有什么贫富的分开。那时才见得真正的痛快，我告诉你们这一班酒囊饭袋。

我告诉你们这一班酒囊饭袋，你们全不知道天有多高地有多矮。你们谈什么风月，说什么天才，其实你们俗恶得令人难耐。

其实你们俗恶得令人难耐，你们不过是腐臭的躯壳儿存在。

我斟一杯酒洒下尘埃，洒下尘埃，为你们唱一曲追悼的歌儿。

——《冲出云围的月亮》

★ 《铁踵》

Chapter〔章节〕：

1. 我的苍鹰
2. 挑战
3. 老克孙的臂
4. 机器的奴隶
5. The philomaths〔爱学问的人〕
6. 现形
7. 主教的幻象
8. 机器的破坏者
9. 梦的数学
10. 旋涡
11. 大冒险
12. 主教
13. 普遍的罢工
14. 结局的开始
15. 末日
16. 结局
17. 血色的号衣
18. 在梭罗马山庇荫之下
19. 变形
20. 一个失去的寡头政治者
21. 深渊中狂吼的兽
22. 芝加哥的骚乱

23．深渊下的人民　　　　　　24．梦魇

25．恐怖党

三段法：预备，提示，应用。

教案：

1．教学目标。

2．教材内容。

3．教法：辅导兼设计精神，道尔敦制。

4．教学进程：（1）引起动机，（2）目的提出，（3）计划，（4）工作，（5）批评、欣赏，（6）……

5．时间。

6．备考。

7．批评。

参考丰富，应用参考。

适应时间。

预备充分。

五月十六日

“啊！这么多的人在听腊盘[1]……我正想来听这 violin 的名曲……”

sweep〔打扫〕，学戏……睡吧！……

“How was it, last night？”〔昨晚如何？〕

“There was nothing!”〔什么也没有。〕

“After l take the breakfast l shall go back, go back.”……〔吃过早饭我就要回去，回去。〕

我很早便起床去打扰小四的瞌睡，现在时间已是不早了，他们还不吃早饭，我无力地躺在沙发上，小四跑来叫我说是你的“我三哥”来了。

预约的要来我们那里吃豌豆粉，他们这里吃荞麦凉粉，原来就是今天。

我在庚侯处老等着他们。一齐到了那里。改约了，去吃凉米线。

[1] 唱片。

要去之前：……

晚饭后，我的“梠水之傍”violin，sweep，月下的凄凉，哭起来！那边晒台上，“不要回去了”。……

五月十九日

蒋光慈先生的近著《冲出云围的月亮》，多么时髦的一部恋爱与革命的小说，多么适合一般小资产阶级的口味。

我并不配否认他的这篇东西是不对的，是反动的，它不但不是这样，也许会在社会上发生一点效力。最低限度，我们看了这篇东西后，可以知道一个真实的革命战士的精神，像李尚志样的那样令人钦羡，不过像王曼英样的女性似乎过于理想了。

我为要把我看的东西，留一个较深的印象，所以我无妨把它拿来反复一下：

整个的这篇小说的意思，可以这样说：由革命的失败后的革命者的种种变态、灰心、反动、小资产阶级的幻灭……以至于复活。内中又用一个被资本家打死的工人的女孩和许多卖身体的趣事点缀着。最后的结局，便是由死去了的又复活过来，被乌云遮盖了的月亮又冲出云围来。

王曼英：在革命潮流高涨的时候，她真的是一个为人类解放而奋斗的革命战士。当她和杨坤秀到H镇去找她的爱人柳遇秋入军校的时候，直到她南征失败以前，那种精神，我们看后将要感到什么？谁知在南征失败以后，她竟会觉着革命前途的失望。她对于革命变换了策略，她说：“与其改造世界，不如破坏世界，与其振兴人类，不如消灭人类。”她提出了这种理论以后，她便想法怎样破坏，怎样消灭。……如此，她实行卖身体去制服敌人，去报复那些在她面前示威的敌人。她的对象是：一个小买办阶级的儿子钱培生，一个酒囊饭袋的诗人，一个老政客，一个升官以后的柳遇秋，她的救主陈洪运……

李尚志：一个始终没有改变的革命者，他解释给她——曼英——她的思想错误，以致曼英由自杀的念头转而复活起来。他以前是爱过曼英而她不爱他的。复活以后，他很能原谅她的一切，这样的同居了。

阿莲：她的天真，她的圆滴滴的两个小笑窝，作者描写得那样巧妙，也使得读者像曼英一样的爱她。她常记得父亲被打死，母亲病死；最后她跑到革命的战线上来了。

看了一星期以后的东西，印象有些模糊了，大意大致不差，像这样简单地记出。

六月三日

今年的蒲节[1]，是我们这班同学在省师里的最后的一次最快乐的集会。这天早上的快乐，也许要比在伯民处和老洋人吃大菜要胜过百万倍。

我醉了，跑到那里，向天地叩首——跌了一跤。他们都说我是醉了，但我不承认。

我躺在床上，盖着大衣，他们都说我睡着了，但实际我并没有睡觉。他们的一切，我都清晰地知道——找白头发，手——又是一个一号。

T.S.Wang 先生听说回来了，在首府碰到一次，并没有招呼。蒲节的头一天又遇着他，招呼了，并知道了他的住处。

昨天——六月二号，我去访他，我们谈话的时间约二三小时，范围甚广——外国语、社会、改造、出路等。

我觉着时间总是那样飞跑地过去，隔不上几分钟，我看了看我的手表，只见它不住地前进，再没有看到它会后退的——若是在那里吃饭，我想绝没有这样的顾虑的。然而，我终不愿意常在那里吃饭，虽然他们也在那里。

碧蓝的天空里，浮动着的银白色的云块渐渐地稳定了，不久，它的颜色由银白而灰黄而金黄，它的光芒放射出一种令人不可捉摸的温柔。这时，我已在丁家吃过晚饭，走到这行人疏疏的街上。我的脚步只一步步地加速起来，惟一的目的当然是早见面，可以多玩一时，然而事实并不能使你很快达到目的。还有一处不能不去周旋的地方现在不能不去一下，所以我到了十字街口的时候加速地往右边跑去。

承继着黄昏的消失的夜幕，很快地笼罩了宇宙。我的心有时会像被一把尖锐的锥子地猛刺而恶痛；有时又像被一种不可避免的恐怖所包围而颤动，当我懒洋洋地躺在逍遥椅上正想着“他为什么要回去”的时候。

月牙穿过薄云，疏星放着微弱的光，院里的蚊虫绕着我的耳朵嗡嗡地

[1] 端午节别称。

叫着。我听不见别人的谈话，我只静默着，追思过去，幻想将来。

十几年前所玩的跳绳游戏，昨晚又来重演。

八月一日

上海的“八一”[1]料想中不会怎样，因为租界已经先期严密防范。今天的报纸开始便是“今天‘八一’，华、租界严密防范”，这当然是什么都跳不起的。

我们照常办事。昨天在精华工厂里装一天“联珠”烟，从早进去，五点钟才弄好了，把货交“王洪记”付邮。看着大雨将临，各人都焦心那三十六个邮包，事实上雨终于没有下成。在途中，经过天一影片公司，正在摄演电影，无妨看了一会，原来不过如斯而已。然后我到民众烟工厂，已没有做工，按十分钟的电铃，没有动静，大门紧闭。

昨天的事务太多，使得我们今天有机会闲一闲。早饭后，顺便结清“王洪记”邮包寄费和电报挂号，又逛到城隍庙里，已经看过的“小头人”还在那里不住地敲鼓。

马路上的警察比往时是要严怖些，但并不见什么。晚上写短信给三哥，谈及谋事速复。

八月二日

盼望着维善购来的报纸看，不多时，来了！原来昨天的事，不像我所料，依然大肆活动。

到无线电局打电报。第四批货的手续做清，可以暂告段落。他们约到“大世界”。《女起解》不同一点，《空城计》真不错，武艺场的“卓别麟[2]”握手提箱、挂表、手表、手套……《西游记》布景。

十点半钟出场，实地试验报载的退鸡法，果真有效。侥幸，最后一辆电车。

八月三日

无事不出街，看报，看地图。接到三哥的信，可喜，但在第八页上看

[1] 南昌起义纪念日。

[2] 现译卓别林。

看会可怕起来，也许是在说狂语。

夜饭后，南京路纳凉，老先生走脱了[1]。我们搭电车先到家。阅看“云丰”所有的信。

八月四日

我想他已在我之先谋好职业，不料当我找到黄子商的住室时，由他的黄瘦的面孔和淡漠的表情，知道他还是和我一样，也许我要比他好些。

向三友社索取批发价目表，然后到永安公司问弦和唱片。

没有手帕，不能向人家去要；有点小毛病，不能不照管；一切的用费，只能由收藏得极紧密的皮夹里去索取，但五六元的家当，够用几天呢？

今天早饭后，我竟发觉我已患痢疾。昨天买手帕及买了一小点零嘴已经扯去一张一元票，剩下的不够买药，哪能不扯到唯一的一张五元钞票呢？

八月五日

白天写信，晚上不得已和他到北京路看冰鞋，心里不高兴做的事，勉强下来的结果，终于不对。今晚没有买成，他还说明天再来。现在的惟一的五元，我是应当怎样的看重，还能比在云南吗？

八月六日

冰鞋宣告不买，我也不怕他多心。

到商务印书馆买《日语读本》、《英语周刊》，又到“群益”买《英语小丛书》，我高兴极，回来便看。

正看得有味，这些小鬼，偏要来打动我的心思，居然大唱起这些听熟奏熟的歌儿:《三蝴蝶》、《春天的快乐》、《卖花词》、《无锡景》、《毛毛雨》、《妹妹，我爱你》……无一不令我想起往事。

不对事，现在又唱起《因为你》来了。

先前三人扫洗地板、水楼，然后三人大闹水晶宫，身体痛快极了。

[1] 走散了。

八月八日

为臭虫的骚扰，再没有办法可想，提了烂帆布床到爱多亚路修理，掉换，没有成功。寄到“王洪记”处。

坐电车第七路到沪宁车站，走路回来。好远的一条海宁路啊！

晚阅《英语周刊》。

八月九日

黄子商昨晚来访我未晤，我知道他是太烦闷了。昨天、前天，我都没有去他那里。

怎么今天见到他，连一句话也不说，我看他实在是烦得不可能说一个字。这样的痛苦我未尝没有尝过，思想起来不觉又是一年前的事了。

多坐还是无聊，走了吧！

独自走路实在觉得更疲劳些，所有的新书局原来都是在四马路。一个个地都游完了，买了两本《环球》。

晚，阅书后，唱戏、唱歌，无限的愁思涌上心来。

前月今天的一切，活活地显在我的面前，整天地回味我出省的前夜，偏偏陈钟秀要约我到晒台上看月，谈谈生意。

沐浴时，知道一位曾在英国七年的轮船火头[1]，他能讲英、日、福建、广东、上海各处的语言，但不能写。

八月十三日

这几天因天热没有出街。看报、读书、打盹便是经常生活。

对门土耳其人三口之家，近来异常窘迫，以致夫妻时常口角，变卖衣服。昨天送来丈余毛葛[2]求我购买，我因无钱，使他失望。看着他们这样的处境，不觉心酸。

---

[1] 轮船上的锅炉工人的头领。

[2] 一种纺织品。

八月十八日

十四日早接许琼华由本市“平安栈”寄来一函，谓伊已于昨晨抵沪，望我到栈指导一切，因初到人地生疏故也。早饭后，余更衣即往，会谈多时，始知伊之在港逗留已达月余系受萧寿民之影响。萧替伊等进行有津贴之学校，结果仅有缺额二名，又系中学程度，若欲投考大学须有三四年之准备。此种办法非许所悦，故袁、周即补此缺额，许则弃彼他往。适有由滇赴沪之汤汝媛及其夫朱鸿逵在港相遇，许告与耽延及误考等情，殊感失望之苦，愿与伊等同往沪、京投考学校。昨日抵沪即移住平安旅社。当晚致函征求在沪各友之意见，以期早日定夺，深恐耽延日久仍无把握，以致经济成问题。其实伊尚有申洋一百八十元在身，未免多虑矣。我等正谈时，闻有人敲门，许即往迎之，乃杨淑英、清、赵娥、汤汝义等四人入。当余视之确为杨四姐时，彼此不胜惊喜异常，咸称如此巧遇，梦想未料。继而大批云南同乡坐谈多时后，全数被邀至霞飞路杨处，备午餐以待。余因经济关系不愿与伊等同归，饭后即先行告辞。

余着胶鞋，轻步登楼，故彼等未觉我已入室。高背身拣菜一面谈话，余侧耳听之云：“他还说没有定，是我说现在的学生们都是讲什么自由选择……”此言未毕，段已见余即嗤然一笑顺手授以一函，封面书有袁令晖自香港……缄，当时始知彼等谈及所谓自由选择者无非如斯而已。拆阅后系烦转许之家信一束。

十五日早饭后，往霞飞路转交许之家信，未晤，得悉伊尚住平安栈。遇孙、陶二女士，又与杨会谈多时，借《拓荒者》返家。途中巧遇苏尔敏、钟狱往访汤君，后同往平安栈，为许料理迁至霞飞路。许准备明日赴京。

九月五日

一九三〇年九月一日开始集邮，一面向五洲邮票社函索各国邮票十种，一面集存本国邮票，自此日起始感集邮之乐趣。

昨晚练习双脚跑冰[1]，跌了十几跤。有姿势六种，成绩尚佳。

[1] 指滑旱冰。

九月七日

跑冰第一日半会右脚，第二日全会右脚。第三日半会左脚，计跌跤四五次。第四日习双脚，半会，但跌跤十余次。第五日双脚跑已进步，但不能说全会，跌跤一次。此乃学习跑冰之进程也。注意：所谓第 × 日者每日不过至多二小时。

袁、周于九月五日晨抵沪，先寓泰安栈，下午即移至李府。

九月十三日

午后九点五十分开箱取衣，被箱内的铜钉所刺，流了不少的血，只能写了这几个字留作纪念，快要结成固体了[1]。

十月十九日

久要想写的我的年谱，到现在才写成，这不能不算我懒和无能。

虽然现在提起了笔，我也不知要怎样开始，好吧！像中山先生年谱的样做吧！多么漂亮！多么光荣！不，我还没有做到中山先生的地位哩！……

"……先在东边放一枪，然后西边又放一枪。继续着两枪，三枪……天哪！炸豆般的枪声响得实在怕人！我忙把窗子关起，抱着你三哥跑下楼来……桌子底下有个面盆还飞来一颗枪子哩！"妈妈富有表情地把一件惊人的故事原原本本地和我们说过，我们喜欢得跳起来。然后她把我抱到怀里两手紧围住我，"我的乖乖，枪是最可怕的哟！"

这是我未满六岁的时候，听到妈妈讲这样有趣的一个"反正"[2]的故事。当时我觉着太可怕，然而又非常爱听。我为了要把这故事深深地印在脑里，曾无数次地要求过妈妈再讲而哭过几次，这是因为她在忙着替我做衣服或是在制药材的时候没有那样的闲心，只叫我到爸爸房里去认字。但是，我也却得到了好几次的胜利，因为我会利用在她闲的时候，或是看到她面带愁容地在追思死去了的爸爸的时候去请求她，她便不住地又把这故事讲完，

[1] 这篇日记是蘸着血写的。

[2] 1911 年蔡锷等人响应辛亥革命，在昆明发动推翻清朝的武装起义。

依然又把我抱到她的怀里给与一个温存的甜吻。

“反正”这个名词已在我脑里荡得惯熟的了。只要想到“反正”二字便会联想到枪声，烧房子，换旗子，伤兵……和妈妈的表情。

我真觉得可惜，当时不能亲眼看看烧房子，听听枪声，只静静地躲在妈妈的肚皮里任她到哪里我便到哪里。直到这已“反正”了，旗子换了，枪声也停止了，我才脱离了那紧紧的压榨蹿到另一个世界来，我现在想像着那时挺着一个大肚皮的妈妈，她是如何痛苦哟！

一九一二年二月十四日[1]便是我落到这世界的一天。

悲楚的哭声无时不在我的耳旁荡漾着，当我的妈妈走到爸爸的棺材前面的时候，她都要伤心地大哭起来。如此，我的哥哥也哭，姐姐也哭，这雨水般的小孩子的眼泪也从我的眼里涌出来了！我伏在妈妈的膝上一面安慰着她，但我总忍不住了地哭喊起来“爸——爸！你真的死了吗？”那时我还未满四岁啊！

（爸爸的死，决定了我这一生的命运，指示给我应走的道路。）

走进他的房里，他心爱的那些烟具依旧平静地躺在床上，他教我认的图画方字也杂乱地摆在烟盘子里，仿佛和以前没有什么两样。但是，但是从前在这里睡着的人已离开了此地，离开了他一切心爱的东西，忍心地走向那黑暗的地狱里。他不再归来了！不问他的家庭有饭吃或无饭吃！不管他的妻子是怎样地哭得死去活来！更是管不着他那可怜的小孤儿的认字！这间房里是充满着凄惨、冷静、恐怖……

看了几篇革命文学论文，指示给我现在艺术运动的主要任务是要大众化。非集团的，不能和大众接近的是成为过去的东西了，它是在现实社会里所不必需的。所以我的所谓年谱不再继续地写下去。我只简单地把它记出也就可以了。这不过是预防将来的忘记，但也是必要的。

今后我的研究和创作文艺的方针将改变了，不再作个人的呻吟或以个人的革命性的表现去影响群众。微小的力量不能说没有，但总不如更深一

[1] 根据聂耳母亲、兄长的记录，聂耳生于辛亥年腊月二十八日，应为公历1912年2月15日。

层地往前跑，向着新的艺术运动的路上跑去。

结束了我的所谓年谱吧。

（1912）民国元年二月十四日是我的生日。家里的人有父母，兄三，姐二。父亲是一位中医，又开着一个药材铺，家里开支便是由此产生。

（1916）父亲死了，那时我有四岁。据母亲讲莫说遗产没有，就是几角钱都没有留下。

（1918）民国六年春，六岁时，入昆明师范附属小学校初级一年级。在先我没有入过幼稚园也没有入过私塾，但那时我已认识了一两千单字。这是一个分校，各种设备都没有本校的完备。

（1921）民国九年冬，九岁时，初小毕业，这四年的教师都是杨实之先生。他教我们非常热心，所以我们这班的成绩也较别班有点差异。当时各校成立童子军，我也是被提选之一。据杨先生不客气地说："你们在童子军里面，不但升高级没有什么问题，并且一定是入本校的。"我听了这话，当然高兴得不得了。可是能不能入童子军却又是问题，因为童子军是要穿着多么好的洋衣服，短裤子，头上戴着宽边帽，手里拿着长棒棒，腰上还挂着一把小刀，一圈绳子。这些东西都是要自己出钱做的。固然，我知道我没有这样的能力，我的妈妈绝不能把一家人吃饭的十几元钱通通拿给我缴费。然而，我为了要实现这种荣耀的事——穿洋衣服……升高级，入本校……不能不老着脸跑到妈妈的怀里管它三七二十一地问她追要。经我多番地和她解说入童子军的好处，和杨先生对我们讲的那些利害关系后，结果她还是不允。实在说，哪里会是她不允？生活都是只能勉强维持，她又能怎样想法去找这十几块钱？！她又何尝不知道这种荣耀的事是应该给她的儿子做的。

举行毕业仪式是在孔庙里，各学生吃了一碗酥肉面。

（1922）民国十一年春，十岁时，入高小。果真不在本校，是分入一个私立的求实小学，地点是在孔庙里。

（1924）民国十三年冬，十三岁时，高小毕业。在这三年的旧制高小（四三制）里的级任教员，在先是伍老师，教了一年，后来便换晋荣华老师，直到毕业。在高小的后两年，成绩都是全班第一，曾任了学生自治会的会长。土司参观本校时，代表学生致辞。土司误听我说的"辅助"为"补助"，他便捐助校里四百元。我演新剧、双簧就是在这年开始。音乐已成全校之冠。在毕业前一学期曾投考省师，未取录。

（1925）民国十四年春，十四岁时，投考云南第一联合中学第九班插班生（一学期），是被取录的十名之一。经了不少困难才决定入学，费用还是别人借给的。

（1927）民国十六年秋，十六岁时，初中毕业。家里叫我谋相当职业（因环境实不能给我升学）。适省师招考新学制高级师范生，在我和母亲到玉溪的时候预备了所考学科，上省应考。天哪！这云南惟一的公费学校啊！那投考人数之多，监视之严，实在比我前次的投考初师增加了几倍。两次的复试，出三次榜，也算侥幸高中了。虽然是公费，在入学前难免没有一些困难。老实说，若是保证金和卧具不是自己去想法，当然也不会有进的希望。入外国语组。

（1928）民国十七年十一月二十九日，随十六军所招新兵离滇。经广州、韶州至郴，过了一星期的新兵生活。后得朋友的介绍得了一个文书上士的位置，每月领饷十六元小洋，伙食在内。

（1929）民国十八年三月，随十六军军官团编入广州第八路总指挥部军官团驻广州燕塘。因别军所编入的尚未到齐，我们一天只是吃些闲饭，并没有做过什么几操几讲。

四月，军官团发资遣散，领到旅费四十元，一月饷银三十五元。住旅馆。入剧校一日。又住旅馆。

五月回滇，仍入省师原班肄业。

……[1]

十一月，校里举行大规模的游艺会——戏剧研究会成立大会，我曾睡了棺材。三日，校门口的人真挤！

（1930）民国十九年一月一日，开始输爱给她[2]。

七月一日自省师毕业，十日离滇赴沪经商。

Nov.8，1930 Shanghai

〔1930年11月8日，上海〕

[1] 日记撕去一行。

[2] 指袁春晖。

十一月八日

昨天，今天，我都期待着他来，他终于没有来。

“十一月七日”[1] 已在我脑里荡漾了好几天！我对它有着无限的希望和高兴。报纸上边的日期往日不会十分引我注意的，但今天 T 先生把《申报》买回来时，首先触到我的眼帘的便是“十一月七日”，我的心微微地一跳，有如看一个周游全球的飞行家驾着飞机将要落地时一样的兴奋和愉快。

中饭吃过了，时间是十二时半，我依旧没有从任何方面得到半点消息，所以我不能不出去“白相白相”[2] 了。

热闹的英大马路拥挤着穿大衣的，披斗篷的，穿单衫的，衣破露乳的行人；汽车急驰着，电车丁当着……这些景象与往日毫无两样。浙江路口的车子，不小心便要碰倒；先施公司的皮货陈满货橱，一千元一条的狐皮，不禁吓我一跳。

三点半钟，也许无望了，回家去吧！

“……[3] 以为你昨天或今早定会来的，怎么样？”刚在我们的巷口附近遇着他。

“下午七点钟，所以我现在才来找你。”

“……”

“到我那里吃饭去吧？”

“不，时间来不及了！”

“……”

吃过晚饭，天已黑定了。但在钟上才不过六点，我有些不相信这钟，个自抓着帽子往马路上跑去。

在我尽量快的脚步上，一步步地转过了好几条马路，我一点也不觉疲劳，只是身上出了一点微汗。在大马路要转角的时候，我看了看江海关的大钟已是六点半了。

高涨着的情绪，兴奋着的细胞，使我没有一点儿心绪去瞻望两旁五色

[1]“十月革命”纪念日。

[2] 犹“玩一玩”。

[3] 日记撕去一行。

电灯围着的洋货品或听一张高亭公司的唱片。我的脚自然会向着目标走去。我的头只低着在默想那时将成一个怎样的势力！我该要怎样热烈地叫着些什么？……想着想着头绪有些茫然了，只因这是第一次。

“新世界”屋顶头上的电灯广告反反复复地都通过了我的眼球，把它弄得异常的昏花。我再不能看下去了，只有另换一个花样，跑去佯作等电车。可是，一路车过去也不见你上，二路过去你还是站着。这样一辆辆地过去了，周围真正等车的已经走得干干净净，你还能老着脸在“立铜像”吗？当然，又只有另改花样，走上走下，东瞻西望，只等着那从未听过的号令的爆发。

走到跑马场，无意看到对面的大钟已是七点三十五分了。我的心频频地跳动起来，“也许是我来迟了吧！”我这样想。

兜一个圈子转来，八点差一刻；把一家照相馆所摆设的相片通通都细看完了，钟上已是整整八点。我想这事无疑地是临时发生了变动而没有动员或改了时间，因为周围的景象毫没有表现出这里是曾发生过某种事变的，自我到此地以后。

这时我的心里感到失望和愤激，兴奋的烈火仍熊熊地燃烧着，缓步踱过大马路转到北四川路，啊！华洋巡捕在那口子上密布着，凶神恶煞般的眼光在周围不住地放射。

十一月十日

走过四马路看见夺目的《读书月刊》摆满光华书局的橱窗里，使我联想到它的读书会，也许是读书会出刊的东西吧！只因袋里连一个铜板都搜不出来，不能当时买来看看究竟是什么东西。

前晚得到这东西，它真给我有说不出的可爱，当我看了《本刊的使命》以后。静静的吧！爱不爱还未可料的，虽然卷头是这样地说得好听，至少也要把它全部地看完。

看了《读书月刊》以后的一个总的感觉是兴奋和激起我的读书欲和创作欲。我希望着它更充实起来，毫无畏缩地表示出我们的精神和态度，成为中国新兴文化运动惟一的导师。

邱韵铎的《怎样研究西洋文学》是用简练的笔调先给读者知道《什么是

文学？》，并举出《圣经》、达尔文的《种之始原》、杰克·伦敦的《革命论集》、密尔顿的《失乐园》、莎士比亚的戏剧等的例证，分别解释了什么才是真的文学。然后又引两个文学的定义——殿昆赛（De Quincey）："第一，是智的文学（literature of knowledge）即科学；第二，就是力的文学（literature of power）。前者的机能是教导（to teach），后者的机能却是感动（to move）。"沙翁的研究者陶屯（Prof. Dowden）："检讨和究明事实，是科学之目的。通过感情使我们的生活促成较高的意识，则是艺术之机能。"来给与一个恰当的文学的定义："以经验为原料又以变换无穷的想像力来醇化和理想化。"

其次，他又从反面说出什么不是文学：

"1. 一切书籍的阅读绝不是文学的研究；

2. 无目的的跳读是不够的；

3. 关于文学的知识不一定就是文学的知识。"

在这一点上说明非常透彻。他说："有一种人只注意文学的事实，却抛开了文学的动力。他固然知作者的人名、书名及出版日期等等，甚至还能够说出作品的结构之轮廓，然而他终究不能够说出那篇作品和那个时代的政治背景和社会生活来。

只知道作家个人的生活而不明了其作品之意义，实是一个严重的失败……"

实在现在犯这种毛病的人不少哩！

"4. 言语学的研究也绝不是文学的研究。"

——录自《读书月刊》

"……我们所需要的是更伟大、更根本的横在这个大时代面前的一把锁钥，能把握了这把锁钥，是什么问题都将迎刃而解的。这把锁钥是什么？即是所以使这个大时代所产生而且必然地会使这个大时代展开了的一种'力'——思想——知识。"

"……一个时代，由于该时代的社会经济基础之特性，产生了依附于该社会经济基础之特殊的意识形态——思想、学说、理论等，而这意识形态——思想、学说、理论等，恰恰足以解决了当时代的社会问题。……"

"翻译的几个条件：1. 对于原著有过深切的研究与了解。2. 对于中国文化上有相当的贡献与需要。3. 在该国的出版界是否有相当地位。4. 对于原文与中国文是否有烂熟的了解与运用。"

在这里，我想到我的家乡——Y省的几位青年作家（?）在新闻纸的副刊上常常发表的翻译。

这是多么滑稽的事啊！他们对于原著有过研究、了解与否？以及对于中国文化上有相当的贡献、需要与否等等，我们暂时不管，只需我把他们介绍一下便可以知道的了。

这些所谓青年作家——在学校里往往有文学家之称，大致是写小说写得厌烦了吧！——实际上，也不过是写过几篇我爱你，你爱我，无病的呻吟，自杀等的文字而已。而他们要改一改口味，从事起翻译工作来了。诸君！他们的原本不是辛克莱的巨著，也不是桂冠诗人的诗，而是图书馆里的几本洋文小说或由英文教员家里借来，只要是英、美出版的小说或短诗等，得到手后便开始工作起来。

我并不说非名诗人的巨著便没有翻译的价值，而是他们根本不知道翻译本身应有的条件和价值。他们只知道有一个“某某译”的注脚刊出，在爱人眼里是多么值得荣幸的事。

一个朋友S君，他也是这几位所谓青年作家之一，他也曾做过翻译。可是在他未看到他的“某某译”的注脚刊出之先，不知他出了多少汗水去期待着，也不知出了多少汗水才把那篇东西弄了去，究竟是什么意思呢？说起来可怜得很，S君是在某高师三年级肄业，而他所编入的英文班级是用《天方夜谭》做教本的。然而这位S君，这位从事翻译的S君，却一天连翻生字都还嫌忙。由此，我们可以理会到在他翻译东西时是怎样地用那双惯于翻生字的手去翻着《英华双解字典》。其他的几位从事翻译的青年作家也未尝不是如此。当然，什么原著的研究与了解，什么文化上的贡献与需要，什么……一切是他们所不过问的，也许是不知道的。

读者会这样想吧：“未免太小题大做”，不错，本来是小题大做。这种可笑可怜的事实，实在可能小题大做。不仅是我的故乡——Y省是这样，就是现在中国的出版界也未见得是少有的吧！

十一月十一日

记得是在故乡的一个朋友家里，无意中见到《西部前线平静无事》，仅读了二十多页，便没有继续读下去。在此书未到滇以前，看见了某杂志书后的介绍，我是多么热烈地期望着它的早些到来。但是到来以后，却又没有将它读完。这不外是这两个原因：1. 自己没有钱买而又不肯向人去借。2. 有着充分的时间可以读书，却又把它花在音乐会上。

到沪后，看了《西线无战事》的有声电影，引起我再想找来看完。这次想看这书是没有如以前那样的音乐会可赴，看书的时间是充裕地有，但依然无钱去买，只有诚心地向朋友去借。然而这样的诚心，终于还是没有得到。

《西线无战事》这部有声片技巧上和表现上着实比别的伟大，对于观众的情绪上也要比别的来得紧张容易动人。但是，各人看后所遗留的印象也不过是枪声、炮声、冲锋的狂吼、血肉的搏战。总之观者得到的归结最大限度知道士兵是痛苦的，士兵的死是如杀鸡一样的容易，战争是万恶、残酷的，别的再感不到什么反应。至于它的煽动性就微极了。

浚梅君的《雷马克与西线无战事》，指示出这部东西的价值和雷马克所没有找出的出路，这是必要的。因为每一个观者或读者未必都能精细地想想：兵士的痛苦是从何而来？将怎样解除？万恶的、残酷的战争将怎样反对和消灭？

十一月二十七日

算是起床很早，六点灯未熄天将明。马路上排列着工人：男的、女的、老的、小的。

在一个工厂门口，不大好，十字路口干起来！

三十号，迟到、失望。二十九号，三个人，多好看呀！多好听呀！咽喉也沙了！

十二月四日

起得更早，四点钟。上海的晨，整个看到了，无非如此：黄包车夫，巡捕，老虎灶[1]，马桶，两炷香。只见一只手，工人，提着饭盒，鱼肚色的天想起烤火之夜，风，西牢的洋岗警，推小车，小红灯，修路，布满马路旁，烟筒（轮船的、工厂的），汽车，洋房。别人视我倒无事，足足一个半钟头，着了他的骗，但并不懊丧，这样精神应保持。

---

[1] 卖开水的小铺子。

一九三一

一月一日

一九三一的新年，似乎有点过年的样子，这仅只是就街上的布置和新闻纸上的鼓吹而言。然而，在各人的心田里却有着不可言状的创痛啊。

在去年，天气没有如此冷，头几天我们便以热烈的渴望来盼望着新年的到来。因为我们都理想着在那天应该怎样的快乐，事实上也必然是会快乐的。

两桩扫兴的事——也可说是增兴，都是发生在瑞昌的身上，这是我们到现在还常挂在口上的。事实是这样的：他和他们争辩到“洞天”去抬酒席是要自己带“家什”去装，他在气急的时候竟大声地叫出“拿啦家什克拿克[1]”，一时大家哄然大笑起来，他的这声口号渐渐便成了各人见他时的见面礼了。

晚上他们去抬第二次菜，在三牌坊被提灯会的游行隔断，他的口袋被剪。回来时他用他纯粹的家乡话报告被窃的经过：“……贼把我的‘口’袋剪了，‘偷’‘奥’三十三块‘二’毫钱。”如此，又是一个特别的腔调。

[1] 云南话，“带了家什去拿去”。

一月九日

睁开眼睛向窗外看去，雪花片片地飞着，我觉着体温降低了一大截，脚也有些微冷。原来脚头睡的老头已经起床，旁边睡的仍在憩睡，我向他一挤，朝下一缩，徐徐地又回到梦乡。

一月九日，不错，正是她[1]的生日，是我到上海来开始下雪的第一天。我记得，我永远地记得。

大风吹过，雪花团团地飞下，扑到脸上，掠过耳旁，这样的滋味，真是从未尝过；其实我也愿饱尝哩！

一个赤热小心，是用冻僵了的手画出来的，便是礼物。

草草地把上面结束了。自己觉着有些难于落笔，不管它，废话也不用多说，还是记下去吧！

不记它倒是很轻易地过去了，记起来却也不费力。等到一相当时期，发现又是几日或几月了时，才觉得可惜。

果真，今天足足一个月了。在这月当中，思想上、行动上，似乎有些儿变动，不，可说是有些儿紊乱。

自从十二月十二日以后，物质的支配，无形地把你从欧洲拖到亚洲来。一切的行动、习惯，显明地由西洋风味改变而为衫子马褂、之乎者也的中国古风。这些矛盾我何尝不能分析而且常常解释给别人，纠正他们。而我自己呢？却不能把已经形成这样的事实加以解释和分析。自然的趋向总不能被我战胜，所谓意志薄弱吗？基础不稳吗？我也不知道。可是一看有些所谓彻底者、意志坚强者、基础稳固者，他们的思想、言论和行动也未见是一致的吧！而像我这样的人也未必是少有的，我这样觉得。

读书欲和特殊的活动是恰成反比的。真的，在那一时期中，着实不想读什么书，除了那些听惯、说惯的套语以外。若果要在某方面深加研究，然而时间又不能容许，而且却觉着有些勉强。在另一时期中，对于一切的书，不但想读而又想读，且感到过去时光的浪费实在可惜得难以挽回。斯时，什么学识，甚至常识都觉得不够，这是当然的。读书欲是一头头地起

[1] 指袁春晖。

伏着。

英文，到现在还是弄得三不黄昏[1]，不免要归罪于它。根本说来，一切的读书兴趣自它侵入后，就会消灭尽净。唉！这些损失不知哪天才能弥补啊！

补习日文是临时的决定。因为所谓希平氏也者，对于英文结交的程度也许和我不相上下，这是由第一晚的授课所观察得来的。加上老郑的鼓吹，所以决定习日文，况且学费已经交了伍元，怪我自己太慌。

不到一月，什么底底都被看穿了，我老实不愿再把有用时光耗于清谈和吵闹之中，宁肯不要他退还学费。二月一号起已没有去光临。

一本《日文典纲要》给我感到自修的趣味，并且和老郑约定每星期三、六请他插空解释疑难。现在还是这样地继续着——这是这一月生活中之其一。

由家信知道逸乐电影院送我一百元，取来以后的分配非常简单，汇一半给我慈爱的妈妈，一半是买了一个 violin 和一些零件。

violin 自然是能使人心境舒畅，当我奏起那常常呼为 *Dream*[2] 的乐曲时，虽然指头会痛，无弓法，无指法，也是够快活的了。若没有旁的事来烦扰，我是会不吃饭，不睡觉，不分早晚地练习下去的。

最初得到它时，我所抱的欲望仅只是想尽量地练习出一些好听的歌曲，正如她现在所希望我的一样。可是一个好的歌曲的产生于 violin 是包含着有规律的弓法和指法的，并非具有那样一个笼统的观念。只尽管不规则地所谓尽量练习，好听的歌曲是绝不会产生的。虽然我已明了这层道理，但是在那时的我，还是把它置之度外，而一天只知以自我的弓法、指法奏出粗重的 *Sing, Smile*〔《唱吧，笑吧》〕，*Slumber Song*〔《催眠曲》〕，*Serenade*〔《小夜曲》〕。但自己听着却是美的、进步的，也许要和东海影戏院拍拉通里的所差无几！

一天，把丰子恺的《音乐入门》买来重读过，才知 violin 学习的困难和基本练习的重要。那时我的心仿佛沉到懊恼和失望的深渊里，再不能将它

[1] 昆明人用“二不黄昏”形容“拖拉、窝囊、办不成事”，作者说“三不黄昏”加重语气。

[2] 指舒曼的《梦幻曲》。

振作起来。如此，那洋盒盒安静地放在我的枕旁个多礼拜，因为我是在那样不安地彷徨着。

把 *Hohmann* 买回后，看着有些害怕，但终于要把一切的难关打破的。虽然现在认为弓法是机械的，其实何尝能称为机械？可以反过来说是灵活。

不断地练习着，旧的指头硬结退去，加上了新的痛。手指分家地持弓，现在才把它合作起来。不曾用惯的小指，现在才学习运动。可怜！这些简单的方法论，素称与 violin 为三年之友的我，现在才算真实地知道一点，忍不住又要叫我说一声“可惜”！

希望不倦地练习下去，加速地习完，然后再来谈所谓好听的歌曲，使现在希望着我的人们不致失望。

今天的成绩比较好，弓的使用似乎比往日活动。其二。

在学校里一位音乐教员说：“日本人可以在口琴上吹奏和音，真怪！”他这样说过以后我们也觉着可怪，总希望着有机会能够听到口琴上的吹奏和音。

在轮船上和到沪后听过两次吹口琴的，我都加以注意了，似乎都夹有和音。在轮船上是一个广东人夜里睡在床上吹，因为人挤和好多麻烦，没有见他的嘴是如何动法。并且他不是日本人，所以不大引我注意。仅留了这观念：“也许口琴的吹奏和音便是这样”，但我并不十分确信。在上海时，一天早上刚醒的时候，从隔壁传来一种夹有和音的口琴声，旋律的清晰和吹奏的纯熟实在胜于那广东旅客，所以听起来很容易使人发生快感。我一想起他们是做日本生意的，他们的学习口琴和音无疑是从日本学来的。而这种奏法无疑是很正确的。等我专心地听了不久，楼下的“Sha-Bon”声音传来，一阵的嘈杂，这诱人的、悦耳的声音突然停止了，从此以后再也没有碰过如此好的机会。

有时借故到楼下混得他们的口琴吹吹，除了能吹单纯的旋律外，再不能吹什么花样。虽然嘴已歪得怪难过的。

买了一本口琴吹奏法（日本人著的），原来不过如此而已！为什么过去会想不起嘴里还有一根舌头？！等自己的口琴买来，放在唇上，深深衔入，五分钟的工夫，*Long Long Ago*〔《很久以前》〕已能畅快地奏下去。原来什么事非有指导是不行的——其三。

下过四次雪，今晚真大得可观，一团团下来有铜元大。看着乌黑的天空，全被这些白点嵌着，在电灯光下，一闪一闪地活跃着，好像一些云母片在发亮——在我们自“东海”回来的途中。

夜一时一刻

二月十日

为了一个 *Humoreske*《幽默曲》〕要我花一元六角买了两本乐谱。嘴里常哼着 *My Love Parade*〔《我的爱情巡礼》〕但又不知怎样起止，不得不买它一张。到“永安”恰有一人也在买同样的这张。如此，顺便叫店员再拿一张。

由这位临时音乐朋友告诉我 *My Love Parade* 是共有七张的。然后我才发觉所买的这张并不是我朝日所哼的 *My Love Parade*，再仔细一看，真的没有这几个字。费了不少力才把它掉换了，甚至于唱出来给那店员听。

买过三次照相机，今天才算买成。老实说，若不探问明白一个新的卖价是五十几元，我却不放心再去光临哩！

二月十一日

正在熟睡，一阵乒乒乓乓的声音还夹着妇女的喊声把我惊醒了。在我不及问明“什ニン”[1]的时候，即刻便意识到这是洗衣妇人来拿被窝去洗，是昨晚曾告诉过她的：“若是我们还没起床，你尽可打门。”不错，她正是负了这使命来的，为着她一家人的生活。

被窝是早就该要洗的，为什么到现在才能实现，我也说不出什么理由。咦！只有在上海才讲过这样彻底的卫生啊！在今早来拆被窝以前什么都觉得很平常，分明它已是黑得太不像样，而自己偏要装作不见，或是起了讨厌的思想也偏要很快地将它打消。甚至于自哄自地把脏的藏进去，把那同样脏了的而自己却认为是干净的面子拖出外表来。分明特殊的恶臭把鼻子熏得连气都换不过来，而自己偏要捏着鼻子地忍下由入梦而至天明。一天，

[1]“ニン”是日语“人”的发音。

一礼拜，一月月地自欺了！忍受了！忍到半年多的现在，里面发现了另一世界时，才觉得再不能自欺、自忍了。

统统拆下了，一直把四角叠在里面的翻开，啊！好一个对比的黑白分明哟！不又是艺术化吗？

到“大世界”看了两场戏，倒是没有想到，在没有和老头找人以前。其实他认为的什么好角，我哪里会在心呢？！我的思想只有愈加烦乱，当看到那些易于触动我心情的事物。

同是一张相片，大半都是说我较前胖了。而在今天二哥的来信里反说：“……看起来你似乎比以前瘦削了些！也许是世事波折，心绪不宁的使然，望你以后十二万分的加意珍重吧！”这也有他的根据，因为他不曾见过我此次出外之先是什么样儿，也许他说的瘦削是和从前比较。

一段给楚生侄的话，竟能使他喉哽流泪。不错，这是必然的，异乡作客终是易于受到感动，任你怎样制止自己的理智。

有一个镜箱，就不能不买一本摄影术。高兴地看了一部分，想很快便去实验。

二月十二日

从来不曾做过的行动，今天却莫名其妙地做了。

追小白兔这件事委实无聊已极，自己因为早便理解它的无聊，所以在学生时代认为最普遍的星期娱乐也没有参加过，尝试过。就是今早曾开始第一次尝试，不，而是碰尝——因为事前并没有想到，终于也感不到什么异样的滋味，可是谁要问我为什么又要做，我还是找不出回答。

一个很平常的小白兔为什么要我白花几十分钟去时时追寻着她的所在？！深恐她一时离了这喧嚷的人丛或为一些障碍物所阻不能映入眼帘里，主要的原因不能不是近两日来所遇的感触和一些特殊的印象所致。

那小白兔虽然没有全部的代表某人，然而，她那轻描的轮廓和那表示着特种意味的服装已是很够刺激的了。使我一看到而不能不向她默想，不能不把这印象的印象更深刻起来。

要买的菜已经早就买好，但是我的两眼只东瞻西望地在追寻着她，有时也会假作看看别的菜蔬。在别人看来似乎我还需要买很多的菜哩！她的影像是没有一时自我眼里放过的，在她没有离菜场以前。

这样做来是不会得到什么报酬的，结果反增加些苦闷，所以以后还是不要尝试。就是碰着也该要竭力避开不尝。

昨晚睡眠不足，一天都是七歪八倒的。尤其是在日里的装箱部内和夜里的两次电影。

二月十三日

昨天是第五次的下雪。去买菜的时候，街上的雪还没有打扫，堆得凸凹不平的，汽车驶过要叫你当一次暂时的野鸡。若不谨慎，便是一跤，报纸落地也不知道。

二月十四日　Birthday

落大雪来祝我的诞辰是多么有意义的事！况且恰到今天才接着那样可贵、可爱的礼物，又是如何值得高兴的事啊！

今天为第六次的落雪，仅在一清早便积有六七寸厚。在买菜的途中，随处都在注意摄影的光线、光圈、速度，可惜当时没有卷片，不然自信可以有好结果的，因为昨晚的研究还没有遗忘。

为“南洋”的货款满期，心里很是不安，在大雪中一天的奔跑仍无结果。本来，在这旧历年关结束期间，人家是很容易措辞推诿的。

取回包裹，便吃晚饭。接着去读日文，今晚觉得疲乏异常。

二月十五日

一天没有到外面跑，事情也不是做了多少，只和他们乱搞一阵外套账便耽搁到了 3 点多钟。刚要读日文，老头又请我写信，这样糊里糊涂便是一天了事。

似乎是有点像过年的样子，菜市上简直挤得水泄不通，可是我们呢？还是牛肉二百，豆腐四十。

基本练习虽然仅 pass〔通过〕过很少的几页，然而效力也居然有点，把 *Humoreske* 拿来随便练习一下，其中的上半部似乎有点把握。算了，还是努力跑下去，乐曲暂时不问。

二月十六日

照例是要吃一个连壳蒸的鸡蛋的，每年的诞辰。今年忘了，所以今天照补。这一鸡蛋是天未明之前送到我的枕边的，伴我睡了一夜，在口袋里挤了一天，晚饭前才拿了开销掉。

什么“年三十晚”，倒一点也不觉得。从早起来，东跑西忙，眼睛所触到的，耳里所听到的，总不免是“年”，处处都显示着有“年”的气象，年的紧张。实际上我们的“跑”、“忙”，也未尝不是为的“年”。任你怎样不觉得，到现在来是觉得了又觉得，而且“年”的一切过去和现在是会深深地映在脑里。

电报一来，什么都解决了，坠在心上的一块巨石也容易地掷开了。但是也免不了忙、跑。

电车的司机者成为一部分人的仇敌，是在落雪的最近几天。今天虽没有落雪，可是所造成的仇敌更多。若是地下有积雪的话，那么我不知要有多少人中流弹枪花。挤落一份报纸，为的要谨慎地保护着一串香蕉。

“年三十晚”的一个总结账，弄得头昏眼花；不是报账念错，便是“角”字少写一笔。结果各人愁眉不展，埋首沉思。

一阵锣鼓之声，喧嚷得心神不定。后来参加他们打了一会锣鼓，反觉心境开展了些。

一天的奔忙，到现在来才稍有一点闲暇。本来应该整理一下功课，然而灯的周围环了不少的色圈，睡神已在旁等候。

再：

两盘两碗过新年，大口大气自开心！

分明是豆“芽”菜，“干”豆腐；

却以为壮“板鸭”，炒椒“肝”。

二月十七日

昨夜的雪简直下得莫名其妙，醒时看着天色好像有晴的样子，谁知屋顶都堆白完了。我很清楚地记得这是第七次。

一出门便看到穿新衣服的红男绿女，小心踏着雪地恐怕把他们的新鞋子弄脏。本来也讨厌，若不谨慎，不是滑倒，便是要给你穿水靴。

任怎样鼓吹，所谓废历的大年仍是同样的时新，家家都贴了大红春联，打着锣鼓家什，来往的汽车也没有往日多，十字街口的岗警也失了踪，不时传来一声声的爆竹响。

南京路上平日的热闹，骤然变为冷静。除了在红庙附近一些求财求喜的善男信女喧嚷着，各商店洋行都关紧了门，只有一两家忠实的党国信徒要特别表示一下："本日照常营业，自上午十时起至下午四时止"。一家锁了的铁栅内的大门上还贴着"破除旧习惯，表现新精神"。

夜里看《顽童小传》，打家什[1]，便是一个元旦。

二月十八日

一个人的被你帮助，他是会把你遗忘掉的，终有一天。这不是所谓"有恩必报"，"不报则为不德"，不过，总不要太给人感到难堪。固然，一个人帮助了人并不希望什么报答的，然而"病好打太医"是切使不得的。

脑筋简单的人真是难于应付，虽然我也不见得怎样复杂。有时他反把你当成和他一样简单而利用起你来，或是把人家说漏说腐了的话拾来作为自己的新发明，这是何等的笑话啊！但是，事业上何尝又会给你利用了呢？！

本来一个人的涵养就应该从这些地方着手，这是我常常都觉到的，而且我可以断然地说我是没有涵养，然而有什么法呢？从来都没有做过不欢笑的强笑和一些虚伪的假道德。咦！这社会，随处不是蒙蔽着一层虚伪哩！

好多人以为我是一个小鬼，常说我有点鬼聪明，实际说来他们实在认错了，甚至于我的母亲。由我最近的交友和许多事实看来，所谓"鬼"，我哪里会有资格呢？我常常以忠实对人，而别人却是以口头的忠实对我。当我发现了这些现象时，我这脆弱的心帷又快要撕破了。

突然会咳嗽起来，我常担心会是肺病的起源。管他妈的，有什么可担心的呢？活得一天算一天。我只不住地进行每日的课程表。

---

[1] 打锣鼓。

二月十九日

跑一天的冤枉路，转到蓬莱市场恰巧买了几张电影明星照片，天黑才到家。

二月二十日

接到庾的信，看后使我又高兴又难过，早饭减少了一半。写过一封信给伯民，心里才稍觉畅快了些，我也不知是什么缘故。

和庾订阅《良友》，这办法最好。我先看过又寄给他，恰合我的要求，又买了大批的画片。

二月二十一日

虽然有病，人家托做的事不能不尽力。又兼他们要准备打麻将，我留在家里更是加倍的无聊。

天气是如此冷，只有加衣服是惟一的办法。没脱去里面的线衣便穿上西装，大衣，行动起来真有些不方便。

软片虽买了好几天，但天气总不给人一点恩惠。今天实在忍不住了，滥拍了四张，料想不会有什么好成绩可言的。可是所摄的都有相当的意义，尤其是那张临时命名的“归宿”。本来想拍一个“暨大”[1]的影，无奈自己着实没有把握。

在上海，算是第一次的个人步行郊外，倒也有不少的趣味。在铁路上走着时，特别觉得高兴，思想也跑得极深远，几乎忘了自己的所在地。若是当时有火车飞驶过来的话，相信不被碾死，也要吓成疟疾。

刚把日文读过，老表老解恰来。有趣！这样的人真不少啊！他想读点书，买个 violin，并继续练习网球，所以一晚的谈话都是集中在这几项。说起“老表”又谈到过去的演剧。

过来时，发了大热，头痛得异常厉害。他们仍在“工作”着花合元喜[2]。

---

[1] 暨南大学。

[2] 指打麻将。

二月二十二日

病，是如此使人伤心的事啊！别人是再也不会关心的，我看世间上的母亲对于子女的爱，算是无微不至了。

最使我难堪的要算是说到吃药，他们一个当头棒便是“铜钿”[1]与“云南钱”之比较。至于说到求诊，那更是想都不敢想了，他们所要给你的回答是很可以料想的。

沉寂的夜里，枕旁的表走声听得格外响亮。翻来覆去，一夜不能入眠，加上一些杂乱的思想，更是叫你眼睛都不能合一下。想到母亲的慈爱，几乎流下泪来。

这几天来不知道做了些什么事，书是没有读了多少，而一天的时间总是不够，随时都忙忙碌碌的。从明天起，一定要整理功课了，不然，日子是如此快，学问是有退无进。

二月二十三日

麻将这东西终归与我无缘，我听到他们要打，急忙便想到退避的方法，正这样想着果真来了。

今天实在不想把时间抛之无用，所以无论他们怎样吵闹，我仍专心读我的日文，直到三点半才出去照相。

终日所碰到的都是胀气事，单他们一天到晚，现在一点钟了才收场，这气也就够胀了，而他们还嫌不够。特把重良的书带去还他，去两次都是锁着门。南京路上换铜元真如强盗一样。等电车几乎在半小时之久，到现在才能睡眠。

二月二十四日

阅《申报》，“英国有一位著名的医士，宣言人们常说工作过度足以伤身，其实没有这回事，致命之伤在多忧多虑”。诚然，这话我相当相信，在最近也曾感觉过，所以在日常生活里都尽量地避去无谓的忧虑。

---

[1] 指上海用的货币。

明知故犯！不但没有避去丝毫，在今天，却终日地在沉思。有时心脏会狂烈地跳，为了想改换生活。

坐在电车里，发觉自己的服装如何有资格跨进那道给月薪四十元至六十元且供膳宿的门？虽然车票是买到七浦路。

走到门口，看见那堂皇的铁门和招牌更是没勇气进去了。

在柴先卿处坐谈了一会，原来他也感到这事的麻烦，曾几度地推辞。

“在现社会，我又看到了一层空虚，这空虚不是厌世的、消极的，而是向上的、自我的。所谓向上、自我的意思，并非发大财和个人主义的观念，是根据我们自己的纯洁的中心思想进行的。没有偶像的崇拜，更不做一切人和物的工具，我想怎样就怎样，随着自己的个性去跑，这跑就是向上，等到跑到一个顶点便是成功——自我的成功。”

今晚突然写了这几句话给她。在头昏时，一天的心里总是不安，现在更觉着跳得奇痛……

他妈的！偷看人的信，是如此的不要脸！！！

二月二十五日

好像是门口传来的这一向听惯了的锣鼓声，在我正读着日文的时候，他们在打麻将，接着是一种唱调子的童音，这种声音，会在这样的地方听到，实在有些离奇。一时好奇心的驱使，不能不叫我跑下去看个明白。

开开大门便是：两个穿了破而且旧的中国古装、脚蹬三寸金莲的少女——不，是男子化装的，还有一个不满十岁的小孩戴上假胡，在一群人围里摆来摆去。他们摆的步法正如我的家乡的唱花灯一样，不过还觉得有节奏些。因为在他们的假脚上还能照着鼓声的快慢去踏步。至于他们的窈窕和眼睛的使用，简直装作得如他们所装的那种可憎的女子一样。在我们初看见时，倒没有把他们认作是化装的哩！

像那样古装丑恶的女子是不会令人可爱的，现在却围了不少的人在呆看着，我真不解。而我呢？也站了相当长的时候还不想离开。

锣鼓声异乎寻常地敲了几下，这两个少女同时唱起来了。正和我在楼上听到的一样。有时好像湖南调，有时又有些相似云南的山歌。总之它会给我一种异样的感觉，几乎忘了我现在是居于何处。

五点钟敲过，在南京路上徘徊着，走进永安公司的照相部准备去取所冲洗的软片。刚递了取单，那些店员都不约而同地向我做冷笑，我心中有数，即刻意识到在那卷软片里一定不会找到什么东西可看的，不是尽黑的便是尽白的。等到一小封东西自那铁丝网篮里取出放在货柜上时，他们的笑口越更开大了，我心中更有数，看都不看里面是些什么东西，拿起便走。“喂！先生，还有铜钿。”一个男店员这样吼起来，接着又是一阵笑声，他把我手里的东西接过去，打开数了一数，“三七廿一，两角一分！”“啊！我还没有冲过，所以不晓得规矩。”

在我收拾起那七张印片的时候，有一种说不出的紧张，“我误解了！但他们为什么要笑？”我这样想。委实地，在我取片的那瞬间已经发现上面并不是如我所想的那样全黑或全白，至少也有点影子。

出我意外的要算是那张正对日光的摄影，它的结果算是最佳，其余的都是缺点较多。

回家逐一审查后，知道他们所笑的原是为了我所谓那张“归宿”的两口棺材，也同是他们特别不洗那张的原因。

由此次的经验后，以后摄影应该要改正的大概有下列的几点：

1. 在户外若无依靠物切勿慢摄。

2. 远景多用小光圈。

3. 多择远近景兼有者。

4. 天阴无日光最好不摄，以避感光不足之弊。

5. 室内摄不可摄取暗处最多之处。

6. 此次结果，多半曝光不足，取景不良，光圈不适当。

读日文回来的途中，在一个看相者的面前逗留了许久。真可笑！他给我看了一下，他说：“你二十五岁上大运，在这五年内须努力读书。你恐要生一次病，须特别保重。你将来不做省主席便是中、上将，若是从事军政界的话。”他想敲我的竹杠，但却被我敲了。

二月二十六日

正吃着早饭，两个昆明同乡邀去游龙华。

要换三次车才到。除了一座很普通的宝塔外，别的实在没什么可游的。

所谓龙华，讲寺里的布置和佛像，实与云南差远了。

跨过沪杭路到飞机场的一段，觉得还开心些，因为在上海是很不容易得如此好的郊外空气的。我尽量地吃了个饱，但是哪里会有家乡的来得痛快？！想起海源寺之游，忍不住又要叫我哼出“……乌鸦飞过……”等哼后，又不好过。

游的结果很无意思，然而客居于龙华塔旁的上海的我，至少是应该来欣赏一次的。

二月二十七日

见人家接信自己没有，是会忍不住地打起寒噤来的，尤其是在最近一月来连她的信都没有来。

昨晚到一点半钟才睡，可是还不见他们回来。我孤寂地读一阵书，拉一阵 violin，这一天的疲劳再不能忍着不睡了。

“为什么他们不给我信？？？”这不可制止的思想萦绕着我的脑际。任怎样想法打断这思路而走入睡乡，可是脑筋已似失其作用，哪里肯听从我的命令！愈焦急，心绪愈发凌乱，思潮愈形澎湃起伏。虽然，我以理智尽力来排除所思索的事。

不知什么时候睡着了，他们回来我都没有发觉。四点钟醒来，探一探脚头还是无人，睁眼一看，原来 T 还在写信。

快乐之神总是会关照你的，一连接四封信，所要想知道的一切都得到了，还有一件极美妙的东西送到我的口里。

由二姐的信里知道一些家中的近况，不但没有一丝儿的畅快，只觉黯然、悲伤。当看到三哥掷碎盘子那早的境况时，我的脑海中凶猛地荡漾着巨浪。想到我们家庭的环境，为什么常常都是在窘迫的氤氲还笼罩着那惨淡的氛围里！

人们，都有一些矛盾的心理在不住地盘旋、纠缠着啊！

二月二十八日

看了《淘金记》回来，仍是分析着日语文法。一种尖脆的喊声惊破了我的心帷，脑筋中即时憧憬着死一般的恐怖。他们都拥过去看，我直觉地意识到又是外国人在打架，所以照例地跑去帮他们拉开。

这劝架倒是一回很普通的事，自从我们认识他们以后。不料今天劝下来的结果，竟会如此异样！竟会给人弄得梦想不到。

一面也是因为这洋流氓残暴而引我讨厌，一面却是他们扰我的读书且偏要来找我当翻译。因此我对于洋流氓的态度着实有些不高兴。

“瘪三！你同我的老婆这样这样。”一面说他的手一面在比。“You are very good man.You are Chinese.〔你是很好的人，你是中国人。〕我要杀你！”

这才来得突然！呵！他是吃了酒，不理吧！

“A cigarette？”〔一支烟？〕

“No．I haven’t!”〔不，我没有！〕

“In the other way？”〔别的呢？〕

“Why you beat her？”〔你为什么打她？〕

“What？〔什么？〕

“What？ What？……瘪三！你同她——我的老婆，不好！你以后不要到我房间里来！”

他的疯话愈说愈离奇了，最使人难堪的是那些下流的举动。我不能再忍，想站起来对准他的面庞打去，还是高先生阻止了我。

正吃着晚饭，他又来了，还是说些乌烟瘴气的中英参半的流言。我的气又冲上了头顶，正想去干他，他便走了。

本来是一桩极无聊的事，不知为什么会影响到我的晚饭减少三分之二，到现在还在胀着气！说来也可笑！他的儿子和我的年龄差不多，他的老婆是一个四五十岁的老洋婆，究竟谁能相信呢？！

三月一日

阅报载国际无线电台招考职员，使我这一天都在埋首沉思，又遇老解来请我当枪手报考中国公学。同时他又在重良处带来一张字，因为他患了肺病，现在需要彻底休养，请我代译那本《发明》。

三件事同时堆入脑际，怎叫我的心不时常跳动着。若是再想到弄账时，那更是要颤抖起来啊！

不管它，关于译书，我只能看我所有的时间够不够分配。做起来实在要占据我不少时间，可是事实没有给它可占据的。像这两天麻将世界就是整天的闲着也是不可能的事，不知要连续到哪天？！

三月二日

还未起床，睡眼仍是惺忪地读周的来信。里面充满着美的词句和无病的呻吟，写了那么两大篇。原来不过托我帮她告庾去请杨校长，因为她已改为正式生，校里要到云南去调查文凭。

好久没有打字，今天以四本书做了一个简单的代理打字机，试验了一会，觉得生疏了不少。想准备明天到无线电台去试一试，由预备的结果看，恐怕是难有希望的吧！

三月三日

我算是最先到，然而考试的次第还弄在十一。

在先还不觉得怎样拥挤，到后来简直立足的地方都没有。履历表上的号数是编到三百，但是今早在两小时内便有五十人报名，看这光景这两天的工夫绝少不了三百人投考的。由此可知在上海谋职业之不易。在几百人中挑选八人，这是何等困难的事啊。

估计不会取录的，自己还觉得像我那样的打字便可称为擅长打字——如广告上所说的条件，其实，在上海，只能说“可以打字”。而今天所失败的也只是这一样。

算了！一切空虚的幻想还是打消了，努力读点书才是正事，译书也不打算现在做，虽然很容易。

三月四日

为他们的打麻将，连累得我也要跟他们到那里吃饭。今晚是要读日文的，可是到重良处他已出去了。回来写过三封信，便没有时间练习音乐。为明早要早起去吴淞，就是他们没有回来也应该睡了。

三月五日

昨夜熟睡的时间太少，不知什么缘故，初睡时总不易入眠，一点、两点的钟声都经过我耳膜的振动。

今早六点就醒，计算起来，仅是有四个钟头的睡眠。现在，又是一点钟早敲过，他们还不见回来。早就想睡了，不等呢？又是拘于人情。

去考“中公”，原来不过如此。做了那篇英文，觉得也很对得起老解。考后在那块吃饭，又到“劳大[1]”找老方。

三月六日

到重良处，他已搬了。购《良友》五十四期。

我实在觉得近来的我，在性格上冷静得多了。话也不很多讲，不爱讲，因为周围的人不能给我半点儿趣味。

看一天的书，觉得时间太短。自从和它绝交以来，常常都觉每天的时间不够应用。我也常保持着这精神，倒也可以寻得一点趣味。

为什么自离家后，情绪会这样地容易感动，表现最明显的要算是看电影。为爱看电影的缘故，不知曾哭过多少次。本来昨晚的 *Christina*〔《瑞典女王》〕并没有《荡妇愚夫》的那样悲楚易于动人，使我戏散后到家里还在揩着眼泪。然而，各人的心事谁能知道呢？只要 Christina 一伤心流泪，我的热泪也阻拦不住地涌出眼眶来，尤其在配奏着 *Humoreske* 时。

三月七日

重良函告我他的住址，我高兴极。恰好今天是星期六，加速度地吃过晚饭，便去访他了。

国光社的刘似乎与往日有些异样，在言谈时的态度上。他笑时常现出老妪的牙齿，在今晚，也特别表现得明显。也许是他知道我替重良译这本《发明》。实际上我准备着去辞退。

“你有时间吗？”他笑着问我。我踌躇了一阵，觉得这问话是有意思的，所以即时便敷衍了，接着说明我还没有动手译那本《发明》。

我感谢七叔对我的鼓励，当我们说到各人的年龄时，我和他相差五岁，他说我在这五年之内不知要做多少事哩！不错，我也正如此希望着。

---

[1] 上海的劳动大学。

但一想到这半年来的鬼混，潮涌奔放的心灵又浮沉不定起来，“我将如何地上进？”

浓眉艳装的少女们伴着她们的英俊的青年姘头，歪歪倒倒地坐上汽车，好像是刚刚离了肴馨酒洌的喜筵，准备再往跳舞场去的样子。上海的夜生活，不是他们在演主角吗？

三月八日

宣传了这久的《五十年后之新世界》，从昨天起开始映放了，我觉得这东西是非看一看不可。

到“卡尔登”，在大门外早摆出客满的大牌，急忙赶到“大光明”，也同样地发现这种字样。在这两戏院相隔的途中，只见中外男女小跑着，他们都以为不致两个都满座的，也如我在先所想——时间是一点整。

顺便走进新世界饭店大礼堂参观新华艺校[1]的图画展览。委实可观极了！最使我看得高兴的是一幅西画《野外合奏》。国画很不大喜欢看。

饿着肚子看电影，结果也还值得。

在报上看到一个消息，经几次的思索，觉得有去一去的必要。

三月九日

只想着准备今天去看看光景，一吃过饭便换了衣服，跳上电车买票到大马路外滩。并没有费多大力，就找到一牌小小的红底白字的铅招牌钉在一条短巷的外墙上。问了一个人知道是在某一道门，一直跑上楼去。

“人出去吃饭了！”一个小孩无故地对我笑着说。我问他是在哪一间房子，他指给我便是我正站立着的旁边一道门。但并没有什么字样给人知道，连巷外的那块也不会在里面找到。

由这些情形未免使我疑惑起来。那小孩——也是十几岁的样子——对我无故的笑，无疑是有着讥讽。

不知怎样才混到两点钟。恐怕去了仍是无人，转到金业交易所看了一回热闹，结果给我弄得一个莫名其妙。那人丛里的呼喊、手势和无数电话

[1] 上海新华艺术专科学校。

留给我一个极深的印象。

据他讲，似乎是一点也不滑头，据我看，好像也不致会和“万国”一样的“拆烂污[1]”。因为他们还要举行考试，无妨和他谈了几句话。

到“冠真”有意要拍一张哭相，不知结果如何。

三月十日

一起床便希望着送报的到来，“中公”的新生取录便是在今天的《申报》发表。虽然我已尽了代考的责任，但也不能不关心一点。

真出意外，不但老解取录了，我的名字也会列在特别生里，由此也就可以看出这学校的糟糕。

哭相的结果倒也不错，在别人的眼光里当然是认为不对的。不过在我现时的需要上，是再适当没有的了。等缴相片给他们时，一定不会说我是一个外行的。

三月十一日

在公馆马路上徘徊着，偶然一问题打入脑际。“我究竟是为什么出来的？”想去想来，找到五个最主要原因。不觉自己在暗笑，成功呢？失败呢？

两次的访老郑都不在，急得我无目的地乱跑马路。回家想练习 violin，A 弦已断了。

买本《日语辞典》，竟和曾买过的差不多，愈翻愈戳气，越对越火绿[2]。

三月十二日

入春以来的天气，今天显明地分了界限了。脱了棉袍棉裤，只穿单裤夹衫都还会出点微汗。

三伙计拍了一个照，我早也就觉得是必要的。我们的分离是没有一定的，就此可做一个在商界一场的纪念。

---

[1]“乱七八糟”的意思。

[2]“生气”的意思。

以后再也不愿照顾“明星”了，任它有如何的片子。给我花了车费，结果也如“中秋”[1]一样的看得一肚子气。本来价钱也太便宜了。又从一方面说，他们若不打麻将，我是不会有如此不高兴的，就是不读书，也仍可习我的音乐。

三月十三日

熹微的阳光照在窗外的白墙上，我的两眼觉着辣刺刺地从梦中醒来。浑身发着大汗，口里是异常的干燥，我一动也不敢动，只无力地平躺着，对天花板在凝神。

我知道病终于是要吃药才会好的。然而我旁若无事地忍了这样久，事实上并未见加重了些，而且更证实了过去的经验：“病可以不吃药，只管不理。”

“叽！叽……”如在无线电听筒里听到的声音一样地在脑顶上叫了几响，接着像针刺般的恶痛起来。我晓得病魔已经临近了！什么经验不经验马上又飘到九霄云外去了。

吃了两片阿司匹灵，睡过一个钟点，便被T喊醒去看相片。

和C先生做了一次很长的谈话，在T去看电影的时候。由他谈话中的一部分暗示我应该觉悟到最近的无理。他的忍耐着实令人钦佩，像T的那样态度，实在是会给任何人难堪的，但他终于忍了。从明早起，应该勤劳地帮助他，不，何尝是帮助他呢？应该勤劳地尽自己所能地做自己应做的事。

脑顶痛得更厉害起来，这从来没有过的新毛病，不能不叫我担心到脑的损坏。加之近两晚的失眠，难免不是与它有联系。

决计以后不再继续长时间的工作了。近一两月来，着实太努力了。日语和violin便是一个明显的进步。

三月十四日

练习簿也用完了，所要记的东西也随着忘却了。这两天的脑筋着实有

[1] 两家影院的名字。

些不大起作用。

三月十五日

脑筋会突然迟钝起来，心里要想写的东西，费了不少思索，还是不能下笔。我的血液如狂潮一样地奔流着，心儿跳跃着。真的近来有些退步了，在写东西上。

今天没有说上十句话。晚上洗澡，倒也痛快。等得太难堪了。

三月十六日

因为自己担心怕得脑病，便不敢多用脑，一天只是静养，书也不读。到今天来，这种生活老实有些过不惯。吃过早饭，心里不觉如往日一样难过，脑顶也不怎样痛，我决意想继续自习我的日文，于是把辞典前面的助词用例拿来研究了一些。还没有二十分钟，脑顶又如钉钉一样地痛起来了。为自己的身体计，连忙把书丢开，跑去看电影。

从午后七点钟就坐起，整整等了六个钟点他们才回来，瞌睡呢倒是来得不得了，但不敢睡，不然又没有人开门。算了，忍耐些！反正这里不是我永留之所，大家客客气气地过下去。

三月十七日

据他说是一个礼拜便可以通知的，但这两天左望右望都没有望得片纸的到来。今天实在太望得不高兴了，索性跑到那里去问个明白。

足足等了三个钟头才有人来，在这三个钟头当中，听了不少的日语会话，但只是单独的听得懂一点单词。

谈话的结果倒也不错。

三月十八日

苦恼不知从何而来，苦恼从何而来？近来决心抱乐观的我，今天会沉沦在烦恼的海底。

推究所以苦恼的原因不外是春天到来了，花开蝶舞，一切都呈着微笑的娇颜向人们谄媚，向人们讨得一个“明媚的春光”的夸耀。由此，他们自骄地鼓舞了，欢笑了。尤其是对着一些感到性的饥渴、性的孤寂的人们。

无目的地在马路上跑是多么苦人的事啊！

但是一部分却成功了。在这种漠然不可名状的感情里，着实可以得到不少的安慰哟！

T的亲戚来玩了一天，还在此地睡眠。由他的谈话知道，T常常挂在嘴上所谓某某也者，也不过和他相差无几的简单，有时他竟乱谈政治，几乎使我忍不住地笑出声音来。

在夜里，睡醒一觉还听着他俩在谈话，可笑T竟以新思想、新青年自居；并且自己刷着招牌地说："……某某脑筋太简单，我说的话他们是不懂的，连写几个钢笔字都写不成……哦！你说，我们在上海讲这些啊！若在云南，明天不在校场就是模范监[1]………！！！"哈！我并不讨厌你，实在太可怜你！试问这话你是从哪里拾来说的呢？！

三月十九日

青天白日中突来一个霹雳："滇记"已发生问题。这事显然在不久的将来要给我一个生活的变异：回去吗？还是找别的事？这两个问题突然萦绕着脑际。真的，除此还有别的路可走吗？若是想再多求点知识的话。

虽然真相并不怎样彻底明了，但也不见得是多虑，至少你也得先在内心有一个预算。想来想去，还是没有回去的可能。回去做什么事呢？是不是还有其他的问题呢？我真不能找出相当的解答，相信任何人也未必敢保证的吧？因此不敢多用脑筋，还是决心留居外面，保持着初出来时的精神。

正在晚饭的时间到青年会听艺术讲演。讲演者是何伯翔先生，题目是《摄影取景法》。我之所以要去参加这从未参加过的这类的热闹，也不过是为这题目所吸引。至于他们大吹大擂的所谓名震上海的何先生对于摄影是怎样的有研究，我倒也不会起特殊的感觉和钦慕。根本我自己也不算是一个研究摄影者，不过自有了镜箱以后，所拍过的仅仅一卷照片都犯了取景不良的毛病。

大概是"青影社"的主任吧！他滔滔地在介绍何某在美国专习摄影许

[1]"校场""模范监"，刑场和监狱。

久，经验宏富，继着不知又说了多少美国，美国。这好像是——不，确实是给一种观念与听众“这是洋货”！

礼堂上寂静了一会，不大热烈的几个拍掌声响了，同时这位洋货也站定在台上了。这时，思想集中地注意着他，凝视着他，期待着他的开口，新材料便会很快地充塞在我的脑里。

他讲的是国语，但并不是纯粹的。开始说了当然要说的客气话，从容地把稿纸掏出来，一断一续地讲起了。

太给我失望极了，也许大家都会失望的吧！这就叫讲演吗？他口齿的迟钝我且不说，那材料的简单真是要替他惭愧。他说的什么光线，结构，远景的深远、高远，目的物，水平线……差不多都是在《摄影术》上载得极详的，而且是极平常的。可是他老先生仅是皮毛地讲了一部分，连例子都没举一个。

这次赴会比较值得一点的是，柯达公司送了一本《柯达》杂志，有几张照片可以采做模范。

三月二十日

烦闷虽然烦闷，但每日的工作不能不做。

读了一点日文，想再读点英文，把《文法易解》的序看完，就是五点钟。

自脑痛以来，觉得对于功课会疏懒起来。固然，有病是要休养，尤其是这个病。不过，我常常会犯极端的毛病。如有两天因想起要休养便一点书也不读，尽量地让时光混过去。有时努力起来又觉时间不够，一分钟都不肯放过，接连着几个钟头地工作下去，若有别的事来打扰着，无名火会发通头顶。

这种工作休息的不平均，实在是有患脑病的可能，以后我要竭力地改正。

三月二十一日

接着两封信，得了不少的安慰。一封是鹂的，一封是庚的。真的，也只有从他们的信中才可以找到一些安慰。

回了这两封信，便是混过这一天。寄了一些《申报》给庚。

打麻将，直接、间接所给我的妨碍着实不小。今晚，到七点钟才吃饭。到雨处，他已走了，又在姜处玩了一会儿。

三月二十二日

正在读英文的当儿，突然进来两个生客。我想到无疑是高先生的亲戚——桂丽生的儿子。

其余的那个也是回族，是浦东中学的学生。他们都在这里吃过晚饭才去。

在白渡桥跳上一路电车直到“夏令配克”[1]，时间虽然还早，但订得一个好座，就是在街上闲游了两个钟头也是值得的。

幕开了，舞台的当中是一个无线电扩大器和零箱式的机件，右边是一架大桌面钢琴，左边便是 Martenot 的电气音乐机，全机的形式像一个小长桌，看去简直是一张简单的桌子。上面可以像风琴一样地掀起，亦有键盘和一线。

怪极了！什么声音都可发出，尤其是 violin 的来得神妙，仅将左手按钉，右手引线。

回来已经十二点钟，高兴地画了一个图。

三月二十三日

岳仑雕刻展览会今天最后一天了，要不是今天的《申报》特别提醒，我简直把这件事忘了。

作品中的一个《× 女士》像，这是在一个平面上刻出的，看去简直如一张照相，它的阴阳当然来得比所谓美术照相的配光真确。

其次是那《裸体女》和《他的妻》还好。也不过是好而已，好到什么程度却说不出来。根本我对雕刻就向无研究，连一些儿浅近的常识都怕不知道。

我之觉得《他的妻》是好的，因为一个法国少妇坐在这屋子角落，好

[1] 电影院名。

像一个监视者一样。同时看到那雕像，两相对照，简直是一个人，再翻开会刊一看，完全证明了。

在电车里，有一桩趣事却使我整天盘绕在心。

三月二十四日

今天最值得纪念的，是在电车里打外国人。我虽没有动手，但这事的爆发全是我的鼓动，过后真如炎夏饮冰一样的痛快。

三月二十五日

我以为这是有十足希望的了，若是他们发信的话。一星期又过去了，还是杳无音信。

“大华”的人不在，由别人告诉我他们早已通过信，不接信的大概是不及格。

我懊丧极了！但也无法，只怪自己二气[1]！

三月二十六日

我以为宝山路祥瑞里的征求大概会是“大华”取录后的补足。昨晚决定，今早准到那里接洽。

雨笙和他哥来家，刚刚我要出去，他们没有坐上十分钟便走了。

由靶子场去“大华”是非常便利的，原来他还是发过信给我，遗失了。我用了一点手腕，似乎有点希望，等明天再去。

回家来T乱嚷着要回家，因为他接了一封双挂号的家信，但又不见他说出比较充分的理由。经我几度的驳辩，给他弄得无法，他低声地对我说：“吃过饭出去我对你说实话。”

其实所谓实话也不过是在意料中的。所谓非回去不可，完全是自私的表现，就是要饿饭也应该一同饿两顿。可笑是他利用我和他到“王洪记”借旅费。结果高先生不愿当猪，他（T）发一会火了事。本来也不合理，世

[1] 昆明话，“言行不当却自认为正确”的意思。

间上哪有这样猪的人呢？你倒跑脱了，别人来给你“神着”[1]欠款，还要饿饭。

由此我想到家庭的对我太不关心了。这样久没有片纸只字已经把人气够；如今逢到这种紧急的事还是没有管着。管他妈的，饿饭是绝不至于的吧！

三月二十七日

这几天还没有电报来，看着实在有动摇的可能。T家里叫他自己想法筹旅费回乡，等他们的汇款是无论如何都靠不住。这难免不无相当道理，把我也弄得慌起来了。

昨天去“大华”的结果好像还有一线希望，今早很早地便吃过饭去找陈恩培。他妈的！如今我才明白了，他一切都是在欺骗我，虽然他说以后还可想法通知我。算了，打消这念头吧！反正是会失望的。

想到将来生活的窘迫和回云南的无意思，使我不知不觉地逛了多少马路。在黄浦滩徘徊着的时候，显然是在广州时一样的情境又摆在心头。

左思右想：为思想，为理智，为感情，为饭碗，为拉violin，为身体……着实想不出一条头头顾及的路来。

在无办法的时候，突然想到去南京入军官学校，这虽不是新大陆的发现，但也值得拿来研究一下。真的，在没有饭吃的时候，着实可以混一混饭吃。然而，这是你本心所愿做的事吗？是你从来曾想起过要做的事吗？

咦！这问题的解答似乎要费点思索了。在今天以前当然可以用“不”字打发，然而现在环境呢？你除了这尚有一线希望的地方可以混一混饭吃，别的路还有可走的吗？有固然是有，但你又不能不想到那些相联系的问题，这些从前自己曾透彻地解释过。

为饭碗，为身体，只有如此做。回云南当然不能想，这便是今天的一点结果。

昨夜又突然咳嗽起来，最厉害时要算是半夜两点钟。一夜都没有入眠。

Violin的练习今天可以结束第一册。若果这环境更紧逼着来，想来也怕

[1]“顶着”的意思。

是就此告终了吧？

三月二十八日

昨晚已决定今天去找李子厚问一问南京军校的情形，不料在报上又碰到一个机会，我想是有去试一试的必要。

经了几次的失望，以后再不敢有奢望了。所以今天虽然报了名，准予投考，我还是看作当有当无的事。

病愈加重起来，在同乡处吃了一点药，回来奏了几个调子。

三月二十九日

本想整天地在家练习，写过一封信，看点报纸就是三点钟。T的亲戚来坐了一阵，又是做晚饭的时候。

因为T请我看电影，直到九点钟才开始练习。奏完一本《秾李艳桃》，对谱演奏是应该多练习哩！

三月三十日

明明知道他们要骗两块钱，不过拍一点影片也还有趣。

回家来练习完一本《小小画家》。

三月三十一日

看了影片《歌女红牡丹》。

因为明天的事，想让睡眠充足些。他们打着麻将，十点半就睡了。

四月一日

睡眠果真足够了，一吃过饭我便准备出发。

到那里才刚刚一点钟，本来订的时间是二点十八分。黎锦晖进来了，他给我们很客气地打了招呼，进了主任办公室。

“你到上海好久了？”这是他的第一句问话。

他给一个C调十六分音符的极高音部练习，因为太慌，错的错，落的落，终于没有奏完。接着是一个b_B调的四拍简谱曲，又打了钢琴，他说有希望。

四月二日

想一天都在家里等信，T 偏要约到“新世界”白相，恰好碰到“希腊少女歌舞团”在京剧场表演，别人看着会胀气，台下嚷出一些怪声音。而我呢？简直看得怪有味的。

像这种半新半古的土人似的跳舞，本来在有声电影新闻片常常会看到，可是一个五六十岁的老头和一个三岁左右的小孩各人所跳的单人舞真有趣极了。

他们一共是十个人：五个少女，三个壮男和那个老头、小孩，所用的乐器仅是两个 guitar。他们演过一个合唱，由那粗简的音乐和怪僻的装束看来，简直有些希腊的古典风味。更有趣的是两个少女唱了一个中国的下流小调《打牙牌》，唱后简直掌声如雷，“再来一个”的声音布满全场。

信终于没有来，焦心得很。

四月三日

一起床便跑下去看过一次信，接着又是到门口瞻望信差，等候，询问……一直到吃早饭都没有动静。

我刚才跑下去看过，不久高先生就跟在我背后递两封信给我，我拣着所希望的那封拆阅了。

为一包乐谱没有同时寄来，我又跑到那里问一问。谁知他们今天发出，那当然要晚上或明早才会接到的。这样，我放心了些。跑到山西大戏院看《皇后歌舞》，结果不十分满意，电影倒还不错。

最近因为进行这桩事没有结果，信也少写，打算过几天再详细地给他们知道。

四月十三日

为考复试，八号以前都在家练习寄来的谱。

八号的复试是加入演奏，我已取录。

十一号晚上，在平安旅店和张鹤玩了一夜，第二天早晨送郑雨笙的六哥上船。六点半钟去游兆丰公园，和北方人漂小船，真有意思，这又是给我留一深的印象。

今天把冬衣送入高栏柜[1]，却是第一次。

五月十五日

生活终于改换了，自从四月二十二号迁入学校[2]以后，简直和以前两样了。

想着有好多话要写，怎么提起笔来完全不会有一点儿来碰笔头。

算了吧！慢慢再写。去南京的前夜。

六月二十九日　夜一时

我一点儿道理也说不出，为什么一入了“明月”[3]后便提不起记日记的精神。不管吧！以前种种比如昨日死，以后种种比如今日生。从此刻起，努力创造新生吧！

Violin的进步不能不算为神速了，我自己觉得。在过去我曾几度的对它失望过，老是想把它早些终止了，去学别的乐器。到现在我才觉得，那不过是一种暂时的困难，只要竭力闯过这难关，无形地便有进步了。此刻我对于学习violin的犹豫可以说完全消灭了，这无疑也是进步的表现，但这进步也不过是进步而已，骄傲、自满……的行为是不应该产生的。

糊里糊涂地快在这团里混了三个月。回忆在这三月中，竟敢把日记疏忽放弃，实在觉得有些可惜。

六月三十日

被蚊子骚扰一夜到天亮，实际只是睡足两个钟点。

一面懊丧地打着蚊子，心里一面想着:“明天怎样想法买一个蚊帐？”“不错，明天无论如何要买一个蚊帐。”当我打蚊子应付不暇的时候，便坚决地定了这个主意。实际上，拿什么去买呢？

---

[1] 当铺。

[2] 联华影业公司音乐歌舞学校。

[3] 该学校由原明月歌剧社改组而成。

“嗡！嗡！”又飞了！老没有打着一个。

“呼哩！呼哩！”少甫的鼾声越响越起劲，他越起劲，我只越着急。

既说到无论如何要买，那么，这办法不会没有的。这办法——$[1] 的产生，也便是惟一的一个办法：多大的一个字哟！原来不仅是我的家乡是有这样一个大标记。左思右想，越想越相近，越相近越有路，因此便具体拟了一个计划大纲，并且还找到一条好久没有想到的冒险路子也列入大纲里去试它一试。

正在甜睡，三封信送来把我弄醒，两封是她的，一封是厚厚的、重重的挂号信。在先我想一定是家里汇给我的钱，等看清了信封后，原来是家珍的。

在此刻，尤其在我接她这两封信的此刻，我不能不说她算真的彻底地了解我了。这两封信的内容，完全是我在装入那两张相片时所意料是会这样，这也算是我早就彻底地了解了。她要我做一个“不平凡”的人，我会牢记着的，而且也在准备这样的胆量。

昨晚，我决意再把做日记的习惯养起来，并且同时开始写了一点，今天会在她信里找到“你为我要做起日记来”，这未免太巧。我相信这样凑巧的一个开始，再不会像以前一样打鱼晒网了吧！我希望永久地维持下去，材料上是绝不会感到缺乏的，怕的是你偷懒！

一件夹衫到那大字里头一换，四个银板[2] 上一张粗劣的、印蓝字、画黑圈圈的薄纸[3]，马上送到口袋里，心的深处和面部的表情都隐藏着莫名的高兴，“今晚一定能饱睡了！”但是，他，哦！我就想不到还会不会生点小问题呢？

冒着险跑到公平路去，和陈钟秀、东洋老板娘演了一出戏。昨晚所想到这条路上的希望，通通又变为色即是空了。除了那铁箱和几把凳椅外，什么都没有。竭死力地去翻奂若的挂号信，终于凉透底。我放心了，不必一天想着要还他三十元钱；我失望了，不能拿到这钱暂借一用。

[1] 指钱。

[2] 银元。

[3] 指当票。

这一来至少还是有点好处，找回了她的52号信。重回到那旧地去，有着一种难于形容的情感，特别是当听到那些怪腔调，闻到那些特殊气味时。

昨晚，真的有些近于梦想，三四块钱哪里能买一个自我想象的小小的、圆圆的罗纹纱蚊帐？跑过好几家，吓得我再没有勇气跑到三大公司里问探问探，本来自己才仅有一个起码价的三分之一。

坐车铜板，刨冰几客，顿时不见四分之一。

到青年会交信给老二，他们都出去了。我大胆地交给茶房转，我知道那些沾点洋气的家伙不见得会不可靠的。

回家虽然三点钟已敲过，但还没有开会。教室里乱七八糟地摆着一些纸伞、油漆，这是预备排《公园》的伞舞用的。

黎先生的谈话中有几点值得注意的是：

（一）这次“北京”[1]的表演算一个紧要关头。因为罗明佑在沪，许多捣乱分子认为这正是做离间挑拨的阴谋的一个绝好机会；而同时，也是我们自己显本领的机会，所以非要忍苦耐劳地耐过这四天不可。

（二）表演以后大概公司方面便会很快地给私人立合同。若是大家认为不满时，可坚决表示，我们可以进行别方面的活动。

（三）关于去美国的事，可以算是没有谈到，他仅是说即使能成，也是一年后的事，尽可不必慌忙。

今天我们的小组又没有合乐了。我的基本练习也拉得太少，以后我们打算要定时地做下去。

新排的节目《公园》，由今天排练两次的结果看来，这次的出演实在有些勉强。这种玩意不熟练、不自然，倒是会令人讨厌的。

写得还不想搁笔，可是眼睛刺痛得难过，她的信也明天写吧！

七月一日

昨晚终于支持着疲劳写了她的信，我知道这几天绝不会有时间的，所以非得要赶快写就不可，不然她是会苦痛的哟。

---

[1] 剧院名。

H 要我拿信给她看，在我送信去经过教室的时候。“哈！你的情人吗？”她一面笑一面跑上楼去，好像知道我不少的秘密似的。她的笑声一直把我送出大门外。

从十点钟起和 C 合了一个钟头的乐。以后我们每天都要继续做去，在表演以后每天要有三次。这样一来，一年内的进步也就可观了，等到美国时也才像样些。

早上下了大雨，他们都说这样的天气奏起乐来一定不会怎样热的。但是在我，绝不会如此想，我整天还是同样地流着汗。

这次的观众似乎比在“奥地安”[1] 踊跃得多了，三场都快满了座，不消说，台上跳的、唱的，台下奏的、看的，自然也随之起劲起来。

发了两张吃汽水的支票四毛小洋，实在感到不够，有什么话说，只有自己掏腰包。这次他们对我们的招待实在有些太小气了。

换了一个琴，实在有些大不一样。现在听来，从前用我那琴，真好像没有那样东西似的，有时我自己都听不见是在拉什么，然而却用了不小的力。

今早才换的衣服，回来又是满身臭汗，花了一个钟头，洗了五件衣裳，冲了一个凉。

是一个多云的天空，冲出云围的月亮给我温存地一笑又跑进一团更黑、更厚的云层里去，从此，我再看不到它的半点影迹，直到我要睡觉的现在。

七月二日

新排了一个节目《公园》，预备明天出演。今早才来开始排练，到吃中饭时还是一个乱七八糟，料想不会有好成绩。

小孩子终于要比较忠实些，绝不像那些装作小孩子的大孩子，时时都蒙蔽着虚伪。可笑那小妹妹，她真对我十分敬爱，我不理她，她竟给我赌了气。

Y 约我上晒台上去睡觉，催得要命，本来时间也不早了。

[1] 剧院名。

七月三日

今天是离滇后的第一次登台。所谓新排滑稽歌剧，真不出我所料，三场的伞舞都是错得怪难看。就说我吧，没有一次不错一点。我自己相信绝对是因为慌张、不沉着，实在要怪排练的人，一点也不知团体动作的“齐一律”的教法。

第二场演完，突然一种听得惯熟的声音从后面传来：“聂四哥！还知道我吗？”啊！原来是钟沪来了。她的不太合身的怪样的服装代表了她是乡土游客，再陪衬上她的一个哥哥和弟弟，更可显明地看出是从外地才到不久的。

我们站在门口谈了半天，约定后天去找他们。

又上台，又奏乐，感到异常的疲乏，冲凉去吧。

七月四日

这样热的天气，还要每天三场。到今天来，实在有些难于支持了。随便坐在哪里，只是想打瞌睡。

细想一下，这种残酷的生活也不亚于那些赤膊露体的工人们大汗淋漓地在那高热的机械下苦作着。他们所得到的报酬是有定的，反正你谨慎地管理了某一部分的机械，你坐够了那么多的时间，你终究是可以得那么多所谓应得的钱的。然而我们哟！费了心，也费了力，也要坐够那样长的时间——八个多钟头，但是，这报酬，多微的报酬，还要看观众的多少打折扣呢！整整四天，通通便是拿了六块钱。资本家的剥削，着实是无微不至啊！

物质的支配，给人感到不满时，在一相当时期，必然地是要使人对它发生怀疑，由怀疑便会产生一种需要。这几天我们这团里已经隐藏着这种需要的种子了。态度最显明的要算是我的小老师，他引了一点简单的理论做序言，然后他说：“这也未尝不是一种欺骗！这样热的天气做三场，场费还不发足。他妈的，把戏院都烧了，把 Gen.L.[1] 穿了！你再去三场吧！”他

[1] 指“绅士的礼服”。

的嘴一嘟，手向桌上一拍，谁都觉得又好笑，又合理。

回家洗完澡，已经是一点钟了。五六个人在门口乘凉。一部汽车驶过，大家都不约而同地想到——假使我们坐了汽车去兜风该是多么凉爽啊！不一会，你一句，我一句，马上租了一部来。一直溜到周家嘴才回头，刚花一个钟头。

七月五日

睡到十一点钟，雨笙来借照相机，到苏州去照他的半成的未婚妻。

一同到"泰安"栈访钟沪，吃了两大碗半饺子当早饭。因为她要等她舅舅，所以不能陪我们一同到雨笙处。

她问我："你不是就这样终了一生吗？以后想怎样？"这问题使我不能即刻答复，连我也同样地起了怀疑，的确，我应该自己尽快找出答复来！

看见雨笙书架上摆的书，我突然会心跳起来，我感觉到我最近在读书方面着实太退步了。是不是一天这样疏懒下去便可了事吗？咦！快找答复吧！

七月六日

精神仍是同样的欠缺，糊里糊涂地跑到"山西"[1]看《摄影大王》。其中虽然笑料充分，但是总忍不住打瞌睡。

约好今晚去找钟沪，冒了雨到那里她已出去了。饿了一顿晚饭和她哥买相机未成。

为订立合同的事黎锦晖召集了一个要人会议，我回家时还没有散会。由旁人偷听得一点消息，大概我的薪水只有二十元。其余如江、严等都是一样。他们都表示不大满意，尤其明显的是江，他说什么要走，要写信给锦晖。在我却不然，反正自己的关系、地位不能和有特种关系的人相比。

七月七日

大批的西装少年——乐师、明星，拥到黄金戏院看三毛钱的电影《荒

[1] 影院名。

唐水兵》。为了帮着分班出去吃酸梅汤的人看守座位，几乎和一个小流氓打起来。到底他力量薄弱，强占了一会，又胆怯地自行坐到那边去了。

这几天只有H还肯理一理人。我们都在门口等车去“大中华”[1]配音，她又说我笑起来越像她的表弟。“那么，你以后仍叫我弟弟吧！”我说。她迟疑了一会说：“算了，别叫啦！等一会四爷又……实在，叫惯了弟弟改来叫聂先生真有些不顺口。”

两部敞篷汽车直驶到大连湾路，国也和我坐一车，我似乎有好几天没有见她一样，现在同车。她的手被甫紧紧地捏住，看她好像是不好意思似的在低头微笑，不时她的眼珠会朝上向我一看。

小老师没有去，当然是我代理他的位置。等了半天，黎锦晖才来。那时非正式地试验了一遍，片上的拍子完全不对音乐歌唱。没有法子，只有将错就错跟着奏下去。

不出一刻钟，我们刚刚自己奏的，马上便对着影片播出来，结果倒也不差。最妙的是我们音乐仅有四种乐器——violin，cello〔大提琴〕，flute〔长笛〕，piano〔钢琴〕，演奏出来，真像西乐的管弦乐队一样。

第二次正式的收获倒没有第一次好，我错了一点，还不十分要紧。

回来时，经过百老汇路，凉风迎面吹来，真和那晚深夜兜风一样风味，到家已是十二时半。

七月八日

八点钟就被雨笙抓起，来到兆丰公园门口喝汽水。三瓶汽水拿来一滴滴地喝了一两个钟头，无轨电车一辆辆地到来、转去，大概不下七八辆之多，终于不见我们所要等的人来。最后决定再来一辆不见便走，谁知这所希望的最后一辆恰巧装了他们来。

钟沪弟兄三人，另外还有罗良义，她哥、他友，用两个人借来的六张pass[2]冲进去遍游了一周。

干塞饼干只有我塞得最多，因为他们都吃了早饭。

---

[1] 唱片公司。

[2] 指公园的月票。

钟长得又笨、又胖，好像没有从前那样活泼。她说我和许强的性情差不多，我又想起庾在中路上和我说的一句笑话："她还想双挑呢！"在我看来完全不然，实在是二老爹的老脑筋有些神经过敏。

原来他们也没有订婚，实在也用不着，不是吗？何必要这些仪式来束缚？！

珍[1]真可怜，她再度的失恋了。从前她之对我，可说不上什么失恋不失恋，然而我对她的一些态度着实有点给她难堪。也怪！她老不会讨厌我，常常对我表示无限的好感。现在回想一下实在太不该，有机会应该安慰她一下才对，她这可怜虫！

九点钟请他们到"百星"[2]看《恒娘》,迟到只看了一半。姨太太的下场不过如此而已！

走了好一节路，我招呼他们上黄包车回去，吃一瓶冬瓜水，搭一路电车，不一会便颠到老家。

去年的今日，月下花前，李府相聚；今年的今日，更深人静仍独坐沉思。鼻子一酸，眼睛一挤，不禁泪洒胸怀。

明早是去送行呢？还是睡觉？现在三点钟了，我却决定不下，慢慢睡着再想吧！

七月九日

从楼窗往下看去，突然来了一部卫生局的汽车停在门口，接着走进三四个人来。

楼梯乒乓地响，张先生跳上来大声喊着："快下去打防疫针，人家快要走了。"

这是我第一次打针。在先看着别人一针针地戳过，似乎谁都觉得极痛的样子。我在没有到那人面前之先便咬紧牙关，预备去尝试那一下从未尝试过的刺痛。

周围的人只是看着我笑，原来是那一下非常刺痛使我不得已要做出那

[1] 指作者在昆明交往过的女友李家珍。

[2] 影院名。

种表情、怪样。

小老师来了，照常地授了功课。

大雨继续地在下，我也不断地拉着琴。昨天一天没有拉，今天应该多拉一点。

时间并不晚，因为黑云弥漫了整个的天空，屋里的光线不能不要电灯来填补，所以全和夜间没有两样。我看着一本《野草》，窗外的雨声沙沙地响得使我怪难过，脑里突然波动起层层的战栗的波纹，忆起三年前在教室后面走廊上独自走来走去地看书，同样地听着雨声，同样地是在看这类的书……这些事实显然就在眼前耳旁一样。

晚饭后和小妹妹国在门口站着看雨景。东谈谈，西讲讲，几乎说了两个多钟头。国这孩子到底还不错，对于异性界限的理解上，她给我讲了一段从前到上海时梅兰芳（代名）给她写信的笑话。然后她加了一个结论："我这人倒是欢喜常和男人在一处谈谈笑笑，要是谁要正经地谈什么爱不爱，我真恨他入骨髓。"

十一点还不到，谁都熟睡了。在平日，此刻正是"摆龙门阵"[1]极高兴的时候。

七月十日　夜一时

整整地离别一年了，和我爱的家、爱的人、爱的云南特有的风景。

在这一年当中，我的生活虽有小小变迁，但仍不如我计划中一年应有的进步。所谓计划，并不能在某本日记中找到具体的条文，也未曾有什么计划大纲。

这计划，是我在去年的这几天心里终日充塞的有系统的思想。我如今，尤其在此刻会牢牢地记忆起来。

我背驰了原定的路线，我放松了某一种中心思想的发展，这种病态地、畸形地在这样一个社会讨生活，无宁说是一种盲目的蠢动，有什么计划可言？

看过去，以至于现在的事实吧，不是极端的积极，便是极端的消极，

[1]"聚在一起聊天"的意思。

并没有哪一天会有过平均的需要和发展。

这一年，便是这样糊里糊涂地鬼混过去。“任随它吗？”一年又一年！要是有人这样地问我，我难免又是一句莫名其妙地回答给他：“我自然有我自己的计划。”

然而，在我刚说完这话时，我知道我已经骗了人了。其实所谓计划，即使是真有计划，还不是一样地和过去一年这样地 pass 过去！

和家鼎、南生玩了一个整天。他们说起普剑魔的钢琴大有进步，我只是在心跳，究竟我对于钢琴的练习将如何决定？要拖延到哪天才敢决定？！

明天是新日记的开始，是第二个周年的开始，也是新生的开始。

八月十六日[1]

不论你从哪条路跑，你对于哲学的基础不稳定，终于是难得走通的。假使你要是无目的地去混混，那当然不在此例。

新的脑子的培养，不是用一个模型一套便一次铸成，永不会腐破的。它正如一棵嫩小的植物，随时需要合理的灌溉，你若是天天不给它应得的养料，或不平均地给它，忽饥忽饱，它的一生总是枯萎不振的，虽然它能结出没有血色的果。你若是仅在某时期内给它充分的栽培，就不过问，它也不会保持永久而终至枯死的。

所以新的脑子要随时装与新的养料，才能向着新的轨上发达。换句话说，脑筋若无正确的思想的培养，任它怎样发达，这发达总是畸形的发达。那么一切的行为都没有稳定的正确的立足点。

我已经是一度地受过充分的培养而现在遭饥荒了。由这种饥荒的结果，影响到生活没有中心思想，常常被感情支配着一些应以理智判断的事，这是一个极大的危险。

“The passed Nie Shou-Sin was not the Niel of this time.”〔昨日的聂守信不是今日的聂耳〕

雨笙答应借我几本我所要看的书看，他也同样地在感觉着这种饥荒，所以我们都从同一方面去补偿这个缺点。

[1] 7 月 11 日至 8 月 15 日的日记遗失。

已经八点半才从我家动身出去逛马路，沿途不断地谈话，不觉到了兆丰公园门口，喝了汽水又慢慢地走回来。国、乐们在门口乘凉，还是一副老面孔。不但我是这样，雨笙来找我时，她们也是做同样的态度。

白天发了半场场费，马上送到梅花少女歌舞团。“东南”的卖票收票人已经是看熟了我们，他们一看见我们大队人马去买票，他们都互相微笑或大笑。我知道他们的心理:“你们自己能做歌舞，怎么还要来看这些呢？”其实我们的来意也不过出出风头罢了。拍两个所谓正人君子的掌，表现老前辈的清高，绝不像别的歌舞团专门要捣同行的乱。

看后谁都倾慕龚秋霞，想合作起来送她礼幛，最热心的要算是七爷。

夜里不想睡觉，清理一下箱子，许多好书都不见了。到两点钟才睡。

八月十七日

拉了一天的琴，觉得有些显明的进步。

夜间在门口纳凉，谈及“梅花”的进步，回头一想自己居于所谓老前辈的地位，前途大可悲观。

实际上，从根本去整顿，未尝不可纠正万一的恶习。然而，她们，整个的她们已经是到了不可救药的地步。在近两三月内她们真够颓废了，一切骄傲、自欺、欺人、顽皮的恶习的苗已经根深蒂固地种在她们每一个细胞内，就是那些所谓天真纯洁的小孩。

我替她们危险，我替这歌舞界的领袖团体危险，我可以猜想它是怎样地分散瓦解。她们当中的每个人的企图和希望，我是观察得清清楚楚的。看着吧！她们会有上进、有大希望的吗？除非她们曾切切实实地为自己的前途打算过，这些可危又可怜的人们！

八月十八日

严、薛硬要约去看“梅花”，薛借了我一块钱。

刚要上电车，李家鼎和蒋从小沙渡路那面跑来。“啊！聂四哥！今天特意来找你，不要去了吧！”

我辞了他们，领着李、蒋找到刘大成。我是十多天不看见他了，今天一见，真有说不出的高兴。

我知道他们很想听一听我的音乐，所以我带他们到我寝室里，我和少甫合奏了几个调子给他们听。

怪无聊地跑到外滩公园坐了几个钟头，和家鼎谈了不少旧事。

在电车上买一张《中国晚报》，载着邓演达被捕的消息。想不到这事竟给我们在门口作了半夜的谈话资料。

八月十九日

收音的事完结，今天发钱，我领了五十元。

本来要和七爷看“梅花”，刘又无论如何要约去“暨大”看足球比赛（暨南和华伶）。

林慕绩很客气地招待我们在那里吃晚饭，回来又去看“梅花”。

周玉麟穿着洋服，江应梁伴着她从操场那面走来。她一看见我，好像有什么不好意思的样子，一会儿红了脸。她说有人在云南造她的谣言说她结了婚，又说春晖要出来。

八月二十日

八点钟就去游泳（第三次），有金焰和孙瑜。练习跳水碰了一次水底头。

吃广东馆子后，到“上海”[1]看影戏，看得打瞌睡。

晚上独自上北四川路买了一点零碎东西，回家写了六封信。

好笑，三天的日记到现在才来记账。

八月二十一日

“联华”拍一部《银汉双星》，其中游艺会一节要我们参加。今天预备了《努力》和《蝴蝶姑娘》到光华戏院拍影片。从早上十点钟就去，到五点才回来，实际拍的时间仅费五分钟。

那些看戏的临时演员，看着很有味，一会儿叫上楼，一会儿又叫下来。

金焰要王人艺拉那个《梦幻》，我也觉很不错。今天我才知道他的violin是从小拉起的，我听了会害怕，到底我们这些并不算什么。

---

[1] 影院名。

疲劳得很厉害，晚饭后一倒在床上就睡到八点钟，就不想做什么工作，在门口乘凉。

八月二十二日

想照个相回家，又想买几本书，上午拉基本练习，吃过饭便整装出去。到了大马路又走到青年会，访蒋未晤，又跑北四川路，终于是无目的乱跑。

薛耕愚从我身旁走过，犹豫了好久想想是有和他周旋一下的必要，跑好远才追着他。

看见他那可怜的样子，可以猜想还是在处于困境。果真，他香港的款还没汇来。现在是在一朋友处住着，我们谈了十多分钟便分手。

买了几样日用品，五块钱就算光了。

晚上约少甫到“兆丰”听音乐，他和我说了好些关于将来的希望和他失恋的事。我觉得最近的他倒还不错，已经不像从前，一天只是为这事而烦恼。

他也同样觉得不跟她们周旋实在舒服得多。

四十多人的大管弦乐队，奏起来到底宏大。但还是好多音都不准。十二点才完。

八月二十三日

明天是罗明佑的生日，也要我们预备游艺加入联欢。女孩子们不愿去跳舞，因为事前没有通知，当然只有来找我随便做点什么花样凑个热闹。

谁都在我面前贡献材料，其实我心里早有打算，临时上台都可以随便抓出来的。

八月二十四日

不错，这是再好没有的一个机会，可以表现表现我的天才。

就是在第二制片厂搭了两个台。一个音乐台，一个是表演台——当中有一个红电条[1]的大寿字，一进去真是我们素来所说的“神气”。

[1] 红色电光纸制作而成。

全是广东人的势力，随处都是在讲广东话，那些大明星们原来大半都是广东人。

“歌舞班”的歌舞便是一众目“聂耳博士讲演”代理。这段讲演已经在我意料中地受人欢迎，其中最精彩的要算是学紫罗兰[1]的埃及舞和收场的猪叫。

得了一个包皮很美观的礼品，回来一看原来是一盒饼干。

大同乡四川人孙瑜特别来和我握一个手，在我表演以后，接着金焰也拉着我到俱乐部里坐了一会。

团体游戏中要算“架云龙”为最有趣，以人代跑马，看着真危险。

紫罗兰的粤剧还不错，可是我嫌太短。

八月二十五日

来一封信。面上写的聂先生展，里面又是：“聂先生：我们不要不说话吧，从前因为跟你闹着玩就不理你了。我们的脾气是像小孩一样的，你也和我们差不多。不说了，见面说话。”

这是国写来的。这孩子，真是孩子，这有什么意思？！现在就是你理我，我也不高兴跟你多来少去。省得多少时候，免得许多麻烦。

昨晚黑炭[2]也接一封信，看着有我的五倍长，不知怎样写的，她要他回信。可笑他一夜没有睡。

“有英文、法文、日文、口琴、上海话、广东话的讲演；有京调、英、日的清歌；有中西合璧的妙舞；收场是一个猪叫。”今天随时都在想着这台事，有时自己都会好笑。

八月二十六日

没有电车，静悄悄地，无疑是昨晚的飓风大雨所致，起床时还下着微雨。

和刘大成出去看水景，好些地方都已退了，但可看见些痕迹，在爱文义路、卡德路还淹着很深的水。

[1] 著名粤剧女演员、电影演员。

[2] 作者同事江涛的绰号。

一直走到外滩，沿途有不少被风吹倒的大树。在北四川路吃了广东饭，到“爱普卢”[1]看《睡鞋之秘密》。

买了一本《音乐的听法》，回来看到十二点才睡。

八月二十七日

久已闻名的《人兽奇观》今天算能看见了。这部片子真是别开生面，无异游了非洲一转。

薛耕愚来找我想法筹旅费回云南，真给我大作其难，然而又不能不救助他。想来十多块钱是可以凑给他的。

今晚太不好过，心里一点也不开展。

八月二十八日

一起来就在楼窗上看见他的到来，他真守时刻，刚好十点钟就到了门口。我急忙跑下去，引他从马路走去，掏出我准备好的十元钱给他。他说可以到香港，在香港便可设法。

我以为一定平安无事了，谁知在午饭后他又来找我，他那可怜的样子实在叫我不敢看。他说香港恐怕还是无望，请我再设点法，给他可以到河口。刚好一个朋友请我替他买一本提琴书教他，交我四元钱，我又统统给他。这事使我十分难过，但也无法。

我的小老师突然要上北平去。这消息本来在前两天就传出来，但我一点也不留意，总以为是空气，说说罢了。今天他向余师父催洗衣服，买东西……处处给我觉得他真的是要离开此地了。唉！我的小老师，我真有些难过。

他感到订合同以后的危险，把一些有用的光阴消耗于无益，待遇又不好，又不能请教师专习，因为这种种原因，他不能不走。

他上北平主要的目的是学琴和养病，有说他到清华大学当教授，那未免有些不近情理。

我和他到锦晖处辞行，和他收拾好行装，送他到火车站。我真有些舍

---

[1] 影院名。

不得他，在我的学习上，就是在感情上说，虽然没有很深的历史，但我们俩算是一对同年龄、同道路、同是拉 violin 的良友，自从我加入这里以后。

他在临走前还拉了一段基本练习和 *Souvenir*〔《纪念曲》〕，这给我留下一个很深的印象。啊！还有他昨晚从外面回来的时候，自己把乐谱拿来和我画了 *Humoreske* 和 *Souvenir* 的指法。我谢他，我现在才知道谢他。

他在熨衣服，我弹了一个《送别》，几乎流泪。箍说我要哭，真的，我实是不敢哭。

没有人指导拉琴，终于是渐渐走入错误之途的，等合同订后，一定要去找教师学习。管它，没有零用也不管，只要能履行我的计划，向着坚定的目标加紧地努力走去。

八月二十九日

今天算是纯粹的 violin 生活。

白天合了两个 orchestra〔管弦乐队〕的调子，结果还不错，我的 2nd violin〔第二小提琴〕已经让位给严励了。

这是从未有过的高兴，一天内拉过了两个调子（*Humoreske*、*Souvenir*），只要熟练就没有问题了。同时在合奏时我们的 1st violin〔第一小提琴〕是很容易的 pass 了。

八月三十日

金焰和孙瑜听我拉琴，他们的称赞，使我有些不好意思。

不健全的管弦乐合奏比较昨天进步些，金焰提议我们正式组织一个联华管弦乐队，史东山也可以来一把 violin，他大概勉强可以。

所谓“时髦的滑稽”是罗明佑和朱先生们给我的批评，在那次表演以后，七爷告诉我，他们很欢喜我去拍滑稽剧。

实际算起来我习 violin 的时间，至多只是四个月。自从南京回来后才算是真正地建立起 violin 生活来。说到正确的姿势，还是最近才闹清楚一点。对于弓法、指法、看谱的技能，在这四个月内有着飞腾的猛进，这是值得自励的。

一般人说习 violin 的时期长，而无好的效果，有些说得太可怕。现在我觉得小老师习了五年也不过如此，若照我这比例去猜想，我在五年后一定要比他现在成形得多。我对我的前途又乐观起来。

记得过去曾听他奏《天鹅》曲而羡慕他“拉得真好”，现在我自己同样地能奏，倒也觉得平常，过去真浅薄。

四爷从汉口来，带来他的两个孩子，那男孩想给我投师习琴，他已十二岁，还不嫌迟。从外表看来，倒是蛮聪明的孩子，高小已毕业。

我的礼拜天是不起作用的，要是刘大成不叫我去，我真不知道，其实就是知道，还不是同样地过 violin 生活。

在床上睡着写，太不舒服。这是像哪一体的字？

八月三十一日

“紫艺[1]兄：南生来，请即过来。”像这类的字条真有些讨厌。过去也并没有半点事，把有用的时间耗于无谓的闲谈。

接到字条我便过去，只想随便应付一下又来拉琴。谁知一进去便给我一桩极不好过的事，费了不少思索。

刘说蒋要被禁闭十五天，因为光华大学说他有嫌疑。但可以用钱作抵，每日二元。交了三十元就完事，他是特来找我们设法的。我听了心里当时起了剧烈的跳动。想到怎么这几天尽碰这些瞎事。

从三点多钟直到吃晚饭，我真不高兴多说话，然而他们好像若无其事地在一旁大谈恋爱问题，我在一旁想办法。

“老兄，你太直了，你就以为是真的吗？我的学费差三十块，来请你们高法，倒要请你帮点忙。”

现在我才知道是受骗了，我那恼恨的程度真是难以形容。

从楼窗上看下去好像是聂士秀站在门口，我急忙下去，真的是他。可怜他等我一两点钟之久。

他算考取了。现在到上海商务印书馆取钱交费，我把他带到卡德旅社暂住一晚，明天又去接他。

他路上常常用手在身上摸摸索索，那不沉着的态度，我知道他身上一

[1] 作者在明月歌剧社时用的名字是聂紫艺。

定带有钱。到旅店一问，果真不错，我要他交给我保管，有十五元法币和一张汇票。在那小旅馆真有点可怕。

九月一日

打过多少主意，想到一开口他不会不借一点的，所以老着脸向他借一两块钱。想不到他竟东拉西扯地解释了一大篇，有些地方完全露了马脚，最后跟他拿了两毛钱。

和他跑了一天，真麻烦透。

林慕绩来找刘，字条一来，又花了一个半天。

晚上以中国乐器合中国调子，惹得多少人围在门口。

九月二日

联华公司的人来团调查。刚睡了午觉起来，他们都说是签合同，我还信以为真。

晚饭后出去散步，遇大雨。

笔太坏，写得一点也不高兴。

九月三日

伍钟祥和家鼎来找我，他俩都考了“大夏”[1]。当他们说到升学时，好像有着多少光荣。伍问我还想不想进一个什么学校，我只略略和他说了一点我的计划，实在不必要有什么学校不学校的虚荣，反正我们这可不要进理化实验室的。

花了好几点钟和小孩们玩“捉曹操”，这是四爷的孩子黎泽永引头玩，一玩居然引得七八个人，我被罚给国叩了一次头。

九月四日

近来倒觉开心一点，谁知出人意外的事又来了！

我也常常在疑心恐怕薛耕愚还没有走，以后又来找我麻烦。但一想已

---

[1] 大夏大学。

经过了这样久，至少总离开了上海。

刚起床，周师父就来叫我会客，我问是什么人，他解释了好半天倒给我弄得莫名其妙。他说从前来是穿长的，现在是穿着短的，到底我还是无法猜想。

穿着睡衣裤，跑到楼梯一看，一个人也没有，直下了楼到门口才发现早已投降了的薛七哥。他那狼狈的样子，真给人看了吃惊，真的。我自己觉得我的嘴唇变了颜色，体温骤然减低！打了寒噤！当我看清楚是他的时候。

他穿一身脏透了的短汗衣，绿绸裤。一见我就说再想想法子，护照期满仍不能走，但钱已花完，现在只要维持他八九天的生活，到十二号他的亲戚从天津盐务稽核所调到沪局就可以有钱。交涉很久，逼得我当了公家做的礼服，得三元钱，通通都给他。他说不够，到八九号还要来找我再设法。看他的态度好像比从前老脸得多了，我急得半句话也说不出。拿一件长衫给他穿着，刚好我们吃早饭，不知请过他多少次吃一点，他还要顾假面子，"不吃"。又急得我半个字都说不出。

他走以后，谁都问我，把我弄得太难为情。

和 flute、cello 合了两个调子，还不错。旁人在问："这是弄得很熟的吗？"其实都是新调子，简单些而已！

翻翻旧日记看看，总是觉得现在不如从前认真，还有一件最可惜的事，是在南京的时期完全没有笔记过，有好多材料是应该补起才对，就开始吧！

* * *

我们是包了一辆车，全体坐在一块的。在这样长的途程时间里，我们除了找一些无聊的事去消遣，实在难于消磨。

和我坐在一块的是老宋，他请我到"他办的大学校"里讲演，题目是"学生应有的精神"。讲完大受欢迎，此其一。猜表情，此其二。作对子，此其三。

"京沪铁路，路旁有树，树上开花，花前月下，下棋谈话，话中有笑，笑里藏刀，刀刀见血，血盆大嘴，嘴不连腿，腿长如鬼，鬼头鬼脑，脑筋简单，单刀匹马，马到功成，成人之美，美满家庭，庭园芳草，草木皆兵，兵荒马乱，乱世英雄，雄心不死，死气沉沉，沉香碎玉，玉洁冰清，清风明月，月下花前，前途茫茫，茫茫大海，海阔天空，空中楼阁，阁下平安，安然抵京。”

到下关天还没有黑，两部公共汽车前面扯着“明月音乐会”、“明月歌剧社”小旗子已在等候。这么多人真挤得要命，拖了半点钟才到鼓楼饭店。

吃过饭就到云南学会，找到王志导，他说话一点也不自然，不知是什么意思。

表演的第一天满座，接连演了一礼拜，人就渐减。

一天，世界大戏院请我们全体在一家川味饭店吃饭，喝了不少酒，他们请客的主要意思是请我们续演五天。

三个醉鬼（老宋，杨大和，鄙人）坐着黄包车游中山陵，有三分之二的路程我是在车上睡觉。好笑！本来三人都已经醉了，然而谁知道都不认为自己是醉，东歪西倒地上到山顶。鄙人敬了礼，杨兄读了总理遗嘱。

游明孝陵和紫霞洞倒没有什么意思。

汽水的效力真不小，一口就醒了，这是三人同时发觉的。

谁都叫我做小弟弟，我也谁都叫姐姐。这是在南京惯行的称呼。

王人路兄弟妹三人，徐漂萍，胡笳拉了小弟弟挤上汽车游后湖。已经是下午四五点钟了，我们还慢慢地在后湖公园（即五洲）喝茶吃小包子。小老师为肺病到处找太阳晒。

令姐来找过两次，自从第一次在世界戏院碰着后。

一次是她独自一人来，我介绍人美给她认识。又一次是她和李廷媛，全振环（或应环）来找我谈谈入本团的手续。全倒想入，但又没有如此勇气，怕什么家庭不家庭。

我们要走的头天，她来看我。

谁都是照相狂，有的照顾照相馆，拿着不当钱的国币滥用；有的自用镜箱拍照，不消说我当然是一个。啊！最有味的是严和老宋，一天只见他们拿那一寸的镜箱跑来跑去。

一天清早我带着国、静、白、陈、乐[1]们到鼓楼公园拍照，结果还不错。

徐漂萍给我和人美在旅馆门口拍了一张。

离开南京的前夜是在中央大学表演，他们招待太差，连奏乐的地方都没有，我们便乐得惬意地休息。只有钢琴和一个 violin。

大概是在“中大”表演的前天吧！中央党部播音台请去播音，我们的三部合奏 *Martha*[2] 还出了风头。

每天晚上的消夜都觉有趣，总是绿豆稀饭。有时和黎先生喝酒谈天。

四先生发过一台脾气，打碎一个盘子。

我大声地骂一个洗衣服的人，在饭堂里，震惊了全堂的人，他们都想不到我会有这大的脾气。

一晚，我和孩子国在余师父房清理衣服，钉“百花仙子”的里衣的带，倒还有趣。

由鼓楼饭店出来上汽车，往下关火车站回沪，一关门玻璃碎了，到下关赔了五块钱。那汽车夫的样我老记得。和我同车的（在后面）万、静替我很不平，由她们的表情看。

在火车上又打碎一个茶壶、茶杯，当然照赔。

他们都异口同声地说我“倒霉”。

小弟弟的称呼，到沪后的即日，奉命取消。

九月五日

弦断了没有钱买，整天没有做一点事——音乐的事。

未起床就被国们闹得不得安宁。昨晚大概是三点多钟才睡，本来是想

---

[1] 韩国美、张静、白丽珠、陈情、于知乐。

[2] 歌剧《玛尔塔》选曲。

多睡一下。

伴她们画了一些漫画，所有的成绩都陈列在墙上。“只有 ×× 不缺德”、“三角板”。

在楼下闲谈，耕愚来，又是一阵渣筋[1]。正要想法拿自来水笔给他去当，雨笙来，又借了一元六毛钱给他。

许久不见他，闲话真是越说越多，越高兴。

说着、念着、唱着许久的合同算是今天签订了，轻易地写一个名字便是与“联华”发生两年的关系。我的薪水是二十五元，这是乐队里起码的数目，我真莫名其妙，和我一道进来的黑先生会有四十。虽然他从前和他们有过一点点关系，而在我早进来的演员严华又会少我三元，这种分配太有些不平。

合同一签，真如了了一桩大事，各人的心中都好像安然无事，只准备着新生的开始。在今晚的饭桌上全表示着这种情绪，谁都充满着欢欣地努力加餐，只听见碗筷、拖椅子的响声。

堆着大批衣服没洗，今晚鼓着勇气洗清了。“乒”的一声，好像是谁发脾气打碎了一个杯子；又好像我昨天在教室里踢布纸球打碎了玻璃窗一样的声响；接着又是一些人嚷着笑着从楼下上来。由我的经验可以听出又是谁在为讨得女孩子的欢心而装疯，因为里面也夹着女子的尖笑声。我不去理它，仍是洗我的衣服，唱着我的京戏、洋歌以减少疲劳。

他仅喝了一杯酒（四先生的虎骨药酒）哪里会醉成这样？这我倒不会相信。老江和老宋在大喊严华酒醉，又做出些怕他的怪样和痴笑。使得他愈更加装起疯来，什么苦笑，跳舞……种种丑态不都是他明白的心假装出来的？！在他转变时便可显明地看出形迹。

我说他这种举动也并不是有一种什么目的，想借题发挥一些牢骚，实在是他对待遇的不平和心里平日所积的隐痛，不能不使他自然地会找这法子来消闷、自慰。这种无意识的行动我不敢担保我不会发生，有时受了刺激真叫人无可奈何！

自今天起算是一个正式的“联华”职员了，以后虽然是帮他们工作，

[1]“啰唆”的意思。

但也不要忘记自己的发展，从此努力吧！

最近急要解决的问题，便是快去找提琴教师。

九月六日

起来，就跑到楼下看报纸，想知道一些政治和水灾的情形。最近简直不多阅报，一见有画报才知道是星期日。

蒋南生来，同到刘处，蒋问我们今天如何消遣？我们只简单地答他："最近我们也是灾民哩！"他理会这意思，在默想了一会后说："我来赈灾吧！今天有什么好电影看？"

翻一阵电影广告，决定到"中央"[1]看《摩洛哥》，约好两点钟在"中央"门口等会。

讨厌的大雨，越下越厉害，衣服已经是够湿了。刘老先生还怪无聊地绕到西藏路慕尔堂要什么英文夜校简章，后来在"中央"门口又等个够，到三点钟他才来。

因为《摩洛哥》的有名和报纸鼓吹所谓"幕幕血泪，哀艳动人"，所以谁都准备着去哭的，结果，并没有流一滴眼泪。动人的地方果真是有的，我觉得这部片子在各部关键上总表现不够。别的真正的名片能使观众的泪从心底深处一滴滴地流出来，也就是因为它在紧要关头表现得格外深刻，使人感到恰到好处。

喝了一点虎骨酒，那味道真像云南香花配酒，越喝越高兴，谈了一些将来到美国的大计划。吃晚饭时，他们都说我喝醉了，因为我脸红，其实只喝了一点点，因刺激而兴奋，所以好说话。

到中华检德会揩油听音乐，大半是广东音乐，我最喜欢的是朱荇菁的琵琶独奏和霄霓乐社的《普庵咒》。前者可以看出他技术之高和中国音乐的许多高深也不亚于西乐的提琴，后者完全表现出深山古寺的风味。里面除主要乐器胡琴、琵琶、洋琴外，还加上大、小阮，木鱼和七丁，听起来真是飘然入仙境。有些粤调听着叫我不能不闭目回想在广州时的漂泊。

[1] 影院名。

九月七日

好像有四五个女孩子的哭声自楼上传来，又像真又像假装。

晚饭后国们约出去遛一小转马路，知道她决计不签合同准备回北平。她们白天的哭是由假装引而为真的。

听说她要走，心里至少有些难过，不是又要预备唱《送别》吗？唉！人与人的关系为什么处长了一定会要发生感情？！譬如我的小老师走时，我真想流泪！

九月八日

耕愚又来。他既来，你总甩不脱的，至少他要花你一两个钟头，没有结果是不走的。又一套西装送入高栏柜，给了他三块钱。

我真不知将怎样去处理这事？每想到就会害怕起来，心房像打雷般地在跳。如今已经给他不少钱了，然而他仍是老来抓着我不放。他说十二号就有办法，这事到底也没有把握，到那时要是失败了又将怎样办呢？我问他，他当然是说不至于；我自问，又是同样地害怕起来。

不能不说是运气，钢琴没有人打。我又轻又快地跑上楼来拿基本练习，打了不上十分钟，薛玲仙在旁边怪吵要让她打，我讨厌她那怪讨厌的样子，我便一个大屁股扭了出来，在门口想着愤激。

伴小白[1]们上老宗家里，无目的地坐了不久又转回来。料不到于斯咏肯让我弹，所以还有点成绩。十点钟过了，蚊子又咬得厉害，只有歇手。

和四爷谈天，从王人美的没有向正道的发展谈起，谈到团里各人的个性和将来的训练。少甫熟睡惊醒，从床上猛然坐起，也加入谈话。翻着现代书局目录，又谈看书的事，这一门我倒谈得高兴，因为书目中曾有不少是我读过的，所以借此又回味多少趣味。

快三点钟了，老江的鼾声响得叫我不能不赶快去游梦乡，少甫也响起来了。好，等着吧！

---

[1] 白丽珠。

九月九日

照样地履行平日的工作，为避免睡午觉，在楼下看书谈天。日子也好混，一会就吃晚饭。

上老宋处玩了一会，回家后怪无聊，临睡前胡笑一阵，全宿舍的人谁也弄不清究竟是笑什么。

九月十日

和四爷谈天，真是越谈越有味。自吃晚饭后谈到夜深三点钟才止，什么文学、宗教、政治、欧洲的女人、电影、京戏……谈得真开心。

白天也练了调子。

九月十一日

大概是睡眠不足的关系吧！拉着基本练习老是提不起精神。小老师自北平来信，即时回了他。

肖友梅、罗明佑、黎民伟来听我们的音乐，我们奏了 *Spring Time*〔《春日》〕和《湘江浪》。关于到音乐院免费学习的事，恐怕难办，因为肖友梅说，若我们要去，可以办一个特别班，每人每学期六十元。

心里异常烦闷，不知什么原因。拿起洞箫来吹了一个《春朝曲》和《旧地》，眼泪一出，叫我没有勇气再吹下去。

九月十二日

中华书局开二十周年纪念会，请我们参加表演歌舞。

最近合的 *Spring Time* 和无聊时合的《梅花三弄》，也要在这次演。午饭后正合“三弄”，锦晖和中华书局的人到。一坐稳汽车，登时就到，本来也是很近的路。

临时台搭得太简单，奏乐时乐谱架也跟着跳舞。座位的排列一点也不对，很多没有弄齐。总之，一天都是扫兴。

拉《三蝴蝶》的高音本来不是易事，我自己也觉得有些地方实在勉强。七爷当场指责，使人太难为情。他说得有些全不符事实，还说些无聊的气人的话，真是讨厌。固然，我承认我自己是差王太远，况且我从来也没有说过我是和他差不多，你总不应该以不符事实的话来瞎批评人！好在我知道你是有这样的脾气，所受过的同样的态度也不仅这一次，不必放在心上吧！

从另一方面说，没有这类的刺激也不能推进你的进展，还是当作一回事似的接受着吧！如他所说“试音”、“scale〔音阶〕拉得少”上去探讨吧！

看看姊妹歌舞、烟火，回家已十点钟。他们约再去里面看电影，心里很难过，拒绝了他们。

坐在马桶上，一些矛盾的心理在内战，越想越麻烦，越麻烦越想。一会儿自己发觉是在拉屎，不觉好笑起来。

今天认识了一个同乡孙成光，在中华书局的《教育界》杂志当编辑。

太疲劳！又是在睡着写，一点也不舒服。

没有邮票钱，十天没写信给她了。

九月十三日

分明是醒了，总不想起床，钟已整整八点，听听楼上楼下都是静悄悄地，忽然想起是星期日。

字条一来，知道又是“南生来……”洗了脸就过去。

到足球场看全运会足球预赛。“暨南”到底不错，看完已六点多钟。顺便访雨笙，他请我们吃好久没有吃的俄国大菜。到“黄金”看《欲海情天》，虽然是第二次看，却也流了泪。

和老江玩sweep。败者画花脸，我被他画得一塌糊涂，玩时又想起我们从前的“士得喂铺”。

九月十四日

薛老七啊！你太不能原谅人啊！逼我到此境地，我有什么法呢？我知道这是我应该报答你的时候，我之所以能出来不能不说是得你的力，但我的力量只有这一点，如今我已经超过我力量的十倍来帮助你，当的是当光了。就是讲到哪方面，这样为朋友也该得了吧！

他无论如何要借四毛钱，弄了半天才找到，他说除非来还我钱就不再来了。

一天都在心痛，烦恼，这刺激太不小！

九月十五日

把所有拉过的scale都温习过，正拉基本练习的时候，接到家书。我相信当票定在里面，谁知还是一空，连提都未曾提及。

原来薛耕愚是这样出来的。三哥说他生平所积的钱都被薛骗尽了。我回头一想，莫非我也着了他的骗？！唉！越想越可怕！心老是在痛。

写了一封八页的长信回家，不知他看后会作何感想？我懊悔我有些话不该说，他们一定要为我担忧起来！

人家说我鬼，由薛的这事看来我真是太直。这也是处世未深，必然会有的事。

新租了一架钢琴，以后可以有定时的练习，今晚打了两点钟。这烦恼哪天才能消灭？今天写那信，不知咽了多少眼泪！

九月十六日

他又来了！他的亲戚仍没有来，给我要了十几张信纸，八个信封，他说写信向朋友借钱。

发了半月的薪，赎了一部分东西就干净，别人都出去完了。有的看电影，有的买东西，剩得我一个人静守在房里，练习了一些中国调子。

九月十七日

收了几块钱的欠账，稍觉开心一点。上午的提琴，特别努了点力，因为计划午饭后出去找教员和看电影。

在七路车里，经过百老汇路，老是想起一些去年的事，看见“东海”的广告，好像是巨片的样子，真想看极，已经和它分离了半年了。

那教员上青岛去，在这几天内可以回来。我很高兴，在我能认识了这个地点，我理想着以后不断地跟他学将会收获不小的成绩！

“东海”，好久不见！现在一进了大门，我真有说不出的高兴！又好像我仍是在过着那所谓商人生活，片子倒也不坏。

昨晚听他们讲《蓝天使》是多么伟大，所以我是非看不可。

这虽然是一部有声对白片，但与别的对白片不同，因为是德国人说英文的关系，里面的对话极少而且很简单。表情和穿插的精密真令人想不到。它描写女色的诱惑和社会一切虚荣的丑态可算无微不至，一个大学教授的下场竟弄到如此惨痛！

薛又来！拿了一件衣一条裤给他，他说亲戚后天来。

九月十八日

公司里来了一个通知，明天要乐师穿礼服拍戏，我没有衬衫，跑到锦晖那里借。和四爷在马路上谈王人艺学音乐的历程，有些地方真可以借鉴。在锦晖处又谈及个人正当发展，也可鼓励起我努力的精神。

回家来做了一些《和声学》的练习。

九月十九日

来一个通知要乐队穿礼服拍戏。这是我们第一次的工作。

莉莉和我化装，用油彩在脸上打，化得好像一个死人一样，这也却是第一次。

拍了不多片子，便是一个整天，从一点钟到晚上十二点钟才回来。

因为摄影场里的灯光太强，把眼睛弄得一点也不舒服。

和史东山谈一些音乐的事，原来他也拉过三四年的 violin，每天七八个钟头。我在他面前吹大炮，看他又有些相信，这样看来，也许他也是在吹牛。

他说我能演剧，以后有机会我可以来一个。

像这种拍戏，毫无一点意味，老是奏一两个调子，等都等个够。

早上练习作曲，有两个动机是这两天“送别”的心理自然反映出来的。我拿来摆起一奏，实在有点送别的感伤风味。以后我要常常练习，管它好听不好听，合法不合法，总之，以成绩愈多愈好。

九月二十日

昨天没有拍完，今天还要去，大概又是像昨天一样的一天。

今天的拍戏倒没有多少特别可记的地方，不过拍了两个大镜头，仍是到十二点多钟才回来。

今天——九月二十日，最值得注意的一件大事是报纸上的大字："日军占据沈阳城，炸毁南满路……东北军王以哲旅长殉难[1]……"这是前晚发动的。

日本侵略中国，是在意料中的事。试看万宝山、中村失踪等事件，不是它的诡计？现在竟敢大肆侵占东北，大施其帝国主义的暴行，什么飞机场、兵工厂都占了。

楼下挂着一个"宣扬艺术"的礼幛，就是"明月"到东北表演时王以哲送的，现在居然成遗物了。

在公司里吃饭时，大家都谈到国事。他们的议论总是一些国家主义的观念，他们就不知道这是第二次世界大战必然会来的动机和导火线，现在有什么办法呢？望靠谁解决都是狗屁，什么国际联盟！它不是一样地在想找饮食吃。

九月二十一日

还在睡着就听他们嚷什么日军到天津、北平，跑下楼一看，几个红大字在《时报》的封面上大注其目："天津、北平、青岛……"看了一点多钟把什么消息都看完了，心里很不好过。看起来这事太严重，日帝国主义的侵略，全是有准备、有计划的，报纸上还说什么"……不过是下级警民的冲突，日政府对中国是没有一点敌意的"。他妈的！这种不可隐蔽的事，你到如今还要来欺骗人！

睡了午觉，起来就吃晚饭，完结了第一次的作品。

薛来，答应和他寄一封航空挂号信。

小朋友们给我画些画挂在墙上展览，小白很有天才。

他们从街上回来，带来一张《时报》号外，日本今晨大地震。唉！天有眼睛。

九月二十二日

日军的发展更严重，上海的空气也紧张起来。日本商店门口的标语"庆

[1] 此系误传，王以哲在1936年"西安事变"后，死于军中内乱。

祝日军占领沈阳”；驱逐舰来沪借口保护侨民；虹口一带密布日警，洋洋得意地对华人做骄态；还有日人汽车插着有标语的旗在马路上示威；同文书院的日学生散布各戏院游戏场，横冲直闯……这些消息代替了早点，午饭减少了一大半。

明天拍一部短片《卖花女郎》，今天到摄影场试排。

晚饭后，上折西家里坐了好半天，把他们游南洋时所拍照片都看完了。我想像那样的生活真是快乐无比，同时又想起照相真有不少的好处，我可惜好些机会应该留纪念的相没拍。回来清理一下相片，真不够资格。

九月二十三日

《银汉双星》结束，要我们拍一幕歌舞短片，昨天把一切镜头都计划好了，今天开拍。

本来说一点钟开始，我和张昕若先生顺汽车的便到香港路“联华”分管理处兜了一个圈回来，他们还没有化好装，到四点钟才开始。

严华因为不想饰吹号手，嚷了半天请江涛代。真滑稽！一来就想演主角，你究竟有什么成绩表现出来过？莫说是你，金焰在“南国”干了七八年也才不过是一个二等明星。他说了一堆无用的话，越想越好笑。

这些所谓明星，原来因为笨的关系，拍到吃晚饭才拍了四五个镜头，并不十分长。看她们做一个极简单的动作，都是东错西错。这样看来，从前唱的本班自己先拍一片，真是没有实现的好，不然实在有些担心，她们未免看得太容易。

在俱乐部里听了几个 violin solo 腊片，倒也开心。

鼓着勇气全部拍完，到一点多钟才回来。

我有点不大赞成今天摄的一节 kiss 的镜头，这在中国片里可以找到多少例子？我们何以要去仿效？况且“kiss”在国片里终是使人最讨厌的东西。

华的追逐国，看着真有趣。无意地发现了，步步去注意，实在有值得玩味的地方，上汽车时的等待和殷勤的服侍。

九月二十四日

昨晚回来后洗了一个澡，睡眠时起码是三点多钟。到十一点钟才起床。

肖友梅给隔壁税局长罗香涛——我们的兼理（副主任之类）一封信，大概是说他们音乐院正组织一个乐队，校外人可以加入练习演奏。他要我们带着乐器到那里奏给一个外国教师听听，然后再决定某几个可以加入。我们听到这消息在先觉得很高兴，好像大有希望似的。但细细地审查一下，他们难免不有着别的作用，至少他们是利用我们的乐器中他们没有人会的去充实他们，相信绝不会有给我们学习的诚意。

我们再三地研究了一下这些利害关系，实在是不去为最好。就是你弄得如何的好，何必要拿给他们去讥笑呢？老实说，我们不去图这种虚名还要干净些，不然将来我们一切的成就，还是要给你说“是某某教出来的”。看着吧！我们只要多努点力，再找两人，请个指挥，大家来比赛比赛吧！

和箭去买牙膏，顺便进大鹏坊，本想上七爷屋里打琴。还不到那屋，箭听见是国的声音从我们面前的楼窗里发出。七爷屋里没有人，她更确信国定是在黑先生的屋里。她抬头一声“严华！”真的三个头同时伸出来。

我是第一次上黑先生的新屋，我从前的猜想，算是证实出事实来了。在他，可算还聪明，成功了！可是，那天真活泼的孩子，被这种恶势力的引诱，将会怎样地堕落下去？！我看他们的感情比较从前进步了，他的胆子也大了些！国啊！我可怜你！你的天真活泼将会很快地葬送了，若不赶快觉醒过来。

我和箭走时，他们三人正谈得高兴。华常自己表现出痛苦的样子，同时又在拼命地追逐，我相信他绝不是黑先生的敌手。

四爷和七爷，他们的意见老是反的。七和人说四总是无根据地乱说；而四又说七是根本没有一点用处，全是受了坏人（宗）的诱骗。他们常常冲突，旁观者看得非常有趣。今天说到摄《银汉双星》事，他俩又顶将起来，吵了半天。四走了（和他的亲信张氏弟兄），七约我上“大光明”看德国片《最后之中队》，不料又在戏院里碰着，他们坐在前几排，看后各走各的。

德国片到底比较别的来得高深，导演得也精细。其实故事和演员并不复杂，全靠表情的深刻，动人。看过好几本德片如《肉体之道》、《蓝天使》……之类，它的结果总是悲惨的，没有好的团圆的。

……[1]

日军侵华的势力越更扩大，日政府在沈阳出布告说沈阳是被永久占领的，人民各自照常安居乐业。

俄军二万开到哈尔滨，哈市的日军已撤退。

狗屎“国联”说什么“不要扩大中日事态”，“望两方同时撤兵”。他妈的！这叫什么话？领土被占，华军步步退让，所谓两方同时撤兵如何撤法？

在戏院里的日人的表情真有不同，看见华人就做讥笑的样子。

九月二十五日

一醒便起，总要比睡懒觉舒服些，早上反正是睡不着的。

起来时，正下着大雨，天色暗黑的，刚六点钟。

做完《和声学》的第二练习，想总复习一下 violin，才拉完 scale，折西要我带他到白渡桥乐器店看 saxophone〔萨克斯管〕。

说了好半天，商定五百元买他的，我们叫他擦一擦，等下午或明早拿钱来取。

看着华、黑一天如此开心，回顾我终日烦闷，想着不觉难过起来。跟张先生借了一块钱，拉着黎泽永看《璇宫艳史》去。

在楼窗看见薛来，想避他一避，谁知他已看见我，不能不下去应酬一下。他赤着脚，说什么在火车站被贼偷了。我到黑炭处想拿我那双旧皮鞋给他，滑稽！他舍不得拿我的给他，因为它比他自己的那双漆皮鞋烂得好些。终于把他的给他。

正在洗澡，雨笙来，谈了一会。景光看《驸马艳史》回，不消说，他自然又是大吹大擂，引得我好像又是非看它一看不可。

谈到国家大事，雨的见解有时显明的表现“××”[2]。黎以为他是怎样一个人，竟在我耳旁悄悄地说：“别告诉他我的住址。”这我倒不可解是什么道理？

他把我的镜箱修好了，约定后天星期日上兆丰公园照相。

---

[1] 手稿涂去一段内容，是王人路从南京回来，讲述了一则国民党讨好日军将领的内幕。

[2] 日记涂去二字。

明天中秋，休息一天，中饭由公司加菜，晚饭黎先生加菜。可怜我们这些无家可归的人，如此凄凉地去度中秋。

九月二十六日

叫什么中秋节？不要想倒还好。别人都出去，看的看电影，游的游公园，只有我老守在家里看《作曲法》。

早上，和小孩们讲了点故事，猜谜语。

晚上坐在月台上看看所谓中秋的月，一面想着两个美的旋律。小黎跑来无论如何要拖我上七爷家里，在那里打了一会琴，拉拉我自己的蹩脚violin，到隔壁黑先生处，他们在打麻将。

回家来玩了一会邮票，贴了一点礼物。

九月二十七日

和雨笙约定今早上“兆丰”照相，七点钟起来整好服装等着他，他一来便说去不成。昨天、今天“商务”[1]都关门，相机拿不着。

他想到“大夏”找王志导，我带他到刘处或许他也可同去。谁知在那里大谈国事，遍阅各种大、小报，一混就是午饭时候。当然，又是他请客吃了顿便饭。

他有两个女友来，郑也不去了，各自分手，和他约定后天游苏州。

想补一补昨晚的睡眠，因为月食，火炮响到天亮，整夜没有睡着。

倒下床就睡着，一封开口信掷在我嘴上惊醒，是她来的。三小张纸，三句同样的话，是多么刺激啊！

晚上在教室里大运动，翻跟头，跳绳。出了大汗。

九月二十八日

温习了基本练习，拉得高兴。

吃过晚饭，钢琴就被我把持着，直到四个多钟头后。把《拜厄》打了四十几条，有时禁不住地欢喜而大笑起来。

[1] 商务印书馆。

预备明天到苏州，已十二点了。

九月二十九日

很早自然会醒来，到底是心里有事。洗完脸时间还早，拉了一个《送别》和 *Serenade*〔小夜曲〕，和箴、国辞了行。

在电车里也曾想到恐怕他又变了卦，然而也不怕，我的准备是让他无论如何都要去的。

真的，一进门，他便说去不成。原因是云南的运动选手到沪，其中他理想的小姨普琼英约他今天去找她，或者明天要陪他们游江湾，后天才能前往苏州。

一看见那几位女同乡真有些看不惯，态度之羞涩倒把自己弄得难为情起来。你问她们一句，便是答一句，不然便是她们各自写她们的信，一言不发。

小普进来，还有一个姓黄的陪着她。这两个到底比她们活泼得多。

在雨笙屋里阅小报《文艺新闻》。忽然觉得左手腕酸痛起来，拉开袖子一看，一个骨头高高地突出，肘与手臂的骨头好像脱离了关系一样。我慌了！赶快加紧运动，用力摩擦。在当时——“新新”楼上滑冰跌下时并不觉有什么不舒适，到现在我真担心会挫坏了骨头不能拉琴。

同时和我在他屋里等他的还有一个广东人，他也替我担心这不是“推板”[1] 的。

笙回来，时间已经相当的迟，不能到“兆丰”去找他们。他教那小孩数学，我倒在床上看书入眠。

看着一本《反杜林论》。他弹起三弦来，脑力一点也不能集中，只有放下书索性和他一块研究三弦的种种奏法，进一步理解到用西乐的奏法真方便，更实用得多。最高兴的是发明了应用 position[2] 时，想到以后将它们组织整理一下，预备出版一本《三弦弹奏法》。

晚饭后和他译了一个工尺谱。又到“新新”，遇张、罗、沙宝成、聂雨

[1] 意思为“可忽视的”。

[2] 位置，这里指乐器的把位。

南，他们问收滇片事，我介绍他们到胜利公司接洽。

九月三十日

筌看她们昨天扫兴，今天不愿再提议到那里去玩。要是昨天跑到“兆丰”才是白跑狗[1]。所以决定今天上苏州。

面包早点后，往火车站坐九点十五分的特快车。

在车上难免不想到往南京的车中。

到苏州车站换坐人力车往旅馆，沿途所见的一切都与上海两样了。街上没有汽车，所以感得不少清静，虽然路上是那样的拥挤。

住阊门外三新旅馆，房子倒还不错。时间正好是吃午饭时，我们马上吃了饭。

到宪兵队访他的朋友唐竺仙团副，也是同乡昭通人，出来顺便到留园一游。

久闻大名的留园也不过如此而已，它的形式显然是像大观园那类的东西。在一进门碰到一幅留园全图，等游到里面，那无一处不同的走廊，休息室的单纯的风景，真叫人扫兴，那假山之多也是会叫人讨厌。我们真呆不了多少时间，随便兜兜就回来吃蛋炒饭。

他要我慢慢走到城里玩玩，走着走着又快起来了，也许他一点想不起我的湿气痒。

边走边谈，从大路绕小路，硬摸到东吴大学找到王志符，看他们里面的生活倒还令人羡慕。真的，我常是想念着学生的生活。

路上常常听见汽车的喇叭声，还在老远的我就准备着让，其实都是什么人力车、脚踏车所装的喇叭。有时仅在你背后一揿，真吓人！

坐人力车回来才觉得我们走了不少的路。

到旅馆里练习电灯下摄影。

白天写了信给少甫和黎、严。

十月一日

清早便起来租驴子玩山，麻烦极，费了不少时间才做成，苏州的车、

[1]“白跑一趟”的意思。

马夫真厉害。

过天平山到灵岩山。在灵岩寺门口可观太湖全景，眼界极宽。

在寺里吃素菜素面，和和尚谈天。

一座古塔在山顶，是明朝时建筑的。

木渎产桂花有名。为了看桂树，绕了一个大圈，到了并未看见一株桂树，失望之极！最倒霉的是往来都在驴上跌跤一次。

在天平山的时候最长，我在墙上写了“云南聂耳博士偕其七叔郑雨笙于民国二十年十月一日游此”。还作了三句不落脚诗：“灵岩游后忆桂树，七弯八转到木渎，驴子作怪跌两跤，桂树不见要哭！”还写了别的特别东西，也吃了面。

夕阳西下到寒山寺，慌慌忙忙往虎丘，驴上加鞭跑得快，想登山眺望田村。

美的云，千变万化地送我们到阊门才消失。下了驴子，坐上黄包车，上火车，下电车，骑两脚车[1]到长沙商栈。

十月二日

还有四张片子没照完，一早起就到“兆丰”拍完。

回家来的空气大为紧张，国正在我房里和严华们谈话，我跟他们都握了手。

给她吃的糖，还剩了给我，在我弹那新抬来的小钢琴时。

我知道莉还没有吃着，所以留着给她。下午才看见她，我诚恳地给她，她打开便吃了一个，“吐！吐！吐！”谁知全是一些杨梅核，我却上了那群小孩的大当！很对不起她。

洗了一个澡，洗了大批衣服。国要我给她没有的风景小像，又耽搁了我洗衣的时间。

晚饭后出去洗缺额的相片，买了一部《小乐园》和小玩具——清官磕头换帽、小猴子，我倒欢喜它们，送给小孩子。

这次的变换生活还算很满意，我倒是出我料想之外的聪明，会如此东

[1] 指步行。

想西想"充壳子"[1]，引得谁都以为是真的，以后倒可以再试试。

虽然拿了薪水，到底还是不够分配！ violin 不知哪天才能学得成？管它呢！有三块钱还是学一点钟再说吧！

几天的日记做一天赶，终于也赶完了！

写了一封信给她，为什么她又是不来信，不是老是以为我快乐而忘了她吗？不会的吧！

十月三日

一吃完饭就跑去汇山路找教员。还是那老妇人来开门，她指给我往楼上去，上到半楼梯时便听见有 violin 的声响，我随着找去。

他[2]正在教着两个外国学生，我进去时他招呼我坐在旁边。

我非常注意他们的姿势和手指，结果把我弄得心慌起来。他们完全和我的两样，好像很随便似的，手指按音时也不用尖端。在先我只想这是初入门的笨学生，后来看见那教员接过琴来教他们拉，也是这样。

他们都走了，剩我和教员。

他问了我好些当然要问的话，我指给他我所拉过的基本练习。他看着我好像很不错的样子，后来他在一个抽屉里取出一只弓，打好松香，叫我随便拉点。

我拉的是那个 G 调 scale 练习，拉时他只是在我周围看，不久他便叫我停止，因为错了。

他改正了我的手指、弓法和姿势的基本错误，然后叫我从头拉起。在这时，我倒感到不少困难，出了一身大汗。

和他商酌决定在每礼拜六的午后一时去。

在"冠生园"照了一个小美术照。

接两封信，一封家信和庚、晖的，当票却是附在庚信里。

晚上到锦处听"胜利"收音的样片，谁知刚被人拿走。在那儿打了琴，谈了天，十点多钟才回来。

---

[1]"吹牛"的意思。

[2] 指普杜什卡（Podushka），小提琴老师。

十月四日

“联华”也要爱起国来，突然组织起一个“联华同人抗日救国团”，今早十时在光华戏院开第一次全会。

到会的有一百五十多人，当然全是“联华”职演员。我们一小队人步行去，已经早开会了。

陶伯逊的报告开会理由，扯得太远，耽搁了很长的时候。

通过简章，简直闹得一塌糊涂，有的不懂开会常识；有的图得女子可以取笑，发表最无聊、最顽皮的意见；或是无谓的争执。这样一个严肃、感慨的会，哪里能容你做那些浪漫行动？

在未去开会之前，董芳菲在门口说我“真爱国”。

今天听 violin solo 片的时候很多，我听着这类东西，可以忘掉一切。

十月五日

早上合奏了一个调子，是新拿来练习的。

睡了午觉，约三个钟头。

今天和知乐小妹妹和好，有两个月零四天没有说话了。

替国买了一部《儿童小乐园》，小猴。

正在听腊盘，忽然外面有人叫我，原来是薛耕愚来了。他剪过头，修过面。我猜定是他的亲戚到了，一问才知他在街上无意碰见他的外甥——基督教徒、救世主，所以他才能有一安身之所。他是有笑容地在和我说长说短。他送了一盒儿童玩具给我。

十月六日

拉琴的时候多，爱国运动也紧张。这是今天的总结。

郑送相片来，他和我照的多半照坏了。一部分风景片都被小白拿去。

和老宋上老宗那儿看乐队照片，鄙人成绩最佳。

谁都是相片狂。一时翻出多少来看，越看越有味，发了一点洋财回来，国的也找到一张。

十月七日

许多小事应该今天出去办完，昨晚用手折记下：在抛球场下车，到“冠真”，底片已失；“王开”加映照片；“开明”，五线谱；“商务”，日记簿：“长沙商栈”，借三弦。一齐都做清了。

笙的二哥从雁宕回来，大谈其风景之绝佳，瀑布之伟大。

在大马路遇知乐、国和她们的所谓教师。他那态度之可憎，真难用笔形容，满脸擦的粉，满头涂的油，走起路来就是一个花旦，加之他碰见我时还做出难堪的态度。

什么教书不教书，那些小孩子哪里知道他另外的作用？！他妈的！你教你的，谁也管不着你的事！他还在她们面前讨好卖乖，破坏人家的名誉。

晚上有钢琴的合奏。钢琴实在太差，有时他恼羞成怒，一抓着人家的一点小错误就不肯放松地扩大指责，使得他在那些孩子们的面前增长虚荣，藏蔽自己的丑处。

今晚心里难过极！想到那些孩子可危！

《驸马艳史》终于还是要到价廉的戏院里开映，昨天看“奥地安”的预告就决定了今天要去看的。

知乐跟我去，在电车上遇老宋和阿谭也是同道。

希佛莱的东西总是这类的，他总做不出规规矩矩的样儿。这部片子到底还是导演得不错，他常注意在细小地方的穿插，使人无不发笑。

笙照了一百三十几张苏州照片，取回细致一看，好的真没有几张。

莉要我伴她到第二厂看拍片子，他们正拍《南国之春》的一个病室景。蔡楚生导演，那样年轻的一个孩子，加上这么一个名，真有点不像，试问他有什么经验？由此也可想见他所导出的东西，也不会有多稀奇。

我看着他们拍戏，我想演的心又勃发起来。

一天老是哼着 1. 3 5 1 3 5 1 3——印象太深。

十月九日

蒋南生写信来给我借钱，我还不是一样在穷，明天的学费都还没有着落。

我的钢琴练习决定不再打基本练习了，有空我是尽量地打调子，先还是从进行曲入手。

今晚指挥来，把练习过的三个调子都奏了，他称赞我们的成绩还很不错。若是再多有几种乐器，violin 加多几个，便是中国顶完美的乐队。

奏乐时龚秋霞来，后在严家里。国和知乐还以为我也和别人一样地要跑去看。我知道又是那华蛋[1]瞎说的鬼。

自来水笔被老宋拿去，费我找一两个钟头。在他们屋里谈天，十二时才睡觉。

十月十日

刚起床要穿裤子，李家鼎跑上楼来，他穿了新西装。

在刘大成处空坐了好些时候，我辞别他们，想去找学费。蒋作出不高兴的样子，说些胀气话，实在并无半点事。

和张先生找得三块钱，吃过饭已经一点钟，快走。

在门口偏偏又遇他三位先生，拉着要和他们一齐走。

他对我所练习的功课非常满意，又指定了好些练习。他介绍我到一个提琴制造厂修理 violin。

回来在白渡桥附近看烧房子，不小，现在鼻子里还有烟火味。

本来今晚指挥要来，他却失了信，我们自己合奏了两个多钟头，到底比较紊乱。

十月十一日

重新精细地照谱弹《马赛》，从前总是乱来。

打定主意和从前某时期一样，除吃饭不下楼，老是苦练我自己的工作。

把昨天教师指定的课程拿来练习过，终归是比自己拉（无人指导）要好些。

十月十二日

除吃饭、打琴，就不高兴到教室。心里整天都在不好过。

把修好的琴拿来拉得爱不忍释，觉得真比从前好听又容易拉。

---

[1] 指严华。

我真不愿看他们那些鬼脸。

打琴时听说他们去看电影。

在谭房谈国事，不禁兴奋。

十月十三日

这把提琴越拉越不想放，拉基练时好像比从前的趣味浓厚。

在阳台上见薛从隔壁基督教徒宿舍进去，我追去看，原来他已找到如此一个混饭的地方。人真不少，谁都抱着本《新约全书》或《圣经》，那些可憎样儿！

似乎是好久没有上公园了。心里正如此想，老宋便提议到“兆丰”去看书。我没答他，跑去穿上外衣就走。但一数铜子，车钱不够。运气还不错，四先生加入，我们只想车钱有了着落，原来他连一个子儿都没有，最后他给会计借了一元钱。

他是第一次上兆丰公园，自进门直到出来，无时无地不在赞美。

天气有点凉，不在太阳处还觉得冷。

本来是一个看书的好环境，不知从哪儿吹来一阵中国喇叭声，听着简直心不在焉，无限的感想涌上心头。

学着拉腊盘里的*Serenade*，学得像一点觉得非常高兴，琴又凑趣，自己听就好像差不多了。可惜找不着留声机的钥匙，不能多听听。

十月十四日

起得最早，没洗脸就拉了一调。有趣，我一开始，钢琴也响起来了（楼上的）。

到七爷那里拿谱，顺便找张先生拿钥匙，他们还在高枕安眠。

好久没有和少甫合过那本黑壳书，今天从头合起，似乎很容易地pass，又合了“黄壳”，也没有多少问题。最近看谱较熟。

晚上，到下面看报，小孩们来，好像好久不见一样。

十月十五日

谁都希望着的快乐之日十五号算来到了，她们都充满高兴地在填领薪水的收条。

然而我，根本就不敢希望，到此刻当然若无其事地照常拉着琴。我的钱早支了给学费、买书，即使有剩余的两三块，已经是有债主替我去取。

七爷借我三块钱买了一本 violin 练手指的书，还有一本也是要在这礼拜买的，但没有五块钱。

男的通通都出去花钱去了。我无聊，躺在床上已睡觉。树桂把我叫醒，请我买软片替她们照相。

晚上的合奏到底“拆滥污”，一点也不起劲，除我们三人团外总是太差。

洗了大批衣服。

十月十六日

不到六点钟，自然会醒。我不管他们甜梦不甜梦，放开量地拉琴。头一声一响，他们在被窝里的表情真好看。

照了些小相，背景都是门口附近。两辆救火车飞奔来隔壁爱文坊停下，救火队员慌张地四处看看，弄得我有些害怕，原来就是隔壁新建房子处烧了一小间。

指挥来，都是合些旧调，所谓新练 *Hope March*〔《希望进行曲》〕倒是最早练的。因为钢琴不成，一直到现在还弄不清。

“梅花”的龚秋霞、徐粲莺来。

十月十七日

好像是上公园去玩，常在一块儿的小孩都在。神仙妹妹和我一道走。她疲乏了，我拉她走，然后背着她，她在我背上打瞌睡。面接触面，她问：“谁的嘴唇？”仍是闭着眼，她哭了！好像发了脾气走了。

又在一处，和小白说明天我们要分离，因为我要打起精神来做自己的工作，不能和你们在一处玩了，这是一个告辞的礼，她不听跑来了。

一时好像群众示威，这些小孩们从我面前走过，大呼口号:“打倒聂子！打倒缺德的聂子！赶走在团里胡闹的鬼聂子！”

突然枪响起来，是日军和华人的巷战，就在爱文义路，我在楼窗上还可看见他们。响得厉害，有流弹飞入，我急忙到门外躲避，刚到房门口，觉得右腿一刺，知道中了流弹。在房门口有墙处一看，擦破了皮，像一只小眼睛，老宋说用生鱼油擦就好了。

* * *

醒来时手还在摸着枪伤，真的有点痛。回想一切，“这是梦”。要是事实？

给张先生借了五元买书去上课，每课都得“Very good”〔非常好〕。

下起大雨来，到“王开”又取不着相，只有跑“冠生园”。在“冠真”遇“皇后”一幕中情人、胖、国、白、枝等。

在浙江路见美、筎，我在电车上喊她们，她们说：“这是七路。”我急忙跳下，在“五芳斋”吃水饺，又到“王开”洗相。

晚在锦晖处。他病卧在床。

金焰来拿谱，他害怕。他送了一张照片。

十月十八日

四爷来，谈起公司对“歌舞班”的阴谋和这次表演的无意义，有时他会根据新思想来说几句话。

晚上，在七爷家里玩了好久。

十月十九日

今天把我的课程严格地分开钟点练习：

J.D.Loder——3．Lessons（one & half an hour）〔劳德尔——三课（一个半小时）〕

H.Schradieck——3.〔史拉代克——三〕

H.E.Kayser——3.〔开赛——三〕

Chinese——2.〔中国（乐曲）——二〕

Pieces——5.〔小曲——五〕

晚上因到“大中华”收音场预备《银汉双星》配音，所以差四个pieces。

什么有声片？简直狗屁！一点钟才回来。

十月二十日

今天的课程倒也不差，合中国调子还超过一点钟。

晚饭后见黑先生又在会客室巧言绘色地欺骗那小孩，我有意跑去旁听。

他和我辩论什么哥哥弟弟，后来又扯些他的爱人徐粲莺，胡吵了半天。

雨笙来，他瘦了些，原来是在南京患了痢疾。

十月二十一日

史东山的弟弟结婚，有请柬给我，听说还要请我奏乐。我们知道难免不是联华公司的那位和“歌舞班”的黑人相等的伟大人物弄的鬼，我们谁都不愿意去。

教员（指挥）配了《银汉双星》开场曲的谱拿来合奏。

和少甫们出去散步到法租界，回来已九点钟。

这两天又是起不来了，从明天起应恢复早起习惯。

十月二十二日

你若果看见所谓教师或黑的做爱国运动的时候会生气，那么，你先解答这问题：“你到这里来究竟干吗？”

你如果听见有人说你的 violin 拉得不好，不如王人艺等类的话时会不好过，那么，你先解答这问题：“你是从哪天拉起琴的？你正式给教员学习有了几点钟？”

陶伯逊代表公司来答复昨天的联名签字反对表演，结果还被他们花言巧语欺骗了，二十八号将在“黄金”公演。

十月二十三日

昨天听他们谈论，从前王人艺拉中国调子也曾经下过一番苦功夫，我似乎不能不来仿效一下。所以今天除拉基本练习的时间外，都是详细地研究比较难的中国调子，注意指法或弓法。

今天最值得高兴的是过去视为头痛的调子《蝴蝶姑娘》，今早用 2nd position〔第二把位〕，再加精细的小节练习，已经没有问题了。

这几天我就不愿意多说话、多理人，只管做我自己的工作。换句话说，真没有闲话时间去干闲事。但是想不到竟会有些人乱猜疑我是想些什么，他们给我一种怪可怕的眼光。

今晚合奏的成绩简直不良，倒是合中国调《湘江浪》、《桃花江》我觉得很满意。但奏完后折西又是无根据地说什么《桃花江》的高音没有拉准，这明明是因嫉妒而起的土风头主义，一方面也是他们必然要有假面子。

十月二十四日

本来不高兴理人，男的方面也好像对我有些误会。最讨厌的是那徒弟严励拉熟一个小调要来考考我，做出种种骄态。固然，我知道这也是我自己有时的骄傲必然会产生的结果。以后我要严格地纠正这种坏脾气，人家拉得怎样错都不管。

当了一件夹衫交学费。我看他收那三块钱时好像很难为情，我然后才和他解释了一会。

家鼎和“小动物”[1]来，谈了半天，好久不见他们，真舍不得让他们走。

全都出去了，睡在床上看了点小说。

十月二十五日

虽然是礼拜天，也没有地方走。

还是六点钟起床。

写了信给两个晖。

这几天的我可以象征中国：脑里的搏战，内心的矛盾，外力的侵扰。

十月二十六日

一个从未见过的西装少年来会我。他说是薛耕愚的亲戚，我还以为是从天津来的，也许是薛介绍他来找我认识认识。他老是问他最近来这里没有，坐了半天才知道他就是他说在街上所碰着那外甥。薛就是住在他家里，今早忽然拐了好多东西跑了。因为他常说是到我这儿来，所以人家特来找

[1] 伍钟祥的绰号。

他的。到现在，我才知道他是一个什么人！管他妈的，也不用抱怨，反正他有过恩惠在你头上。

在那些不相信我的人们面前显点本领，这是早就想到是必要的，尤其是七爷眼里看我拉的中国调子。

最近已有相当准备，今日约到他家里合奏要表演的节目。结果，我的作用算有效了。

指挥来，练习了些旧调。他听我们的《春天的快乐》时，他要我身体摇摆。哼！他简直是Jazz〔爵士乐〕味十足的人，这哪里能这样？！

今天加订了好些大、小报，以后要多抽出点时间来看报。

十月二十七日

因为公演有一笔临时消耗费，我打算买点顶好的弦线，所以我非陪着张先生一同去买不可。

一去就耽搁了三四个钟头，买了一百多块钱的音乐用品，分量只不过两三小包，所有弦线都是买顶贵的。

和他在青年会吃大菜。

想想我们真幸福，别的任何歌舞团有这样的力量能像我们在表演前花这么多钱买弦线？他们只要能接应得上，随便的弦线的供给也就算是好的。

我借了这机会买了一个*Serenade*谱，三本*Mazas*〔《马扎斯》〕。

十月二十八日

今天在“黄金”表演，“联华”应得都捐入抗日救国团。

“上下客满，明日请早”，这套把戏在上海却是第一次。在有两千座位的“黄金”能有如此成绩，倒是出人意外。

鄙人的violin倒也出了点风头。

十月二十九日

六点钟起床来拉基本练习，虽然昨晚十二点才睡。

她们见我都拍手祝贺，说我的琴拉得“好”。

还是满座。晚上，奏乐倒也起劲。

十月三十日

晚上罗明佑、锦晖、百代公司的收音技师来。韩国美在台上发脾气，《春光好》的音乐奏得多起劲，她捣了乱。

十月三十一日

上课去，有两个练习简直没有拉好。

本来想借上课可以来迟一点，但回来时还没有到时间。

第一个前奏曲是《梅花三弄》，这一倒霉简直霉到底，跳的跳错，奏的更是错得一塌糊涂。

正吃饭，四先生和七爷吵将起来。原来为四先生贴一个条子和女的开玩笑，这事引得王人美大哭。

晚上吃了啤酒，一点问题没有，奏得又起劲，也没有错。又是一个“上下客满”。

十一月一日

早上跑到教员处送书，他还没起。

日夜都满了座，晚上我又错了一点。本来面目，没有话说。

十一月四日

表演以后，着了伤风，所学的功课又不能不拉，但简直不能持久，再加经济的困难，心灵一点也不安定。

今天做了一件素来所讨厌、所卑视的事——向资本家乞怜。资本家的那副铁铸的面孔，算是今天真正地看清了。

我去请求总理，以我这种特别情形酌给一点津贴。他说不能当时答应我，他对我的这种行动倒是很表同情，他最后说他注意这桩事就是。

在长沙商栈吃午饭，在“冠生园”照了一个小相。

表演的最后一晚，我们的尊严的“皇后”买了些小吃和胖子在包厢里吃，我也在场，说了好些话，这倒是值得光荣的事。

十一月五日

到百代公司收音，全是应付，调子也做得随便，奏唱得也是马马虎虎。十二点钟回来还有两片没收，真讨厌。

十一月六日

吃过午饭接着去收音。到徐家汇路附近，很像海防、东京一带的马路。

今天听得一个顶可笑的消息：昨晚在我们去收音后，许曼丽在家里自杀未成，原因不过是为很小很小的动气的活。她自杀的工具是用一把小洋刀，绝命书是老早就给人的。她向茶房借磨刀石，一面磨刀，一面哭。他慌张了，去找张先生，一会儿陶伯逊也请到。

十一月七日

天气已经冷得可观了，在当铺里的冬衣，好像再不能拖延下去。张先生昨天答应今天借我二十块钱，等到吃了午饭还不见来，上课的时间又快要到，听说他上公司里接《卖花女郎》片子，我顺路找了一趟，他又走了。

到教员家时间已迟，另一个外国同学在上课，我只有等候着，这一等我倒觉得很满意，因为在旁边看着他教很可以揩一揩油。我马上想起一个主意，以后最好改作后来，已经得了他的允许。

折西兴高采烈地买了一张 Jazz 腊片（公司里买的），他大吹大擂地称赞多好多好。在我听来，这种味道不过给人快活快活，到底还是没正派的老调子深刻。

今天是胡笳的生辰，她请我吃了寿面。

十一月八日

找张先生支了十块钱，加上收音的十元，把当了七个月的大衣赎了出来。回来谁也不在，还是练我的功夫吧。

七爷约去看“梅花”，先到普益公四爷处，他们留在那儿吃湖南菜，没有看成。晚上和黎、笳一道回来。

在家也是无聊的，约了老宋跑马路，由五马路绕山东路转着回来。沿途尽说无意思话，还有趣！

和金焰们在教室里大跳基本练习，出了一身大汗，急忙睡在被里。多出汗是治伤风的好办法。

十一月九日

老严有“梅花”的送票，当然要去光临。七个人的大队人马排到中央戏院，观众真有点可怜。

一幕话剧《一个铁血下的女性》，是一个以此次中日事件的一部分做出来的投机东西，剧情是本来的、清淡而容易动人。然而他们表演出来，总给人感到不够，应该有紧张的谈话时，却被一些很平淡的声腔减煞了本意。新排了一些歌舞，所谓《草裙艳舞》简直肉麻，《仙宫艳史》乱七八糟，这是在整个的批评上说。若在几个个人的歌唱和跳舞，到底是有了进步。音乐呢？还是不成。他们总是爱用些外国电影歌曲，换上中文，大唱其音同字不同的中西调。其余弄得最多的是老进行曲调，都是我会的。

五个人上天津小馆子，吃得痛快极。

上锦处，碰到久闻大名唱《漂泊者》的温先生。听了“胜利”收音的几张样片，我的 2nd violin 很少听得出，因为中音乐器太多，sax〔萨克斯〕又响。

十时半才到“大中华”唱片公司收音，“卡尔登”乐队还正在配奏。《努力》、《蝴蝶姑娘》全没有拍子对拍子，奏起来讨厌极。后来改变方针，不跟唱，各自依拍奏乐。

回家三点钟，在汽车里肚子疼。

十一月十日

昨晚只睡了两个钟头。今早到七点就不能睡。

我们的“皇后”明天要回北平去了。我睡了午觉下楼去，他们很多人坐在阅报室，有人说我像哭，其实是睡眠不足，眼皮有点肿。

小陈在教室里突然倒在地上大哭起来，一时全屋空气凄凉万分。我也有点不好过，跑到街上游了一趟。

晚上遇胖姐姐，她脸上的表情也是与往常不同，她说她明早八点钟走，我打量去送一送行。

和小白在楼下唱《小利达之死》，想到在南京的表演。

十一月十一日

预备早起来送万姐姐的行，被楼上的钢琴声惊起，已经快七点半了，她们在唱《送别》，显得异常凄凉。外面下着大雨，有浓雾。屋里是那样的暗淡，我听见这类的歌声，真想哭。

我和少甫到火车站，他们还没有来。我们正躲在一辆车里吃面包，他们来了。

送行的占了不少位子，依然是很少说话。车开了，我们才回来。

又搬一架钢琴在房外，一天到晚吵得讨厌，对于我的功课很有妨碍。

十一月十四日

生活的平板，使人一点也感不到乐趣。想到记日记，好像没有什么非记不可的。一天、两天，这样马马虎虎地混过了。

一天总是觉时间不够用。早上睡醒时总是睡不够，然而又不能不起。等到把工作做得好像完了，又是非睡觉不可的时候，莫说日记，再比它重要点的也不想干。

自来水笔，常常被人借去，每天晚上都不会归家。

以上都是停了这几天日记的主要原因。

向七爷借了四毛钱坐车上课。

我真莫名其妙，那本练手指的书，为什么老拉不合他的心，今天已是第三次 repeat〔重复〕。

我常常拉错，总是犯开始练习时“快”的毛病。

昨晚指挥来，练习一个新调，我居然能对谱拉很高的音，我高兴极。

昨天万给箱来信，我看了一点，真有点可怜。她还请箱谢谢我和少甫送她的行。

从明天起，拉琴要“慢！慢！慢！”

Don’t make mistake。〔别犯错。〕

十一月十五日

明天发薪，在我还是没有这回事。十元钱的大衣预支，二元的送礼，扣了只剩五角钱，可怜！

没有钱花，好像很习惯了些，但是一想到要买些必需的东西，还洗衣服的账，剪发——头发、胡子真够长了……心里总是暴跳。

津贴的事，我也早预料到无非是一时敷衍罢了。算了，别想它吧！

昨晚上“大沪”[1]听音乐，简直不成，哪里会有初听时好。两点钟回来，今早还是一样的六点钟起床。

伤风老是这样延长下去。

十一月十六日

在报上看见电影广告中有个《牡丹花下》，不觉吃了一惊，这名字不是从前锦晖说我和万主演的？！现在居然出现了。但这是外国的。

有人看了回来说还不错，恰好是在“光华”映，公司送了票子来，当然非看不可。

蒋南生来请我和他买一个提琴，到吴淞路白跑一趟。一同到“光华”，楼上几乎全是歌舞班的人。

一对情人为在牡丹花下的享乐，结果弄到女的被打胎死，男的投水自杀。然而，她的母亲还在大唱教育高论。这部片子主要便是表现教育家的虚伪。

上四爷处坐了一小会，跑路回来。

晚上和谭、宋、严到大和的学校。

领了三毛钱的薪水。

十一月十七日

这几天的箹子好像发狂，我知道她心里是有着无限的痛苦！我呢？也未尝不是如此。今天我们俩说话很对头。

---

[1] 舞厅。

晚上到“大中华”试收音《新婚之夜》。到底是腊盘配音，总是令人讨厌。

十一月十八日

世界第一的伟大提琴家Heifetz〔海菲斯〕要在“新光”独奏。虽然票价很贵，但着实是一个顶难得的机会，向张先生借了两块钱火速订座。

和阿谭、宋、严们到北四川路买东西、赎衣服，四五点钟才到“谋得利”[1]，头两天的票已订满了，只有等到十二月一日。

五个人在一块，不消说又是想到吃小馆子。还是老地方，“五加皮”四两！

吃得同样的痛快，跑马路回来。吃倒是吃了，我的钱还是欠账。

今晚正式收音。结果还不错，若是在拍片时精细地注意一下，真是一部尽善尽美的有声片。

太辛苦，到两点半钟才回来，第二本还没收好。

十一月十九日

我对于我们拍有声片觉得很乐观，当试演时听着那音乐的好，我会怀疑这哪里会像我们奏的？！

我想采“God sees the truth but waits”〔上帝看见真理，但仍在等待。〕的故事来编一幕电影剧。用极简单的对白，再配音乐歌唱，相信没有不对的。我赶快来开始这工作吧！

十一月二十日

前晚陶伯逊在“大中华”告诉我，今天到管理处一谈。我知道总是关于学习津贴的事，也许是要我拍戏的事，管它什么，我总觉得不会没有一点好处，我充满着热望地去了。

和他座谈了约一个多钟头，结果，从十二月份起加薪。

我从管理处出来，不知怎样才好，心里的愉快，真不易说出。

街上的募捐队特别多，老远看见只有躲，若是有钱，当然不会这样做。

---

[1] 一家琴行，代售演出的票。

我惟一的毛钱在电车上捐了。

今晚继续收音。很顺利地收了，到十一点钟回来。

十一月二十一日

因为前个礼拜拉琴（在教员家）错误太多，这礼拜特别用了功。今天上课，每个 lesson 都得到声“Very good”。旁边带小孩的一位老头也在称赞，他问我拉了好久，我说半年光景，他们惊讶起来。实际说来，真是半年都不到。试问我未加入这里的时候我能看什么五线谱？不过是极浅淡地能辨别几个调的 12345 而已。到入团好久好久，才弄清楚手指和谱表是有一定的位置，并不是先看了几个 # 号，叫什么调，再去找 12345。好笑我曾和他们无理地辩论过，我老是固执着我这种自己发明的意见。

我正式学拉琴要算从南京回来，说到真正地、正轨地学，当然是由找到教员学拿弓、按手指的那日起，这是我对自己的良心话。有时忘了这种实情，总是觉得如自己吹的三年多功夫。老实说，关于这种情形，也不能不加点吹，就以功夫说吧，谁敢不相信这是像三四年的功夫？！我自己真是自豪。

算了吧！收着些！就是五年、十年又算什么？不要回想，也不要空望！切勿疏忽目前一分一秒的努力！没有不会成功的。

十一月二十二日

早起，在办公室拉琴倒是极好的地方，也不吵人的睡眠，又清静。

吃过饭蒋南生来约去看《捷足先登》。本来不高兴出去，无如他一个礼拜天特别跑来找你，也不该太固执。

想到最近对于音乐理论的疏忽是应当注意的一事，我决定预备一下明春去考音乐院。

基本练习的功效到底不弱，只要合调子便知道，好些新调子，好像很容易地可以奏得下去。

十一月二十三日

整天没有出大门，用得一点功算一点，一生能有几时是如此可宝贵的青年时光？！况且你能在这样好的环境里生活着！

阴郁了好久的天今天算晴开了，很早便有太阳射入室内，好像心里很快活似的。

办公室好像成为我个人的一样，除了我，哪里去找一个办公的职员？有时有两个小气鬼会跑到里面躲着吃早点。

没有钱花的日子过惯了些，就是如何窘迫，好像也很平淡。

十一月二十四日

加薪的通告来，他们都向我祝贺。这是几月来用功所应得的报酬。

我们小组今天合了两次，每次都合完黄壳书，和《玛尔塔》等。若天天照这样合下去，在这两年期内已经是成样子的了。

十一月二十五日

在琴行门口对着 Heifetz 的像凝神，我崇拜他，我爱他，我心里一团莫名的热火在燃烧着，站了好半天，快努力吧！

身上没有一个铜子，遇了三次女学生募捐队，第一次，“对不起！不方便。”第二次，“我刚刚从东三省避难来的，没有钱。”第三次，是在光华戏院楼厅坐着，当然照老法子去应付，然而不行，“没有钱还来看影戏吗？”最后只拿赠票给她看，那是不花钱的。

十一月二十八日

王人艺寄了一封信来，万姐姐到平时报告了我生活的一部分。他每次不论给谁写信都是离不了干妹妹的。

昨晚、今晚都合奏。

少甫和我同去上课，顺便问了请介绍一个 cello 教师。原来老巴[1] 也能教，但学费太贵，五元一 lesson。

今天的课程倒满意，因为他看到我的进步，他便给我一个很难的练习，在 *Mazas* 的后面。

---

[1] 即普杜什卡。

最近记日记简直没有话说，若是这样下去又有什么意思？然而又不能不记，还是认真些吧！

十一月二十九日

礼拜天，无聊透。人都出去玩了，男的只剩我一个，女的有小白，小陈，杨三个小孩。“聂子！我下来陪你玩吧？”“好的，我买橘子请你们吃。”“咯吱”闯了祸，我的耳力得一百分，其实是我猜想的。我的violin小枕头。一对火棒，十足的表现孩子的天真和可爱。和她们在下面讲故事，玩得太高兴。乐极生悲，不知怎样又惹了她们，又是不理人，老玩艺。

晚上和七爷们一块谈天，他讲他好些次恋史的经过。后来打了桥牌。

十一月三十日

虽然是孩子气，总是给人心里不痛快。晚餐由七碗变一碗，莫名其妙！

在锦晖家里听opera〔歌剧〕腊盘，给我鼓励真不少！

十二月二日

渴望了好久的Heifetz Violin Solo〔海菲斯小提琴独奏〕总算望到了。我们因为希望太过迫切，一吃完晚饭便慌着去。到那里太早，马路上兜了圈，跑到里面坐着谈天，少甫要我讲一讲我的历史。我自我的父亲死说到现在，已经是够长的一大篇演讲。原来不是他所需要的，他要我说所谓爱的历史。好在和他说说也无关系，我把我们纯洁的短少的恋爱经过，谈了一个大概。我问他曾经过这种比较纯洁的恋爱生活没有？他只笑着说：“没有，如你说的未免太费力！”

人已坐满，还有不少买站票的站满在两旁和后面。

启幕，一架大钢琴摆在台上，每个人的视线都集中在台上，等了半天还不见有人出来。我的心在跳，预备他一出来就给他热烈的拍掌，同时注意他一出来的样儿是不是心里所猜想的。

第一节目是Beethoven〔贝多芬〕的*Sonata Kreutzer*〔《克莱采奏鸣曲》〕，听完后，只觉得情感的起伏太厉害，并且觉得那本领之高，真是我第一次大开眼界。

节目逐次奏完，其中一个全是staccato〔断奏〕，手腕不断地在摇，真佩服！啊！要上锦晖处送银盾，不写了！

昨晚十二时听完才回来！

十二月三日

一顿吃一碗饭，别人都看我奇怪。实在我是有意给他们寻开心，早上拼命吃七碗饭，晚上只吃一碗。

我瘦了些！这是最近用功所致，然而这功又不能不用。

十二月六日

生活总是照例死板地过下去，简直没有一点儿特别要想写的资料。今天想，无事可记；明天，无事可记；这样推来推去，一混又是几天、几月、几年也容易。算了吧！忍耐着些！这种不易养成的好习惯，还是不断地保持下去吧！

我欢喜和小孩子在一块玩，这是我的特性。我爱小孩子胜过于爱我的爱人，因为他们是纯洁而天真，随事没有虚伪地说和做。他们是世界上最值得爱的人们！

我不敢说这里面的小孩都是纯真的，没有虚伪的，除了小玲，然而我总觉和他们在一块玩要比和大人——指女性，不一定是成年——玩得高兴。委实地，我真爱每一个小孩（有个范围：大概是在十三岁以下，然而当中有的有大人气，我还是不承认她是小孩），自从加入了这里以后。

小孩，我未尝不是一个小孩？如果我会怀疑我不是小孩的话，那我仅可以自省我自己的行动，没有一桩不是有孩子气。譬如前礼拜天在教室里玩得高兴时一会儿得罪了她们，我自己疑心她们不会再和我一块讲笑话了，也许不理我的老花样又抬了出来。越疑越像真的，几天没有说话，可怜我这脱离了轨道的星球，气得一顿只吃一碗饭，做事也没有精神，心里老想着怎样才能再和她们要好。到昨天，向她们道了歉才算马马虎虎和好，但总有些勉强，不过心里觉着开展了些。

由这样的事实看来，谁敢说我不是小孩？！至少也有孩子气。

今天小白见我就跑，好像不理我、恨我，我又生了气！到下午又说了话，心里又觉无事，自己想着会好笑！

王人艺说他从前本想玩弄玩弄女性，到现在却被女性玩弄了。他为他的干妹妹不顾一切地跑到北平去，原是一场空！弄得他说不出的苦！这也是一桩趣事！那女子的心！

小苏从东北逃到北平，现在到南京请愿，前天来找我。他跑出云南如此短的时期中有着这些起伏的经过，倒也不平常。

七爷的老婆前晚由北平抵沪，半夜把他拖去接回家里安眠。第二天他见我只是叹气，摇头。这怪谁？不是自讨苦吃？！结了婚，生了孩子，已经是够累了，你还要东弄一个，西扯一个的干吗？弄到现在当然只有摇头，叹气！

他本来昨天要和我一块找先生学提琴，这一来，当然又是等于鸡蛋！

少甫听到满太爷说，北平有人散布谣言说他和W订了婚，他气得想跑去解释，脱离了这团体。我劝他冷静些，这些事尽可不理，我们还是干完这两年再说，谈到一点钟才睡觉。

白天在锦晖处坐了好久，谈到天一公司制片之速度真出人意外，今天试演第二部有声片《最后之爱》，听说收音成绩还胜过《歌场春色》。

明天要去联华一厂拍戏，讨厌！又要穿礼服。

联华抗日救国团开全体大会，我没出席，罚团费一月。在家里练基本练习，写了一封信给春。少甫也没有去，我们合了指挥给我的violin piece〔小提琴曲〕，还好听。曲式的组织很完善，虽然是一个很简单的小调子。

十二月七日

头一部电车出来便醒，起来时天还没有亮。近两月来养成的早起的习惯，实在是我自己觉得顶高兴的事，真没有一天睡过懒觉，宁愿白天稍补一点睡眠的不足，也不愿不早起练习。

要到第一厂拍戏，随便pass了基练，七点钟便出发。

一部车去接七爷，等了一会儿，只见他垂头丧气地出来，一进车门又是那一句："真不行！简直一点事不能做！……老婆——小孩子——气死人……！！！"我替他难过！活该！不是自找的？

到那里待好几个钟头才吃饭，化装，左等，右等。一会儿 waltz〔华尔兹〕，一会儿又 waltz，老是反复那两句，奏得打瞌睡。到晚上七八点钟拍完，不过很短一点片子。

在折西家里逗留了一会，回家和小白弹炒豆，倒很有趣。

换礼服减了衣裳，又着了凉。

十二月八日

和少甫同到 Alois[1] 修 cello。到那里他们对我特别殷勤，老板介绍他一个教员，便是在音乐院里教 cello 的。他欠账买了一本基本练习。

在电车上碰见魏，同时到七爷家。看见七嫂子便有无限感觉，那样一个妻子，处到这种境地实在太可怜了。实在说，既已到这步田地，他真不该取那样恶毒的态度对她。

她简直是云南女学生风态，尤其有点像吴琼英，心里不觉又荡起不安的波纹。

在锦晖处听片子，到十二点才回来。

十二月九日

买了一对老鸳鸯，一看见它俩摇头就开心，不禁沿途都在笑着。

等了一整天，“百代”的唱片还没有来，我先回来玩我的小玩艺。

拍了一会皮球去听“百代”的片子，“胜利”的也拿来。我知道“胜利”的听不见我的声音，和中音部声音混合难辨，所以我也不十分希望、要紧。只是“百代”新收的全是我拉 1st-v〔第一小提琴〕，而且只希望那预料成绩不差的《醉卧沙场》、《快乐家庭》，因为是拉高音。真的，不出意外。

十二月十一日

这两天时兴弹炒豆，有一点点闲时和他们玩玩也还有味。

到“玲珑”买小明星照片，顺便到四马路听听有没有我们的新片播放，失望了！

[1] 琴行名。

一个人慢慢转“先施”、“永安”[1]，愈转愈有味。高兴地走回家。

指挥来，人不够，不能奏。听老片，谈闲话，在楼上，合口味。

十二月十二日

天气大冷而特冷，睡了懒觉，九点钟才起。寒暑表降到十一度，一起来便是脚冻得僵。老宋、严励、谭在教室里打架。

在电车上坐着，简直一动也不敢动。到教员家时，什么都木了，烘了半天火，那时所感到的快乐真难形容。

课程很顺利地 pass，更难的当然继续而来。我倒欢喜像这样维持下去，真是没有难事！顺便上“百老汇”看《情种》。

回来坐汽车，在先人多还不觉冷，后来下得只剩三四人，简直冻得浑身发抖。

第一次上小白们屋里，就好像去了一个很生的地方一样。她们也把我当客人看待，这样客气，倒有些不舒服。弹炒豆是不可少的玩艺。

《银汉双星》明天在“南京”戏院开映。登了两幅大广告，我看未免太铺张了！结果总是会给人骂的。

十二月十三日

老宋约去看电影。在史东山家坐了一会儿，他妹妹已经把票买来，一块儿到“新光”看《断桥残梦》。内容是一个女子和一个士兵的恋爱。

大广告的《银汉双星》今天开映。史东山导演长吁短叹地抱怨公司里的主事者，他要预备请长假。

我们看完，他也看了自己的片子回来，他是灭灯后进去的，出来时当然是早退。可笑！明明知道是这回事，就不应该如此扩大宣传，这算什么有声片？

到“卡尔登”听音乐，仍是工部局乐队，有几个三重奏是特聘的，clavicembalo〔大键琴〕倒是第一次听过。听过 Heifetz 的琴来听听那个什么

[1] 百货商店名。

Waschitz[1]，到底平常。

十二月十四日

今天有计划地睡了懒觉，九点钟才起。

这几晚做梦都梦见小白，常和她在一块儿玩，她对我态度和从前一样。她，我真莫名其妙，近来对我什么都变了。

虽然她是一个十二岁的小孩，她可以使我快乐，懊恼，疯狂，只在她一瞬间的表情。我不可解。

我细细回想一下，她在过去曾热烈地爱过我（这不能说如大人一样的爱字讲），如她现在爱金焰一样。但是在那时，我全没有感觉到，自从这次“不理”后，什么都完了。她是小孩！小孩！我知道。我深深地知道！为什么她能支配了我的心灵？！在理智上，我并不敢有丝毫野心，她究竟懂得什么？

我们在合奏，她们在外面吵。金焰也在。她纯洁奶气的天真，使我讨厌又可爱！

我和少甫合奏完一个又再奏一个，越奏越有味！一方面 cello 修好声音好得多，再方面是夜深人静，听音准确。奏起悲调，引起心事，到十一点半才上楼。

十二月十五日

听说今天拍《野玫瑰》的外景，她们很早就出去。嘿！这么冷的天气，跑到吴淞那些地方也真够受！

写着春、令的信时，听得楼梯跳得特别响，小白和小陈嚷着上楼去。“我们快死了！倒霉！……死了！死！”当时听了虽然感着一点惊奇，想到会出了什么意外的事，但又想这小孩常常以很小的事弄得大惊小怪，所以仍是不去理她。

金焰和黑炭在教室外谈话，我从他们身旁走过，金把我叫回来握了握手。“几乎永别了！朋友！”他狂笑着说，“我开了一部小汽车，装着人美、

[1] 意义不明，疑为曲名。

小陈、老宗、小白到吴淞拍戏，转弯没有慢车，压过树碰在电线杆上，车坏，人只轻伤。Lucky〔幸运〕！五条性命！”

吃过晚饭出来，金在外面喝什么“Five Stars”〔五星〕牌的啤酒，小白也在喝着一杯。他得意地在笑。我讨厌极！这还有什么可光荣的？！自己爱显本领出风头，结果还是没有本事。

拉了琴下来烤火，教室里打得天翻地覆。我知道金要成心装疯的，我不理他。

笳子哭起来，把她拉到老宋房待了一会下楼，她把手巾向炉子里丢，我两次冒险抓出。

讨论“想人”的问题，我不能不供出我这几天所尝的想人的滋味，黑炭谈了一些半年前的往事。

金的疯发到二楼严励床上，把三楼刚贴出的“注意！三楼系女员宿舍，凡男宾或男员绝对禁止上楼。”撕得粉碎。十一点多钟老宗来把他送了回去。

许曼丽也疯狂似的，三四度地大哭大笑，像透了《断桥残梦》里那歌女在疯狂时的表情。我真不解这些傻男痴女，会沉醉得如此厉害。

十二月十六日

发薪，扣得只剩七块钱。到北四川路修皮鞋，换弓毛。跑到四马路买些书预备做新年给小孩的礼物。

一个人跑马路，心里老打算着一桩事，总不觉疲劳。今天从北四川路跑到五马路，又由五马路跑到“新新公司”剪发，心里总想如何去支配这几个钱，左也不够右也不够。

晚上上“光华”看《茶花女》，片子太旧，情节也没有多动人。本想预备去哭一哭，到底一滴泪也流不出。

回家进教室烘火，只见一处摆着老宗的衣物，近火炉处有草毡一床，好像是躺着烤火用的。一会儿老宗从楼上下来，之乎者也不知他说些什么。我看这嫌疑之地真不可久留，Good night〔晚安〕。

四先生睁着一对大眼睛规规矩矩地睡了，我进门他便问：“回来啦？”

他被窝一掀，嘴一尖，拖着鞋，拿了一个玻璃杯，“他妈的！”骂着往外面跑。我心里有数他是要发老宗的脾气，我说了好些“算了”，他也不管。

玻璃杯，丁丁当当下了楼；痰盂缸哗啦啦啦跟着走；一会儿洋铁桶，洗脸盆，墨水瓶，西班牙鼓，接二连三地滚下楼。夜静更深，听到这声响，真有些胆寒。我不敢多说话，各自安心睡觉。

过了一会，听着许们上三楼，我替她害怕！

他老先生的这种花样，我知道会在这两天玩的。他实在太直了！把自己弄得太痛苦。

十二月十七日

早起，满楼梯都是碎瓦片，看来不止碎了一个痰盂。

吃稀饭时各人的谈话真有趣，有的以为追贼，有的以为闹鬼，有的也想到是四先生发脾气。

国家多事之秋，少管些闲事吧！静心地拉基本练习。

男的都出去了，只剩我一个。在火炉旁写日记，篇在打琴。

心里常常总记起那孩子，夜夜的梦都离不了她。她这孩子，她现在已被明星的虚荣所迷惑了！可危！

到大成处坐了一会，他最近很痛苦。因为宋部长[1]不能再干，新官上任，旧官退堂，他们必然会在被淘汰之列。我看见他那愁闷的面孔，联想到我过去在生活动摇时所感苦痛，真不易支持哟——在上海。

四爷、七爷们大谈其赌钱，他们说如今想发财只有赌钱和中彩这两条路，到底还是中彩可靠。当时你一句我一句，都说万国储蓄会的彩票大有希望，于是谁都决心从明年起联合储蓄或结伴储蓄。

我问四爷要是中了五万元的头彩将如何处置，他说得有趣极了。

“你先以一千元做服装、租新屋费，其余全存银行。然后结六个老婆（分开住，非仪式的——我说明），每月只给各人五十元生活费，长此过这靠吃利息的享乐生活。将来有大群的孩子，等到高中毕业才给他互相认识他们的父亲和兄弟姐妹。”我们为这个问题展开出许多笑话。譬如：

“你贵姓？”一学生问他的同学。“我姓聂！”“我也姓聂。”“尊大人叫什么名字？”“聂耳。”“……”“……”

[1] 宋子文。

“妹妹！我爱你！我们虽然同姓但不知是在几千年前才是一个祖宗，没有关系。”等到开集合会的那天，父亲揭破自己的秘密……

好久没有像今天这样大笑过，越讲越起劲。

十二月十八日

我的恋爱观之确定大半是受了柯伦泰夫人的影响，在两年前看了她著的《恋爱之路》以后。

今天重新找到这本书，看完了附录《新恋爱道》，脑里激起较从前更彻底地对她表示同情。有的人已在忙圣诞节的贺片，我收到两张。

近几次的合奏简直少有成果，钢琴是老不练新的，就是旧的每次合奏都是他错得多。别的人呢，总是差，除了我们三人组。今晚简直太不成，又是第十五、夏威夷。

昨天各省、市学生在南京总示威，军警打死一个学生，伤了几十，《中央日报》馆被捣毁。……这些消息传来，真使人兴奋如狂。

十二月十九日

下着毛毛雨，穿了长袍去上课。*Schradick*〔《什拉迪克》〕有错误，总是慌。*Mazas* 结果顶好。他给了我最后一课 pizz〔拨弦〕练习，我很满意。

他问我一些我的生活状况，我很诚实地报告他。

坐上公共汽车，本想一直回家，中途忽然想起还要买本书，到抛球场就下，在“光华”买了一本《文艺方法论》。

约着刘大成上光华戏院，看《新婚之夜》试片，在途中遇小陈等，到那儿在映《茶花女》。

在未试之先，谁都猜疑着不会像当时收音回出[1]一样的对。果然，无数次重映，没有一次对马口[2]，哪里会像什么有声电影？有时开口不闻声响，有时发出肉麻的、颤抖的怪声，最可笑是薛玲仙唱《休息五分钟》会唱出最低音的男声。总之，腊盘配音绝不会有好结果的。

---

[1] 录音以后试听。

[2] 指音画不同步。

看完以后比较满意点的倒是那音乐的确可以听听，尤其是那一点点鄙人的 solo。

花四毛小洋请客在“九星”[1] 看《爵士歌王》，真好看，全部五彩歌舞，布景之美真是第一次开的眼界。

十二月二十日

宋庆龄发表了一个宣言，邓演达已枪决，今天无处不谈这个问题。

蒋、苏来，要听我拉拉琴，欢迎他们到办公室，玩到五点钟才回去。

赴“卡尔登”的音乐会，在看节目时，使我感到英文的退步，想赶快努力补救。具体些说吧，以后决定订一份《英语周刊》，平常多找英文书看，最好关系音乐的。

听得最高兴的是第三节目《罗密欧与朱丽叶》，因为我对于本事还稍稍知道一点，再加多半看懂了说明，更加指挥的起劲，使我理会到这曲趣的一部分。

说到指挥的神情，也算是第一次看见过，他简直大表演一下，如临大敌的样儿。有人送了他鲜花篮。

第一、二节目也很好，后者伟大，情感的变换比较复杂，而且曲调很长；前者是小巧轻快。最后一个似乎比第一个还要动听，可是因疲劳的关系——也许是音乐的刺激性不觉睡着了。总之，这次比上次是好得多。

明天早起努力吧！切实地拉基练、读英文。

十二月二十一日

这次的基练，拉得格外开心，虽然很多，而且难。

换了毛的弓拿回来便拉，更高兴。

晚饭后在刘处坐了一个钟头，谈周玉麟的事去掉半个钟头，又谈江应梁的叔叔杀他，又去一半。

带小孩上“九星”看《爵士歌王》，在路上又闹翻脸，回家叫门只是赌着脸[2]。

[1] 影院名。

[2]“生气板着脸”的意思。

十二月二十二日

不知和张先生说了多少话才借到三块钱，跑路上大马路买礼物。本想买丝织风景（送教师），恰好看见美术模范工厂摆着小圣诞老人银盾，价钱合适，$2.10，马上买了回来。

晚上合完一本黄壳乐谱。写了信回家，附寄合同。

十二月二十三日

还有一张赠票，和四个孩子一同上“光华”看《离婚律师》，内容的一部分是反对结婚。有的和我的理想极表同情，但总不透彻。

晚上和老刘谈天，修皮鞋。回家玩豆。

十二月二十四日

金焰自闹酒疯后便没有上歌舞班来。今天却破了自己发的誓“再去歌舞班枪毙”，又出现于教室了。

送礼去，在电车上碰见小土耳其朋友。他现在已没有读书了，想来还是和从前一样难维持生活。他们搬了家，但仍在公平路附近。

接庾的信，提到春和奂的一点闲话，我看了很少会起作用，这不是和她隔离了这年多而冷淡的缘故，实在是我深信她绝不会有十分过火的行动。我想她也是一样地相信我才敢这样，在她，不见得是稀奇事的。C[1]之所以给我知道这事，而且劝我不要烦恼，这是思想的问题，不去理它吧！

不久，接到“逸乐”电影院演《野草闲花》的宣传品和特刊，看了说不出理由的会高兴，想不到我对于云南电影界和“联华”会发生如此一个关系。

到孙瑜家里，刚遇吃饭，不客气，抬起碗来便吃，可惜饭太少，自己生数些[2]，和他谈了一会。上折西家，又吃一台，他们也一样地感到无聊。一块去看七嫂子，她真可怜，她的眼睛总是红的。我们进去时她和小孩都

---

[1] 张庚侯。

[2] “心里要有数”的意思。

已睡下，他已熟睡了，想来她定是在看着那可怜的孩子流泪。

很好的月夜，但无法去赏玩，看着月，只感觉自己的孤单。

女士们都被请到联华第一厂过圣诞节。许小姐在家和双严扯三角。上海严吃酒，大发其疯，我一回来便吓得跑上楼来。后来秀文叫我去玩豆，他们还在扯，上海严和她吵得太不像样，互相骂了起来。北平严到现在当然是红人，大得其宠，那些表情，我真不敢看。

何必！吃酒装疯是多么下流的事。我看过去这里吃酒装疯的没有一个不是为了女人。他妈的，这些傻瓜！

胖姐姐进医院，表演《牡丹花下》的一幕。哼！世间上形形色色的好戏，慢慢地欣赏吧！

这两天，七爷的嘴脸真不好看。他时时刻刻总想把自己老婆弄脱[1]才甘心，最近因搬家的事常常口角。他怀着野心想和胖结婚，这是我今天才知道的。哼！这样的人！

我一听见别人为婚姻、为恋爱而麻烦的新闻，我只为我自己庆幸。不错，多看些、多听些吧！好给自己做些参考。

在外面过两个年了。虽然没有多少痛苦的事，总不会感到一点趣味。去年好像还比今年高兴些，什么贺年片，做新衣，买玩具……今年却一样也不想。

从明年起，重新拟出更精细、更完备的工作计划吧！想入音乐院也应该着手预备了！

十二月二十五日

在锦晖处坐了三个多钟头，和他谈话真谈得开心，吃晚饭才回来。

七爷鼓动了好些人到锦晖那里敲竹杠当东跳舞，他马上答应。去了十几个人，坐着感不到半点趣味，簧、弦、我三人先走。Jazz，莫名其理的讨厌。

所谓享乐圣诞节，到底没有一点意思。

接春的84号信，但没有83。被人偷了吗？她还给我贺年片。

[1]“摆脱”的意思。

十二月二十六日

送了教师一点礼，态度就有些不同，他约我晚上到青年会找他听音乐。我没有弄清楚究竟是什么样的音乐会，想象一定很伟大，因为略略看见节目上有 *Poet and Peasant Overture*〔《诗人与农夫》序曲〕、*William Tell*〔《威廉·退尔》〕等 orchestra〔管弦乐队〕演奏，心里抱着很大的热望。

跑到西侨青年会，没有这回事，无疑是中国青年会。下着很大的雨，雇了黄包车去才找到。

一进门发现沪江大学音乐会售票处，我心里有点点失望的成分。等一个穿礼服的西装少年很恭敬地带我从楼上绕到后台会见老头，慢慢一看节目单，简直大失所望了。

没有整个地听了第一组节目男女合唱，虽然都是中国人唱，总是外国味道，纯粹的，而且还是耶稣歌之流。

所谓 orchestra 出现，五个 violin，一个 cello，piano，flute，cornet〔短号〕，drum〔鼓〕，奏的是 *William Tell Overture*〔《威廉·退尔》序曲〕，简直和我们合的没有多少不同，他们省略当中的跳弓，我的老师指挥。

这 orchestra 原来还有一个小批："Variety orchestra〔混编乐队〕。"

我老师的 violin solo 倒大出风头，我看差 Heifetz 也不多。

中国人有两个 solo，英文儿还不错。

十二月二十七日

刘大成介绍一个屁同乡。参观一下，在他那儿谈话。

跑到杭州饭庄，才知道记错了日子。郑雨笙、陈北辰的请帖是二十六日。加速度地到长沙商栈找他，吴和已经出狱。

一会儿他和一位陈北辰女士来，原来他们在北平订了婚，前三天才转来。他讲了这两周间的进行的经过，以至于达到目的。

十二月二十八日

三毛钱游了"北平"，本来是杨请客，后来变为少甫请我。他们已先到"光华"，老实说，要他们请还是有点不好意思。

合奏倒很起劲，可是仍是老调。

我们的三重奏请他指导，有的不知慢了多少倍，我们自己还觉得算无问题了。照这样看来，现在奏那样的东西，实在功夫太差，心里不觉又不高兴起来，只有努力！

好久没有洗澡，实在不能再懒了，那污垢之多！

十二月二十九日

家鼎来，想带他和她们一块上第四厂看拍戏，汽车坐不下，自己生数些！

找刘谈了一天，在那儿吃饭。

送黎老太爷一个云南龙颜古碑，他高兴极，听说他要写对子送我。

从八点回来和少甫合到十二点才上楼（钢琴、提琴）。

十二月三十一日

一九三一年的最后一天，写了信给晖，报告我明年的新计划：1. 多看英文书和社会科学书。2. 努力作剧本和作曲的工作。

昨晚睡到半夜，一部汽车在门口碰电灯杆。七爷、黑炭、张四先生都起来看。大概是一个外国人吃醉了酒，一个女子受伤，他安慰她。

“Do Kiss me!”〔吻我！〕她醒来时说。

七爷为老婆不通知他便搬了旧屋的东西，他急得把我的 violin 拿去，想把它卖了到南京去。但他始终没有对我直接说。要是他真要这样做，那我便不客气，请求他就卖给我，以后慢慢再给钱。它是已经给我拉合了手的，我实在舍不得离开它。

在刘大成沙发上睡了几个钟头，回家领了薪水。

金焰约我到联华第一厂过年，谭、宋都不去，我辞了。

老太爷真的送我六张字，写得很不错。他对我如此客气，我倒是想不到。

七爷们大批到“大沪”，我上锦晖处送四爷的行。他这博士，到现在才算找到了事情，到北平一个什么教育委员会。

和锦晖谈到十二点钟才回来。

王人艺快要来了。一方面是因他大哥出事不能实现他的计划，再一方面是他不花钱学习的提琴教师想利用他抓钱，所以现在决定赶快回上海仍和公司签约。他来了，对我着实有些好处，有了他，相信我会加速的进步起来。

钢琴到底还是要练，不管基练也好，调子也好，总之不要简直摸都不摸，或是一摸就是乱来，什么 op.45 等花样，少来些吧！退一步说句话，你将来不能做音乐家，到家乡去当一个音乐教员连琴都不会打，这未免笑话，赶快从明年开始吧！！！

预备考音乐院的事，还是不要看轻，时间不能再多待了！

这一年当中，算是有了一点成绩。在我的前途上，生活最充实的只算是下半年，对于音乐的认识和技术的进步是出我意外的神速。明年，应该多加几倍吧！

过去的算是过去了！以前的一切可以在这年终结一个总账，各项欠账都应想法很快去补偿，预备一个新的登记。

明天！一切都是新的开始，不倦地保持着，努力地往前跑吧！

一九三一年十二月三十一日夜十二时

即一九三二年一月一日零点

一九三二

一月一日

昨晚，不，今早到三点多钟才睡觉，八点钟起来基练。

去年剩下几张聂守信的贺年片，叫周师傅送到楼上，她们还在睡觉，这才是合理的拜年。

要出去买吕宋烟送老师，约着老宋、二严跑到城隍庙，后来到法大马路才买着，三块六毛一盒。

晚上和少甫合琴，仅练熟 *Meditation*〔《冥想曲》〕和 *Romance*〔《浪漫曲》〕。

太疲劳，早些睡，明日早起。

一月二日

带着琴、书，又提着一盒雪茄，上下电车真讨厌极。这雨天坐车的人又特别多。

还剩十块钱，交学费又差两块，找到了张先生。

仅是一盒烟做新年礼物，在我觉得太薄，但由他表情看来已够他高兴，因为已是两次的缘故。

我要在先学，他允许了，而且很用心地教。

那俄国孩子已经学了一年，看起来太不行，我相信我能照这样继续到一年，那一定比他强几倍，他还没有拉 *Mazas* 呢！

谭先生接一封信，看完便流泪，我知道定有不幸的事，拿来一看，原来是他母亲病重，恐怕命在旦夕，叫他急速回去料理。我看了心里不禁难过起来。自己会有些害怕。

和小孩们辩论贺年片的事，自己想着会好笑，我真想不到我居然会滑头得如此厉害，不知从哪儿学来的？！

好些人都去送谭的行。我在洗东西，穿脏了的袜子又不见了两双，越穷越见鬼！

一月三日

小孩子总是爱贪点小便宜，谁给他买吃的，请他看电影，他便忘了一切地和他好。平常鄙视那大姑娘的小白，今晚居然在她屋里大谈大笑，后来一块去看电影，什么人也不理了。他妈的，谁要想我拿钱向人讨好，他也是够傻了，我的钱绝不是瞎用的。这些势利孩子！我何必一定要你们对我好？要我请你们看电影吗？靠不住！

白天只有我和少甫在家，我拉 *Mazas* 的二十九条，越拉越起劲。他报告我一些好听的新闻：配对数的在楼下幽会又换了班，黑白对居然进展到三楼——平常事，胶贴对在教室里共弹钢琴。

这有什么特别？他们不如此鬼混，哪儿有他们做的事？反过来说，若是我们也和他们一样，哪儿又会如此用功？！还是本分些好，基练多拉一遍是多留一点成绩。

杨枝露的钢琴进步得真厉害，我听着，想到自己拿一本练习从头弹起，真有些惭愧。

借了一块二毛钱赴音乐会，这次仅是 Wagner〔瓦格纳〕和 Beethoven 的作品。

第一节目 Preludio〔序曲〕的 *Lohengrin*〔《罗恩格林》〕，大半是弦乐奏，尤以 violin 的分奏为最多，那音的优柔徐缓，忽高忽低，具有特种风味，简直不像过去所听过的。慢慢次第加强，全乐队合奏，到最后依然用迟缓的弓反复了前面的一部分，慢慢沉静下来，如死一般结束了这 theme〔主题〕。

Beethoven 作品的演奏最起劲，是第四节目。第五交响乐（C 小调）用三个同度半拍音起始的地方很多，并且常有同旋律的轮奏，这时，各人尽量地显本领，老头的第一 viola solo〔中提琴独奏〕真好，cello 的花样也特别多。总之，各种乐器独奏时总换了另一种情绪。

指挥还是前次那小矮子，当然一样的起劲地表演，每节目一完，只看他的汗流。

在厕房里遇老头，他特意问我对他的 solo 如何。我知道他脾气，“Very, very nice!”〔非常好！〕捧得他高兴得了不得。他每月有二百八十两薪。指挥有七百五十两，哼！这待遇真算肥也哉！

好西洋音乐的中国人，好像比所理想的要多，在这演奏会上看来。而且他们的程度都好像比我高，在我隔壁坐的几个四川、湖南人带了 Beethoven 的谱在对着听，我偷看了一点，那真是联合总谱表。有时他们还讨论节目中说明的正误或参考速度等，好像有很深的研究也似的。我心里不知起一种什么感觉，只是不住地在跳。

回来半天，他们看电影才回来，我才不高兴理他们。

一月四日

“在这时代转变的狂风暴雨的前夜，
暴日的残杀仍在猛进。
环境的紧张，使我们悲叹、激昂，
悲叹里呈着人生的末期；
失望是世纪末的征象，
时代的大轮在不停地推动着。
它告诉我们：
不要把白云飘忽的人生消失在坟墓里，
时代的进展会给我们新的希望。
强暴的岁月悄悄地夺去人间的宝藏，
第二十一个新年的来临更是一个激励的沉痛的创伤；
虽然，可怖的灰色仍在前途酝酿，
但我们不悲叹，更不要绝望。

朋友，为了未来的出路，为了我们前途的光明，

要这样把奋斗之火，燃着牺牲的巨焰，

在这闪耀着红色的血光里，揭起纛来，

闯到革命的战线上！

万茜　1931 年除夕”

这是出我意外而意外的事，我会猜疑到也许是梦境。

我的血在沸腾，情绪紧张，心在跳……当胖姐姐拿了这张万的贺年诗给我看时。

这东西姑不论是她自己写的或是抄袭来的，它总给我值得注意。对她思想的惊讶，我真是几千个想不到。

就说她是抄袭来的吧！她也得要了解了它的意义，在当中找到同情，才会拿来做自己的表现，这已经是算得不错的了。本来，这类的文字一点也不特别，都是看得很多，而且自己也曾常用，但来自那样一个女子的信封里，着实给我一个很深刻、激烈的印象。

她把它寄给她的朋友们作贺年片之用，这倒是顶好的礼物，可是这里面的人除了老张哥（昕若）和我，相信就没有一个人看了会起作用，如杨枝露、韩国美们我敢说不会看懂十分之一。我觉得她给她们太过多事，太可惜，为什么不寄一张给我呢？

在如此一个团体里，有这样一个女子真不容易，我不知道她在这里怎样混了这几年？她是一个怪脾气的、硬的女性，不善和好动的同伴一块玩，一天只躲在房里看书，她有这样的成绩，也许就是从这里锻炼出来的。

若是我从前知道她思想的不错，相信我可以帮助她增加不少认识。可笑，在她走时我还用一些虚伪的、有闲阶级的理论解释给她，劝她不要走。现在我越想越觉惭愧，早知她是那样一个人，我何必要带上那一个假面具呢？使她给与我和常人一样的藐视！

内心的矛盾太厉害！好像有着不可解决的大事蕴藏在心里，忽而彷徨于十字街头，忽而凝想前途的可怖。咦！又是想不到，它会给我如此之刺激！

刘大成已沉醉在恋爱的迷网里，他居然大谈而特谈自己的经过，表情上觉得很自豪。我听了，看了，只觉讨厌。

这两天天气不怎样冷。我的睡眠特别少，每晚只有五六个钟头，白天也不疲劳。

一月五日

送来一色信封的一扎信，老远看去就知道是贺年片之类。而且我很快地认识是万寄来的，因为我昨天已经看得很熟。

翻了半天，没有我的，张弦、少甫都有，我难免不会有点奇怪。不错，我们并没有认识几天，她绝不会把这种自己认为得意的东西送给陌生的异性。想了半天好像还有一个理由可以找出：若果她真是如她所表现那样的一个人，那么，她对我在走前所给她的劝告是根本鄙视的，而且她已经够认识我是一个醉生梦死的无革命思想的青年。然而，再想下去，她给别人未见得他们都会给予同情。

做完下午的功课回到寝室里，桌子上摆着同样的东西，拆开一看，一切的猜想当然抛到九霄云外。

和老张哥谈起这问题，他没有像我奇怪得这么厉害，他说她平常并不多看什么书，这未免太滑稽。他想到她也许是和一个如作者之流发生了关系，是别人拿给她来出风头的。这种推想我觉得相差太远，这事实有点滑稽我是承认，但觉得她已经是算比较进步的了。

晚上打了钢琴，试弹 *Martha*，自己很高兴。若是我用点功规规矩矩地打打基练，自信是很不错的，无如时间总不够用，如像做和声学的练习也是必要的工作。但在此刻，练技术的时间实在是要这么多才勉强可以。

别的人真像过年，有的拜朋友吃酒席，看电影当然是更热烈的事。好多好片子都集中在这一时间放映，他们一天到晚总是讲电影，我倒是连两毛小洋的蹩脚戏都没看过。

公司送六张北京戏院的赠票看《银汉双星》，七爷先抢了一张，其余的用抽彩法取得。我真希望得如醉，我花不起四毛钱去看，要是中了彩，岂不好吗？但失望了！

一月六日

拉着屎，突来一个动机，赶快在琴上一试，记了下来，拉基练也没有心。

白天继续做好，很高兴，并没有费多少时间。

家鼎和志导来，我留他们坐了好久。我简直不去找他们，这时当然和他们多谈谈。

正在整理曲谱缮写的时候，于斯咏弄来两张票子邀去看《银汉双星》。看得气死人，什么东西！

一月七日

一个上午把调子通通做好，自己反复地拉，觉着还没有讨厌的地方，好像恰到好处。后面的几处修改得比昨天的完善。

这一做于我是感到很深的趣味，但别人总看不起。这当中表现最显著的是七爷，如昨天吹毛求疵地说我那装饰音短了，一面又作讥笑的面孔。今天来他看都没看清便说："你这个简直不对，没分小节。"我指给他看，他不好意思，走了。

我不管一切，总是自己尽量做去，慢慢才显本领给他们看。

好久没吹口琴，今晚高兴地吹一两个钟头，好像比从前更进步些。

一月八日

做了两个口琴曲，一个 march，一个 waltz，还不错，通通只费了一点多钟。

有时吹口琴自来调[1]真好听得了不得，始终没有记录过，以后必须把纸笔预备在面前才能吹，这真是取不完的作曲资料。

看一本《戏剧与音乐》创刊号，觉着很满意，它是站在大众化立场说话的。着实，现在我必须要这个来指导一下对音乐正当的出路，不然，自己想着有时的思想居然和社会、时代冲突起来，这是多么危险的啊！

"音乐是社会的意识形态，社会意识形态是社会心理的组合物。"

"音乐不是难以把握、神秘、超一切的艺术。""音乐是绝对现实的东西，是人类底意识和感情的形态的组织化的表现。它与文学不同仅是表现

[1] 即兴的曲调。

方法——即是以乐音——的各别。没有人类的意识，绝没有音乐，事实上音乐不能超脱一切，音乐并不是从天上降下来或是地中产生出来的。”

“同时要知道，所谓人类底意识也决不是超一切的神秘的东西，先有了社会的环境中的物质条件而造成作家的感触而得的意识，然后将这意识整理好，用五线谱、音符、演奏呈现出来。任是描写的花儿、月儿、山水，都算是宇宙的现实的东西，因此无论是自然界的感触，或作家主观的情感，都是在一定的时代生活必然所形成的，被时代、社会决定着的。所以人类在何种时代要被那种时代的社会生活形成何种思想……”

一点半钟了，写得高兴。

一月九日

老头从来没有过的高兴和教的认真，他听了我拉完那 pizz 舞曲，他连声说“Very good”。他说以后有音乐会，我便可在他之后列一个节目。

他给几个较难的练习，分量特多，又教了跳弓。

到“Alois”买了一根 A 弦，那老板很殷勤地送我一本日历，我和他们已经很熟了。

合奏了那 *March*，在三楼，还相当好听。

老汉来找我，在教室里谈两三点钟话。他现在已感麻烦了，他不满意他的对方。

他发现她的情书。在她出去的时候，把钥匙忘带了，他打开箱子偷看一个饱。

这是必然的，在我意想中的，根本他们这事不该如此快。如今他想设法慢慢脱离，多麻烦啊！

我劝他在这时候不要把观念弄得太混乱。多观察确有的事实，也不要过于猜疑。再从另一方面说，你何必自私，未必她与你订了婚便没有爱一个旧情人的自由吗？说到某种危险和利用一层，倒是应该防备。

我现在觉着我自己很清静，而且觉着我对这麻烦事的聪明，是出我意外的。我对他说了一些自己的经验。在她的生日的今日，我尤其高兴谈。

洗了一个很舒服的澡，换了臭衣服，又是十二点钟了。少甫还在那儿做《东西乐制之研究》。他对理论研究，真算下得苦功，我很佩服。为什么我总打不起精神来做和声学练习？！这恐怕不对吧，他干音乐的开始不是和我一样吗？

一月十日

“联华”抗日救国团第四次的全体会，我们去奏了团歌。罗明佑的所谓训词简直狗屁到极点。

拉中国调子觉着太生疏，以后应当多练习。今晚拉拉，有些地方真是太勉强。

一月十一日

昨晚拉了中国调，手指受了影响，拉起快的基练大可活动一下。

白天在严房里谈天，后来箢也参加。谈话的范围总离不了爱、吃醋的故事、闹。

指挥病了，睡在医院里，我们自己练习。他们都丢生[1]了好些，最厉害是钢琴。孩子们在一旁看，我不理。

打了琴，又是提不起劲，还是根基不够。

一月十二日

在老宋房玩“捉曹操”，闹到十一点钟。奇奇怪怪的处罚，闹得太“开心”。参加者有莉、美、箢、宋、二严、曼、江，后来秀文小孩也来玩了最后一次。

一月十三日

罗靖华的朋友张某在南洋教育界服务最久，他曾出席过全国代表大会，还认识敝省的龚自知。和他谈了一个上午，给我提起过动的生活的旧愿，跑南洋一转，似乎有这种可能。

和严励跑路到白渡桥修弓，来回都不断地谈话，一点也不觉得疲乏。

在办公室谈起旧话，又是一桩高兴的事。我看自我进来到现在，不论

[1]“放生疏了”的意思。

什么都变得太厉害。尤其是那些小孩简直越变越危险。

一月十四日

和隔壁房的感情好像比从前好得多，因为有过几次痛快的谈话，所有过去心里的误会、怀疑、嫉妒都开诚布公地解释得干干净净。同时也是双严的觉悟，使我减少了那些轻视的眼光，肯和他们谈谈正经问题。他们也不像过去那么沉醉，一天老是在教室里配三角。

昨晚来一个通知，要预备音乐，试验片上发音机。

起得很早，六点钟不到。励也起来，我看他只是尽量地忙着洗脸，想在我之先拉琴。其实我比他更高明，一向是不抹雪花膏、梳光头的。到底还是我先开始，奏了我的创作。

奏完觉得不如从前一样的满意，而且错了还瞎奏了些（没有看谱），谁知还能感动了人：严华说他听了只是想哭；老宋说不知何等难过。到现在我才觉得稍稍相信我的鬼聪明，自己对良心说，那作品真不算是抄袭的，全是耳朵的素养。

先到管理处，收音处就在隔壁三号三楼，一间小屋，四面都是吸收杂音不会回声的厚纸板，装了很多的新的摄影灯，当中围着摄影机。

音乐唱歌拍了两三百尺片，陶伯逊跑来现出不高兴的样子对七爷说："我们这试验并不是专为'歌舞班'的，将来还要拍大的节本，有声对白，全是唱歌音乐有什么意思？"好在还有一百多尺片子，找到我和莉莉做对白。

先试了一遍，她讲《春天的快乐》引言。当中滑稽的对话，真出意外的好，谁都表示欢迎。到第二次，受了张先生说要庄重的影响，简直不大自然，反没有第一次的成绩好，不知拍成什么样？哼！我倒不错，以后便成为"联华"拍有声电影的最老前辈。

和严华、秀文一块上"光华"看《罗斯福战史》，路上他和我讲完一段他二哥和他嫂子离婚的故事，他今天接到信非常烦恼。

自己合奏，好像越来越没有从前起劲。倒是我们三人组试合 *Martha*（大的）简直顺利得很。黑炭叫我好几次，后来杨又叫，原来是"捉曹操"。人比上次多了英、七爷、老宋、枝露，旁观的有小白、国美。这次玩得规矩得多，因此也就不会感到多少趣味，不一会都扫兴而归。箭子最先发脾气。

奇怪！人真有点“贱皮子”，人家对你客气点你又要拿架子；等到不理你，又要来讲和。小白和我拉了手，这孩子有点怪脾气！

像最近的努力，真是什么也不难！几年后一定大为可观，赶快继续干下去吧！不要虎头蛇尾！

想材料、碰动机、练耳朵，再作第二曲，莫非肚子里只掏出这一点吗？

一月十五日

励无形中和我竞争起来。我以为今早定在他先起，我还在穿袜子，他已在调弦。好吧！大家竞争一下也好，那么明早我就要和你比赛一下。

上“九星”看《故宇妖风》，有的实在怕人。

闲话少说，已十二点钟，预备明日早起！

一月十六日

看了鬼片子，想到回家闹鬼吓人。昨晚费了好些力，布置在隔壁房里，预备严励回来睡觉后开始动作。谁知他和少甫在折西家打牌到四点半钟才回来，熄了灯又出去跑马路，他们都以为他已睡了。大闹了半个多钟头才发觉他不在，自己闹自己。

六点钟起床，空气冷静极，少有车过。只听鬼叫般烟囱在吼，那声音之可怕，简直和昨晚片上的没有两样。急忙开了灯，洗脸拉琴。一会儿励上来，当然赶快拉起，但还没有睡觉。

等张先生来发薪，好去上课，三点钟还不见来。找人美借得一块钱作车费。

老头在打瞌睡，我知道他已够等，看他很不高兴，影响得我一点也不起劲而且慌，预料今天成绩必不佳。结果把最满意、最熟的一个练习慌错，又是 repeat。总之，他今天太马虎，一会儿便完事。

到“黄金”把侦探片《蝙蝠案》当鬼片看，简直失望。

老江、老宋、我邀着励跑马路，给七爷和严华有一个布置的机会。他请我们吃了小元宵，跑两脚马回家。

一月十七日

闹鬼被严励发觉是人闹的，当然没有多少意思。

五点半起来拉了一会琴，写晖和家里的信，都写得很长。

接到“三人”的两张照片，很不大清楚。摄影的技巧还没有我行，不知是谁摄的？

领了半月薪二十元，还了欠账，和老宋出去随便买点零物只剩十元。这钱，花起来真是多少也不够花。

知道《最后之爱》不是怎样一部了不得的片子，他们看过的都劝我值不得花钱去看。然而片上发音的国声片我却一部没有看过，管它怎样坏也该去开一开眼界。老宋去剪发，我便上“奥地安”，在那儿遇人美去接国美。

收音和摄影真和外国片没有两样，这是当然的事。戏剧情节、表演、对白简直说不上，太随便！

一个人上广东馆子，肚子饿得叫，等得很久才得吃，人太挤！

到价廉的理发店剪了发。回家又是昨天那批广东人在教室里，他们约她们跳舞，无论如何要我陪去，以免种种的不便，我真无法推辞。到“大沪”坐了一个多钟头。有人美、箾、曼丽、国美，和那些广仔，有一个是“奥地安”卖票的。

当中有一个人（广东人吧！）不很高兴，略略听得好像是为了莉莉。这事给我不自觉地意识到和我有关系吧！我居然被人家玩弄了还不知道。

昨天上课回来在办公室拉琴，莉莉跑来把我拖下楼去，一面对我说：“我要去气一个人！”进教室一看，全是生人，有广东人模样。她也没介绍便抓着我叫我去打当中的一个较幼的西装少年，我什么也不知道，只不住地说：“怎么回事！”“不好意思。”“陌生的人，闹得太难为情！”……不论怎样说她还是迫我要去打人。那时我已经知道她的用意，她明明是利用我在那姓万的（她已介绍）面前出出风头，或是报复报复。但我拿不实他们是否好过，看那样儿倒很像。我不管三七二十一，向后转逃跑到楼上来躲着，绝不愿当这傻瓜。

这事过去了，一点也不觉到什么。直到今晚才豁然贯通了！莉莉厉害！我遭了冤枉！给别人痛苦死，视我为情敌！倒霉！

这位姓万的今晚一点也不高兴，常常表现要哭的样儿。据那个所谓James〔詹姆斯〕也者说：他知道莉另有好朋友，他们一提起她，他便伤心。所谓好朋友，这不是明明指昨天的事实说吗？我越想越像，越像越巧。

他俩送我们回家，万在汽车里老是叹气，到门口一看，好像哭过一样，这傻蛋！我细细回想，他随时随地都有着不自然的表情对我。他妈的，又好气又好笑！男子们居然被女子如此耍来耍去，自己还睡在鼓里！

这冤枉，要赶快想法解除才对！

一月十八日

又是整天无由的烦恼，一点精神也没有，做事总提不起兴趣。

“光华”看《血溅鸳鸯》，很不错。到后半部真叫人不能不哭，我咽了不少眼泪，终于还是流出来了！

散戏，不愿和他们一块走，绕道而行。在旧书店里翻了半天，买得几本便宜的乐谱。

走得疲劳，心里又不高兴，再拖去合奏，实在难得支持，不像过去一样起劲，好像谁都是患着点懒病。

金焰来，小白的疯狂，真使人难堪！这聪明的孩子，居然对于这点会如此之傻！我替她可惜而且危险！

莉和我解释前天那事并不是有意的利用，我倒什么也无所谓，有什么可解释的必要！？

一月十九日

起床就吃粥，有的讥笑我:“今早不早起用功。”小孩子的心理总是这样，给我害羞起来，倒也是一个鼓励，我很感谢她们。

老宋们煎年糕吃。国美在黑炭失踪的近几日，好像格外开心，别人提起黑先生来，她便在旁边插嘴阻止谈及，而且做出很讨厌他的样子，大概又是发生问题了吧！

装死玩，好像真的一样，把杨枝露弄得真哭了起来。

在办公室工作，国、枝、白跑来怪吵。不知怎样会谈到互相批评个性，我的是:“装假”、“爱说气人不高兴的话”。

一月二十日

今天的工作非常充实，弥补昨、前天的疏懒。

练习好一个跳弓 solo，觉得简直没有费多少力。钢琴谱给小张先生。

起得太早，不能不睡午觉。

合了 *Martha*，好像进步了一小点。晚上的不健全的合奏，还是不起劲。

有到音乐院里学习的希望，以后当然在哪方面都比较好。

一月二十一日

又买了一些便宜乐谱，拿回来就练。

好些人想起来要读英文，从字母读起，我看还是一头高兴，不会弄长的。

老江回来了，他那消瘦的面孔好像另是一个人一样。他完全误会了张先生，听别人造谣，昨天几对面在公司里当面扯清。

一月二十二日

这个意外的消息，给我异常的舒畅，好像周围充满无限的希望。

公司有意思要“歌舞班”到国外旅行表演，路线大概是向南走，到南洋群岛各埠，回头再到安南返国。他们主要的目的是想要“歌舞班”造出偶像，使得将来在电影界的基础比较坚硬，并不想赚钱的。

所以，赶排新节目是目前最急需的工作。他们都上锦处商谈，我没有去参加。

这次好像比从前谈去美国的计划要实际得多，而且这是公司本身前途兴败的关系。他们能这样想到倒也算聪明，不然左一部片子也是金焰、阮玲玉，右一部也是阮玲玉、金焰，谁都会看厌的。老实说，它将来的生命还是被把握在“歌舞班”。

要是真的能去，我将停止了我的学习，难免不受影响。想到这点，我又不希望去。

一月二十三日

照例六点钟起床，每天都是我先起，他们在甜梦里听我的《悲歌》。

预料今天的功课定有好结果，谁知错得一塌糊涂，老头几乎生气。

真莫名其妙！在家拉得透熟的反倒错得多，到底只怪我不带自己的琴去，换了一个琴真有影响。

心里烦极！跑到四马路逛书店、“永安”，怪无聊地又回家。

去南洋的计划转变为先去汉口，大概在旧历年后便要动身。

晚上和老宋在下面钉被，玩到十一点钟来睡觉，稍解了一些烦。

一月二十四日

虽是礼拜，也不愿睡懒觉，仍是五点半起床。小小心心地习了昨天的生课，在家练习一点也不觉得难，拉得很顺手，自己听着都不错，但想到上课时的慌，心又跳起来。

写着鹂的信，家鼎、钟祥、志导来。老二穿了军服，像一个美国兵；“小动物”就像一个日本浪人；志导还是那瘦样，穿了曲线美的细长袍更显长。

看了李府的照片，小孩都长大了，尤其是小四特别高，看来一点也不使人欢喜。

又被强迫拉调子给他们听。

到隔壁“觉园”游了一趟，空气还比较清静，谈电影的话顶多。

轰的一响，地面和靠近我们的大洋房同时震动起来，在我们刚出“觉园”的里门时，这显然和过去所经过火药爆发没有两样，我们想到会是日本人在打炮或掷炸弹，即刻跑出去探消息，老宋加入。

静安寺路一家汽车公司的样子间门面的四块大玻璃震得粉碎。我想好新闻还在后头，拖着他们往前跑，向大马路走去。

碰到家鼎的教官，是云南人。他说法界更震得厉害，碎的玻璃很不少，到底不知是什么回事。

跑得无聊，一无所得，在石路分手，他们到五马路，我和老宋回家。

罗先生听得消息是日本人在十六铺掷炸弹，七爷听得是船上的火药爆发。究竟是什么对，要明天自然知道。

晚上练习了一会中国调子。

近三四天上海市的空气比较紧张，大前日，二十一日晨，日人纵火焚烧三友实业社工厂，午后千余日人在北四川路大示威游行，口号是制止抗日运动。打死巡捕，捣毁了商店，昨天又有日舰到沪，大有捣乱上海之势。

一月二十五日

昨天这一“轰”还是七爷说得对——火药爆发。

这次火药爆发与昆明“七一一”惨案没有多大分别。在各种情形上，譬如:“七一一”是在内战期间自城外火药库运火药到城内使用，在中途失慎；这是在外侮时期，自浦东火药库运到高昌庙，也是途中失慎。在这种情形之下，在没有得到确报的当时，谁都会猜疑到是敌人在捣乱。“七一一”云南的空气不是一样的紧张吗？

两个火药爆发惨案所不同的是，“七一一”是在陆地上，爆发时是灰土满天；这是水花四溅。

找严励来合了些中国调，家里的人少极。

指挥亲自来告假，他的病还没有好妥，我听他说话的声音和走道的样子实在太可怜。

张先生来说，大概很快地便要离开上海，也许不会到过旧年。还有，从汉口回来即刻便赴香港。

这事在我个人倒不起作用，要走便走，可是张先生和七爷因了节目不容易排和办事的烦，两人在那里赛着发气。好就好，不好便大拆其滥污！

公司里办事未免太糊涂，要预备公演，还要来拉人拍戏。我接到一个通知，是后天《野玫瑰》穿夜礼服的，不知是什么角色，我有点讨厌去。

读英文的来把我赶出办公室，简直是叫花子赶庙主。

听老江讲南洋风俗习惯，听得不想睡觉。

一月二十六日

昨晚睡得很熟的时候，少甫回家把我叫醒，要我起床时叫他。不到五点钟便起来。

他和七爷去火车站接王人艺，跑了一个空。昨晚接他自南京打来的长途电话说已经上了车，今早准到。大概又是改期了吧！谁都很失望，尤其是我。

到锦晖家坐了一会，和少甫再去接五点钟的车。先接一辆快车没有，后来是我发现了等一会还有一辆特别快车来，真的被我接着了。

旧友一见，谈叙旧话，多么高兴！多么开心！

听他拉了好些调子，他又进步多了。他曾在清华大学独奏过。

送他到大鹏坊故寓。十二点钟回来，还有他的枝露。

一月二十七日

没有拉多少基练，人艺来，又得到不少见识。

拍戏，无聊透，耽搁了一天。借故颈上的小疮，偷了懒，着实也痛得厉害。

到刘大成处谈。

一月二十八日

四先生说："今天二十八日，本来下午想到北四川路看一看，为什么呢？就是日本派来大批军舰威迫我们中国，令当局要我国军队完全撤退上海。军队不听命令，竭力抵抗，民众们恐慌已极，纷纷迁入租界，一时交通断绝。……"本来我想多写一点，可是今晚合奏的时间很久而且很高兴，奏完之后，脑袋已经昏了！我谢谢他帮了我的忙：我头痛不能用脑，他给我日记材料，我笔记下来。

一月二十九日

醒来便听四先生们在嚷昨晚有炮声，又是什么天不亮有飞机环绕天空，他起来看时是"正沿爱文义路飞过"。

已经是六点多钟了，还没听见电车走过，就是汽车也少，街上异常的清静。我起来时下着大雨，向天空仔细检查，真的有飞机高飞云际，越看越多越可怕，那是红头红屁股的双翼水上飞机，无疑是来自日本航空母舰。

在下面和张弦、人艺正合奏那跳弓的组曲尾声，刘大成来，他带来一些骇人听闻的消息。

原来夜晚十一时半起中日军在闸北开火，北站、天通庵、横浜桥等处巷战，直延至今晨才算稍见缓和。日军想占闸北，未成，仍占领着北四川路一带的日人区域。到天亮，自靶子路以下都被日军布防。飞机在闸北掷炸弹，宝山路民房起火，日人不许救火。

他在宝山路朋友处住了一夜，饱听一个通宵的枪声，饱得多少新闻。当他在教室里宣讲的时候，好些人都在洗耳静听，因为他讲得精细传神。他们留他吃了午饭。

和日军抵抗的华军是十九路蔡廷锴的，他们曾几次被调遣赴湘、赣“剿共”，但他们死守上海。现在既有这样机会，当然只有和矮鬼干一干，要比打自己的弟兄好得多，也是他们惟一的出路。

好奇心，老宋、江、严华、《时报》新闻记者张，一块步行到北四川路探消息。一出门便呈现着恐慌的气象，店铺都关了门，甚至于大马路中外大小商店。战斗机旋绕天空，嗡嗡声不绝于耳。满街都是搬家的汽车、黄包车、小车，一看便知他们是自华界逃向租界来的。火烧房子的黑烟，有三四起之多，到北四川路看看，简直大得可怕。枪声忽断忽续地在响。

很多人挤在靶子路口，好像有什么等待一样，其实他们也是和我们一样的闲人，想看看热闹。搬家的更加多起来，阻碍了交通。我们不能前进，也和他们一样站在马路口等待，凑热闹！

乒乒乒乓乓乓！！！忽然在不远的地方响了起来，好像就在“奥地安”附近。一会儿只听见吼声，那一大群等待着的人如墙倒似的向一个方向飞跑。老宋本来拉着我的，这一来他用力甩脱拼命地往后跑，别的人也不见了。我一点也不慌，还想等待，看风景，但人都跑光了，也不得不凑一个兴跟着跑起来。枪声继续在响，飞机也在头上追着来。

在大马路买了《大美晚报》，一面走一面看。北站被炸；商务印书馆起火；金利源码头掷炸弹，炸伤三人；日军死伤百余人……这些消息倒是今早所不知道的。

街上有工部局宣布戒严的布告，在北四川路还有“大日本帝国海军陆战队布告”，大意是以统治者的口气安慰民心，商店门口有的贴出“日兵犯境，罢市御侮”。

锦晖请满月客在中社吃大菜，喝酒简直不痛快。在去的途中还遇南生、家鼎、志导、树勋。

这次的聚餐比较有意义的是回娘家的人都到齐了。昨天李果到，今早光友到。我最高兴的还是人艺，和他喝了酒，划了拳。

本来要合奏，指挥没有来，听七爷讲鬼故事。

到晒台上听枪声，战争更紧张，红光满天，不知又是烧了哪儿的房子。

贴布告后第一次上小白们屋里，因为顺路而且是她们再三地请。看了小白挂的那些相片会讨厌，她心目中就没有一个喜爱她的"博士"，她有的是大明星金焰，好人王人艺。但我并不恨她，她是一个不知事的小孩！

第二次上晒台，机关枪更响得厉害，好像越来越近，在前楼都很显明的听得清楚。

夜静极！有狗吠声，钟摆声，有时机器脚踏车骇人地从门口驰过。枪声，当然不断在响。一点钟了！

一月三十日

昨晚做了两个奇梦：（一）我一个人坐了一只小汽船到黄浦江，忽然发现一艘日舰。探海灯四射，我急忙卧下，但已被一哨兵看见，抬起枪便打。我的左手中指觉得很痛，一看正在第一节当中被子弹穿过，有一小孔，流了血。后来登陆，又被日人追，还有老宋和我一块。我只心焦着从此不能拉琴了。（二）和小白们去游海源寺，我们很高兴，很快乐。

《时报》上大红字是"大胜"两字。十九路军和日军的激战到昨日更厉害，日飞机被击落三架，我军占了日海军司令部，击退北四川路一带日军。……今日日领事提出休战，但蔡坚决反对。巷战仍未停止，日舰续到沪。

今天给王人艺学拉调子，会了一点，这一天很够开心。

罗靖华的朋友张来，他是自战区逃出来的，听他说了不少有趣的新闻。"奥地安"被烧了。

昨天真算万幸，枪响时正是在上海大戏院附近激战。

本来要去上课，谁都阻止我，结果我也慌起来，还是不去的好，那一带也是危险区域。

枪声又渐渐响得厉害起来，同时还有炮声，现在已十二点钟。

一月三十一日

十七架飞机布满天空，谁都以为是中国的，他们都欢呼起来，我到底有些怀疑。等飞近时我发现上面有红日旗号，大家都失望。

下午没有电车，街上仍是充满搬家的难民，空气特别惨淡。

拉着新教的调子，杨枝露和小白敲门，说有人说闲话，不许弄音乐，只得暂停。

她们到我们屋里和少甫、人艺玩得顶高兴，只有我垂头丧气，独自躺在四先生床上，我也说不出原因。又在楼窗上看街，一会大雨淋漓，逃难的依然络绎不绝，那些小车上堆满了家具行李，坐着小孩、老妇，一身浸得水淋淋地在催促那车夫快走。他们，不知是怎样纷乱的一个感情，能脱了险的幸运，期望着很快得到新的安息。有的人背了被、提了箱在马路上徘徊，由他们怪可怜的表情上看去，便知道他们是无家可归的避难者。看了这些惨痛的景象，心里更难过起来。

没有钢琴或任何音乐的声响，内外都很清静。我在沉思中入了梦乡，他们还在闹。

金焰来，人美把人艺、小白喊了下去。

张主任传来一个消息，说小沙渡路已干了起来。这屋里的人心，稍为之动，一会儿找的找地图，看看还离多远就是自己的房子；讲的讲，谈的谈，谁都有着恐慌的表现。

晚饭后得到一张《时报》号外看。今天又打落两架日机，虹口、闸北一带仍有不时的小接触，因为日兵继续开到，情势更加紧张，沪西一带亦成危险区域。静安寺路、爱文义路、戈登路都在装炮台，日内定有更激烈的大战。

由老宋屋里移居到三前楼（人艺和我），玩了一点多钟后又回到自己屋里。小陈无论如何要看我的日记，随便择了几则给她们看。她们以为小白成为主角似的，我也有点默认。

人艺唱了两个他自己作的歌。我听不出多少可以代表他所表现的情感，就好像他在那儿用半国语、半湖南话念出他干妹妹作给他的诗。他自己倒觉得很得意，这是当然的，譬如我自己作的调子，别人不一定和你一样地看重，然而在自己，始终是值得得意的。

上晒台听枪声，完全没有这回事。夜特别地寂静，虽然才十点多钟。十一点一刻有炮声，有二十多响。

二月一日

今晨三四点钟从梦里哭醒，四先生连声地叫我"聂子！"我依然在放声大哭，虽然我已经知道那伤心事是梦境。严华进来开了灯，张着两只大眼睛问我是什么一回事，我还是在哭。约五分钟后才报告他们这段伤心的故事：

在某摄影场拍片子，门口有繁华的街市，靠大门的左旁有一栅门在街端，外面好像是荒郊。同我一块去的有小白、杨枝露、小陈、秀文等。她们在里面，我一人站在门口看街。突然发现栅外升起一个气球，球下连系着一些带子，上面有字，被很多工人群众拉着预备放升，我只呆看着那些带子上的字。一会火炮四鸣，传单乱飞，人群拥挤，口号震天，我全身的细胞里充满了兴奋和恐慌，找到附近一家小铺里躲着看热闹。不久，枪声大作，人群驱散，我由这小铺出来，跳上一部公共汽车，枪声仍然从背后追来。我突然想起还有同伴在后面，当车驰过两站的时候，急忙下车向后转走。这时枪声已息，但看不见一个拿枪的，满街摆满了死尸，一个个地排列在马路当中。有的还没有死，不时发出极悲惨的哭声。我数一数死伤的人总在三十以上，他们都是工人。走到摄影场门口，她们已坐上黄包车，迎面跑来，我也雇了一部在她们后面跑。死尸一条条地从脚下踏过，无意中会在死尸堆里发现一个小白子的下半身，她穿了和平常一样的黄线袜，黑绒鞋，花棉袍。等车走近时仔细一看，唉！简直就是她，没有错。她满脸糊着很厚的血。这时，我的心如刀戳般的刺痛，回头再想多看，车已拖很远。"喂！我们五个人，怎么只有四个了？"我喊着问她们。杨枝露答我："哎呀！小白不见了！""呀！不错！我……我看见她已被枪打死了！"我大声地喊了起来！这时我已自觉我真流出不少眼泪，等到回家躺在自己床上，简直痛哭欲绝。小陈和杨枝露在旁边嚷着："非到联华公司去吵不可，她是为公司拍戏死的！"我不能说出一个字，任她们在我耳旁反复地说。

醒来时枕头都湿了大半边，心里想着又好气又好笑。

银行不开门，不但不能发薪，恐怕还有饿饭的可能。公司里恐慌极，张先生费尽九牛二虎之力，才弄到三十元钱来维持伙食。

白天和人艺拉了一天调子，合基练。读英文的来，又被赶走。

独坐房中，开始要写日记。枝、陈、人美来谈，又反复了那梦境。她们都瞎闹。少甫来，枝做媒介，拉人美要和他讲和，闹得很久。我在一旁看《时报》号外。

早餐时见白，有点难为情。看她是个活人，又有点奇怪。

今晚十时起租界施行特别戒严，马路不许通行，所以更为寂静。门口过的都是巡捕，机器脚踏车。

昨晚无十分激烈的大战，今晚听到的枪声更少。报上又说：外国人鬼，今晚颇危险！

折西的家住在闸北，事变后逃到乡下，躲在田里，三天三夜没吃一粒饭。今天他找到一家当铺的后门进，弄得十块钱，才把他们救出来。

为了哭得太伤心的缘故，整天没有精神。

二月二日

情势更严重，社会秩序更紊乱。搬家的有的自西到东，有的自东到西，不知他们怎样去找一块安息的土地？！

心里一样的在烦，站在晒台看街，一时两架飞机环旋天空，街上的行人有的跑，有的抬着头辨别是中国飞机还是日本的。我呢？和三楼楼窗上的人谈闲话。

和艺跑了两趟，一次拿书，一次搬床。他的姐姐、姐夫自施高塔路逃难到这里来。

南生来，他们迁往爱多亚路的小旅馆。现在想计划回滇，在先想到香港，我也主张他们快回家，现在这种时局实在太危险。

闸北下午起开火。日机在法界、南市、城内、天通庵掷炸弹，炸伤好些市民。

和艺在合调子，他打琴，传来一个消息说：今晚八时半起上海的电灯全部熄灭，他们都预备好洋烛。

不知是哪儿的谣言，等到现在，十一点多钟还不见灯熄。

街上的情形和昨晚一样，枪声仍是冷落地在响，离战区很远，不能听到十分热闹。有时细心地可以听到很远的机关枪声慢慢响起来。

和严们谈各地婚姻旧习惯。

我不知怎样才能解除近两天来内心里的冲突和烦恼？！

二月三日

原来人美的姐夫是作家李季先生。他有好些社会科学的著作，最近出版一部《我的生平》。今早他送了一部给罗靖华，随便看了看自序和目录，内容好像很不错，里面可以说是包罗万象，有游记，有批评，有反胡适的长论。我相当地欢喜他，在认识了他以后。

在锦晖家和老太爷坐了一会。他非常胆小，东北战起，继而天津大乱，他怕得要死。白天坐着轿子躲在山上避免炸弹的轰炸，晚上又回来，天天如此，也不是常法，索性搬到上海。二十八日的事变，又使他寝食不安，总是怕死。现在又想离开上海躲避，他征求我的意见，我也不敢主张。

走到法界，交界处都是电网密布，小路口不通行，八仙桥、公馆马路、外滩都摆着坦克车。搬家的更热闹，行人异常拥挤，但商店多半照常营业。

找老郑“敲竹杠”，四罐火腿很容易地到手。四先生还拉了胡琴。借《反杜林论》。好久没有归家的白的相片在这书里发现，当然顺便搞回。

买了些小吃，预备做明天寿辰的消耗。

上七爷家。和人艺合了小调子，送他回家。看借来的书。

（阅号外：日飞机在哈同路掷炸弹，伤三华人。据我们的推测，它是想炸中华书局，离我们很近。）

二月四日

大炮给我祝寿辰。自清晨五时响起，到下午四五点钟还没有停止。吴淞、闸北有激战，日舰被击沉一艘，飞机击落一架，焚毁民房很多。

在三楼前楼玩“捉曹操”，有人艺、老宋、严励加入。玩得不十分开心，因为小白和我没有一次被罚，人艺占的便宜顶多。看着发生一种特殊的情感，这情感，我自己会讨厌我自己，但终不能抑制下去。玩到吃晚饭，扫兴而归——只是我。

他们都说我不应该这样不高兴地过一个大生日。的确，今天虽有如此热闹的集会，我总是强笑为欢，没有一时是真实的高兴过。我的假装的功夫不到，当然会显露在人家眼前的。这有什么？心里不知有多少说不出的隐痛啊！我要哭，我要伤心地去多哭几场！

整个的世界已经在开始动摇了！帝国主义的冲突，第二次世界大战的伊始，到现在已经是无可隐蔽的事实。我的出路问题在这时候也好像随之动摇起来，所谓研究艺术，似乎不给你长远继续的可能，因了社会环境的决定，常常感到障碍和刺激，况且现在自己所重视的 classic music〔古典音乐〕是多么反革命的啊！

为了混乱的思想的盘旋，使我近来大不安起来，尤其在廿岁生辰的今天。

再想下去吧！至少也要对于自己的生路有个比较可靠的估量。你知道，一切都在转变了！

二月五日

在这时期，我们还能领到薪水，还能安闲地弄着音乐，真是太过舒服了！

教室里特别热闹，每人都拿着领薪单向张先生的办公桌一摆，露出极舒畅的表情。

各人领了薪，又是全楼一空。人艺约我到锦晖家，一会罗、张、莉、茵来，知道今晚七爷家有会餐，每人出一元。

他客气起来，不要我们出钱。

楼下打麻将，我和艺在亭子间练琴。我看他打 sonatina〔小奏鸣曲〕倒一点力也不费，我看着似乎也容易打，但自己实际一试，却成问题。

十四五个人围坐两张联合方桌，吃八块一桌的合菜，喝四斤黄酒，划了拳，还算热闹。吃完刚到戒严时候，一小部分回家，其余打一夜的牌，就像真过三十晚上一样。

上着楼梯便听见赌钱的声音，老宋房里大掷其“三猴”。曼送了一个大橘和大苹果做生日礼，被请到前楼，又是在大打其骨牌。待了半天，无意思，兼艺上来加入玩，独我不会。在一旁看看书，爬上窗子，躺一躺，看一看他们的高兴，更感无聊，跑下来掷“三猴”。

人数渐渐加多起来，我赢了好些铜子。借给小孩们作本钱，后来又赚得好些回来，黑炭和老宋大输。

吃了年糕，一点多钟睡。

二月六日

五点钟，街上便有卖报的，吵得怪热闹。

八点钟起来基练，隔壁屋里有不少人在吵闹，鄙人并未参加。

近两日来的战争转入空转，黑炭到真如，却饱了眼福，但所受惊骇亦属不小。据他说中国机五架，日机三架在空中斗了好些时候，结果日机败逃。

到三楼掷“三猴”——只是小白、秀文。不知艺怎样把小陈弄得伤心地大哭起来，只有赶快离开。

和艺在教室合了调子，他打钢琴。

写信给三哥和晖。

晚上，补昨日日记，洗澡。

二月七日

“怎样去作革命的音乐？”整天地在想，终没有想到一个具体的计划。

所谓 classic，不是有闲阶级的玩意儿吗？一天花几个钟头苦练基本练习，几年，几十年后成为一个 violinist〔小提琴家〕又怎样？你演奏一曲贝多芬的 Sonata〔奏鸣曲〕能够兴奋起、可以鼓动起劳苦群众的情绪吗？

不对，此路不通！早些醒悟吧！你从前是怎样一个思想？现在居然如此之反动！

照世界现在的情势，你想能给你很顺利地每天拉基本练习吗？像此刻的混战，简直不能安心地工作，以后不知还有如何厉害的转变？！

没有拉基练。

昨晚洗完澡睡觉，太舒服！闹得多厉害，我一点也不知道。据说昨晚的战争算是顶激烈，每分钟平均响两炮，还夹有机关枪、排枪声，近且响。正在枪炮砰砰的当儿，大约十一点多钟，两个美国兵拿着枪敲我们的门，谁都不敢开，后来一人从铁门翻入，手枪对着守巷的阿根，他赶快开门把那人放入。他们跑到第一巷第一家敲门找日本人，要酒吃，闹得半天才走。

主任吓得赶忙挂出一块招牌“联华影业公司音乐歌舞学校”。

合了 *Martha*，吃晚饭。

晚上无事，在谭房里看报鬼混。

十几夜同入“不黑”的梦境，真奇怪！我看将会继续到哪天？今天落了雪。

二月八日

日军变更战略，专攻吴淞，炮声仍不绝。一二日内恐有更激烈的大炮战，因为日本已办到不少野、山炮，现已装在虹口公园一带，中国也有准备。

在锦晖家谈，他讲一个有趣的消息：昨天日军马队冲锋，华军并不还击，只埋伏着掷出一些炭篓阻着路，马队跑来，只见人倒马跌，因为马的脚已入篓里，我军乘机扫射，马队全军覆没。

昨天报上还有一个同样有趣的消息：救火不用水，全用小便，这是大学生的机灵。

在七爷家坐了一会，那里很热闹，打牌。和张借《新俄游记》。

老江的同乡吴某拉了提琴独奏曲——和艺在北平预备演奏的调子一样，看来倒很纯熟，但有时音不准，姿势不对，因为没有投师。

落一天的雨。

二月九日

正预备出去买书，伍钟祥和两个同乡来。他们一点也不活动，谈起话来很不自然。我欺骗他们说我三点钟要开会，一块出来。他们回家（住在国立音乐院，一个在里面当军事教官的同乡宿舍），我到大马路。

好多商店仍是关门，走到四马路去逛书店。买得《世界大势》、《戏剧与音乐》，《小朋友日记》给丽珠的。

莉约去 embassy〔大使馆〕看电影，遇宗、史小姐、人美、枝露。

晚上在宗处喝了两杯“五加皮”。人艺处坐了半天，隔壁的马来人鬼吵！

被严励喊去证是非，把我弄得火起！无聊的这些动物！

二月十日

小白的生日，送一本《小朋友日记》做礼物，附了一张简单的说明，大概是这样写的:“送你这样微的礼物不过是表示一小点点意思而已——小孩长尾巴。望你细心阅读，更望你就从今天——你的生日起开始记起日记来，因为日记能使你的思想……一切一切无形地进步，长一岁了！祝你的知识和年龄并进！”

晨课时，大成来。他已脱离了税局。他送我两张中国画。到西摩路华侨中学访“暨南”的同乡，一个也没在。

没有吃晚饭，拉 cello。

白天合奏。

二月十一日

“Can I take a photo with you for a remembrance？”（我能为你拍张照作纪念吗？）

他们当然愿意，一排地站在美国旗下，沙袋旁，任我支配。和他们拍了三张，回头又拍了那两只军舰。

要是没有多预备了一卷软片，那么，还是跑一个空，一点纪念没留。

到两点钟才吃午饭。在一个馆子里，两客蛋炒饭。

看了教员，这礼拜可以去上课。

找辉南，认识一个从日本回来的云南小孩马愚，很有趣！

在雨笙处吃麦片、面包、云南火腿，他们自己做。

认识了吴的姐，也是刚从日本来。

三哥大概七月结婚，雨笙告诉我的。

跑路回来，到锦晖家谈了一会。

回家便写“一个冒险的摄影”[1]，现在已三点钟。

[1] 后来以《一个冒险的摄影故事》为题发表在 1934 年《电影画报》第八期，记录了聂耳到外滩等地拍摄日本军舰等侵华罪证的经过，途中受到两个美国士兵的帮助。

二月十二日

精神异常的疲劳，睡到吃午饭才起床。

对他们讲了这惊奇的故事，无不钦佩我的勇敢、胆大。

在晒台上拍完剩下的三张底片，即时送去冲洗。

自上午八时起至十二时停战四小时，以救济战区的难民。在这时期中，马路上简直大感人满之患，难民之多真是从所未见。

到“长沙栈”替黎老太爷问到汉口的船期，他老先生现又改变方针决定回湖南。

在黎处吃晚饭，到九点多钟回来。小白来看我，又讲了一次冒险故事。

晒台上听枪炮声，打得太厉害。这回当然可以尽量地大战。

接嘤的信，她发表了一点恋爱不占有的小言论。我觉得现在她所处的环境，是应该早就要和我如此说的，她终于现在才敢说出。

“恋爱不独占”的舆论是我很早很早便对她表示过的，而且在信里时常谈及到。但她始终没有明显地和我表示过同意，虽然她都接受我的见解。

记得在我出省的头几天曾和她谈到这个，便是如她现在所说的：“我不愿你为了我的这句‘我永远爱你’的话，而打失了[1]许多你可以得到的爱的机会！”

她还哭了一大场，她听了这话使她太伤心。好笑！她如今才明白，我不是也应该要大哭了吗？！

明天要上课了，早些起来拉基练！

二月十三日

冒雪去上课，结果很好，以后可以拉调子了，我格外高兴。

合奏 *Martha*，比较有进步。

晚上在谭房里赌“钱多”，我猜想他们一定是穷得要命，哪里能和我比？！我装有两块多钱，谁知道和谭一比，他一张五元票便胜了我，被罚小洋两毛。江又和谭比，谭有百元之多，江却比他还多，但都不是他们自己的。

[1]“失去”的意思。

罚金两毛，六人平分。掷“三猴”，每人八枚铜板，竟玩到十二点钟才散场。

二月十四日

“光华”开“联华”抗日救国全体会，谁也不愿意去，男的只有张昕若代表，女的倒去了几个。

拉完基练和艺到锦处谈天，五点钟上“卡尔登”听音乐，这是战争后的第一次。

A. Foa 独奏 *Souvenir de Moscow*〔《莫斯科的回忆》〕——人艺在北平演奏过的。

老头的 violin solo 着实好得不可言状，情感之浓厚，只要看我那时的表情，全是出于心的深处。

今天的节目比较认真，最后有一点进行曲，很起劲。

到艺处遇小白们玩牌，打手心。我打了两牌，一块回家。

二月十五日

昨天听了那 solo，我和艺都起了作用。他整天便是温习这个调子，我当然顺便揩油多听。这一听，引起不少趣味，我摆起谱一试，居然能拉好些。

二月十六日

并无特别可记的，但又不愿空一天，还是随便写写吧！

近来的苦闷，着实也是应当的时候，梦里总遇见这些我爱的、爱我的人们。

上午在三前楼坐了一会，好久没有去了。和艺上七爷家太无聊，先回家。

玩“三猴”，有人美和白。

领了薪水，打六折。

二月十七日

爱之魔力，为何如此之大？？？人的感情，为何能生出这种不可解的力？！

我累累提及的小白，着实是产生了这种情感的表现。她是一个小孩，活泼天真的小孩，我发现了我爱她是在不久以前。我爱她，我真的爱死了她！梦境依然继续着！

但是，我这爱，也不过是一般的爱而已，并不会想到什么特殊的企图。只愿她能当我自己的小妹妹一样，因为她是这么小的一个小孩。

上面的废话一堆，要是仔细分析一下，未免有些笑话，所谓新思想的革命者！

怪无聊地和严、宋、谭跑一转马路，回家冻得发抖。火是没有，只有瞎喊，瞎闹，疯了一天。

二月十八日

“赌宝”这个名词倒是听得惯熟，今天才算实地看见。

晚上练了钢琴，上楼就听着怪吵。原是老宋房里用硬纸画些小圈，老江坐当中怪叫，围了好些人在向那些小圈上摆钱。看了好久才知道是“赌宝”，老江大概便是所谓宝官。

一个铜板摆在“三个四”上，一开碗也是三个四，当时便胜一百二十枚。使我看得眼红，即刻回来搬运资本。输到一元了，用二毛摆一个“三四”，够本，不再来。

艺买了片子请我拍照。和小白、杨枝露们跳了绳。

二月十九日

谈到恋爱问题，总是不计时间长短地谈下去。

和人艺坐在床上谈了一次，和少甫也在同样的地方又谈了一次，在老宋房里大谈一次，睡觉时仍然继续着。

老太爷回湖南，在先本是少甫送，后来又改为张弦先生送。他们上了船，但后天才开。不知老太爷睡在床上又将加几倍的害怕。

大成来后志导来。耽搁了我多少基练时间。

和艺取相片，跑到“长沙栈”。一事不做又回来。

二月二十日

几天来的天气都很晴朗，影响心理也一样地开展，虽然战争仍是继续地打。

昨天日本提“哀的美敦书”[1]向中国无理要求，若无圆满结果便要采取适当手段，所谓适当手段便是总攻击。

中国方面坚持抵抗的消息登出以后，社会秩序顿起不安。英美领事通知虹口区侨民迁居，市府也通告战区人民移出。大小报纸总是吹着今晚有大战：日军准备六万人总攻，我军也有预备。看来真像要大打一下的样子。

照例去上课，拉了半天门铃，一点也不响。由隔壁两个俄国人告诉我，他们已在五分钟前搬到法租界去了，我失望地回来。

简直挤不上电车，从百老汇路走到“王开”取相。马路上充满了搬场汽车、人力车、小车、挑子，挤得水泄不通。一眼看去，只见被包堆如山高，避难者一个个挂着焦愁的面孔，静静地坐在车上监视着四围的东西，期待着平安之神的到来。

在石路等了好久电车，同时有两位北平密斯也在旁边等一样的车（因为七路过了，并不上）。从她们手拿着大音乐书，知道她们是学音乐的同志，她们见我提着 violin，时时对我表现出说不出的表现。上了同一电车，我总想找一个机会表示表示我也是北平人，等了半天，却随心所欲；见小黑炭，谈了好久话，他到卡德路下去。不知道她们听见我发音没有，她们是坐在最里面。真巧！她们也和我一齐下车，我不禁暗笑了！看着她们从小沙渡路走去。

晚上，有人提议“元宵节要赌钱”。我以两个铜板为本，最后赢了三毛钱。

二月二十一日

今天写日记，找不着材料，请小陈女士宣讲，鄙人笔记：

“今天上我们房间里去了，待了一会就买了一个大‘文旦’（香港柚子）。费了好半天的功夫才吃成。小白子就说聂子：你别睡在女人床上。你就说了：

[1] 最后通牒。

没有关系。我想不出来呀！对了，还有啦！我们给对门的孩子打架，后来，我就到二层楼的小晒台去打去了。你走了！我们看见你的影儿上电车，对不对？完了！没了你也甭写了！这个钟让我碰倒了，不说了”。bye-bye〔再见〕。

一夜的怪梦，影响睡眠不足。到十点钟才起床。随便拉了琴，接家信，慰甚！

上三前楼，玩得相当高兴。

已经四点钟了，光了头跑到大马路“王开”取相。

晚，在宋屋里待一晚。玩了骰子，十时才散。

小陈和人美要看我的日记，她们发现我日记中全是小白，我自己也好笑。

二月二十二日

少甫在七爷家喝了酒，话多起来，昨晚。

他和我谈到白和我的问题，他愿我在这时种下一个苗给她，如父母对待儿女一样地去教养她，使她成为一个很好的孩子。

我反复地对他表示我对所谓爱的问题的态度，我真不愿多找麻烦。尤其是对于这小孩子，总是白费力气的，总会有痛苦吃的。

起得比较早，拉调子的时候多。

几个小孩本来要和我们一块去拍便宜的照片，后来不知怎样会想到节省这无聊的耗费做急要时的需要。我对他们这种意见极表同情，结果只是艺、甫和我。

一元四张的美术照，价钱倒是便宜，但时间却太不合算，等了一点多钟才拍成。我拍单相，和艺二人，又三人。

一个人到环龙路找老头新搬的家，未遇。一个不相识的冷面孔美国人替我写了信留给他，要他复我。

在“长沙栈”坐了一会，雨笙谈南京参观日俘虏的趣闻。

法界的空气比较紧张，尤其是法大马路一带，每接华界的各马路口，都筑起坚固的、有枪眼的堵头[1]。看着便恐怖起来。

[1] 街垒。

晚，在三前楼，白似乎比往日高兴些。她直接对我说了平日所不敢说的，而且不愿听的话："真的，我们从前有一时期好得太过度了。""我要看你的日记，听说你的日记里都是些小白子，不是吗？快拿去！要不然我就不和你好了！"

和她理了书，收拾了小箱子。一会儿小陈又呜呜地大哭起来了，不用她说我就知道定是艺和她闹。

每日下午四五时许，大马路充满了卖号外的报贩。他们拼命地喊、跑，太热闹！

自总攻以来，激战三日，仍是我军胜。今晚的枪炮声格外听得明，大概又打得近些。

二月二十三日

早晨，没有拉基练，打了琴，自觉很满意，到底是被人刺激过一下。

白天，陈情和小白上我们屋。鼓励了白做一个有为的好孩子，抱一个做音乐家的大希望。

晚上，三前楼，讲山野、海洋的冒险故事，教她们写日记。她们的闹，好像更进一层。玩到十点钟下楼。

接了大哥、二姐的信。张静母亡，捐了一元。

二月二十四日

温习了些旧课，没有机会练钢琴。

和艺去取相片样子。三人的简直不对，各人表情都不自然，尤其是我的苦笑。

和锦晖谈了几个钟头。

艺搬到办公室，好多人朝贺新屋。我讲了不少故事。他和杨又进步了。

二月二十五日

上午打了两点钟琴。

照老规矩拉拉基练，沉闷地混了这一天。

到底是孩子，今日态度冷如秋水。别当成一回事吧！

金焰穿了乡大爹[1]的衣装来。

二月二十六日

合奏、基练、打钢琴。看骑脚踏车。肝火旺。

二月二十七日

从来便感到在电影里拍戏没有一点意思，老是用跳舞厅。

通知十点开拍，但十二点还没有化装。我上课的钟点已到，借此逃过难关，告假回府。一路寒风凛凛，吹得我四肢麻木。到家再吃一顿午饭。

骑两脚马到环龙路找老头上课，虽然未曾接他的通知。

他的一个高大的女儿带我到霞飞路另外一所房子找他，知道他已写过信。今天的时间已经迟了，改在后天上午。

遇伍钟祥和杨化弟兄，一同到徐家汇路东陆中学他们的住所。坐了不到一点钟。从亚尔培路底直跑回来。

在张主任家待了一会，打了琴，一块回家晚餐。

借得一本《何典》，鬼话连天，也还有趣。看了一晚。

二月二十八日

钢琴还没有送还，早晨偷了懒，睡到八点钟。

近来很挂念令晖，今天又写了信问候她。看她还是老不给我信？

很想念“三人”，前年的这个时候，我们是多么快乐地玩。

教了小孩们骑车，和黑炭跑路听音乐。有四重奏、管乐器曲。A.Foa 的独奏，不十分满意。

二月二十九日

坐黄包车到法界上课，加了 scale study〔音阶练习〕。

和少甫去取相片，在锦晖处坐了一小会。

晚上在人艺屋，最无聊、最不高兴地混过。

[1]“乡下大伯”的意思。

昨天以来中国军打了败仗，今晚有闸北失守一说。

心里总是无由烦恼，尤其是到人艺屋里鬼混的时候。

管他妈的，还是照例用我的功，不多理这些鬼孩子！

三月二日

严励说："我们不久要分离了！……"

昨天起实行我的新"每月计划"。大纲是：

提琴方面：（一）自作聪明；（二）绝对服从；（三）始终有劲。

钢琴方面：有恒。

一切方面：（一）置之度外；（二）从大着想；（三）新陈代谢。

午，正在拉基练，张昕若主任告我到他家里一谈，当时我想到是薪水问题或是跑外埠。

"公司关闭！"这样意外的恶消息装入每个人心中，我不禁也有些恐怖起来。

在张家、锦晖家讨论了好久，结果是要公司履行合同，赔偿六月薪水。看明天的答复怎样。

这是很严重的关头，不知将会有怎样一个下场？今晚睡觉时细想一下吧！

今日报载我军总退却。

三月三日

一切都变动了，自从这消息打入脑里后。

昨晚想了好多路，总难得走通，还是回家好些。

没有心拉基练，早晨弹了两点钟钢琴，上楼向太阳、谈天。七爷说什么新新舞场，到湖北去，都是些空话。现在只能烧吃不能熟吃，两三天内便没有饭吃的。

小孩们在门口跑来跑去，高兴地买糖吃，晒太阳。

在爱文坊当脚踏车教师回来，屋里只剩四先生，一块到七爷家听好消息。全体男员都坐满张主任的前楼，他还没回。

"公司是无条件地辞退'歌舞班'！"这是今天最简单的答复。他妈的！这是公司无理的威胁，听了真气死人！他们知道我们没有力量和他们打官司，他敢大胆地放出如此不要脸的屁！又说一句吧，就是能和你打官司又会有我们胜的吗？反正法律都是保护他们的。

讨论的结果还是要坚持原议，并且想了许多步骤。在对付公司方面要取坚决的、硬的手段。现在和平的交涉，你若不给钱便是到管理处冲锋，打死几个人再说。在团体的生活方面，当然只有积极进行别的活路，如向别的公司接洽。但在这种时局下，恐难成为事实。好在锦晖正进行着与一家外国公司收有声电影，这事如果成功，那希望更大！

可爱的小朋友们，快和她们分别了！我真有些舍不得，心里说不出的难过。

晚上被少甫、人艺请上三楼“捉曹操”，太无聊！讲了些空话，谈到将来的境遇，越说越高兴。也许我们会去卖报纸、拉洋车。

三月四日

公司来了一个正式通告，辞退的办法是将二、三月份薪水发完便算了事。大家对于这通告还没有讨论出对付的方法，一个意外的、惊人的空气扰乱了会议。

有人从三楼跑下来说，枪炮响得太近、太厉害，许曼丽吓得大哭。

通通跑上三楼，真的打得太可怕。我们以为是在南市打起来，再一听，周围都是响声。仔细一听简直不是枪声，完全是在放鞭炮，一会儿门口附近也放了起来。正看得热闹，巡捕来抓人，一部外国兵车也停在小沙渡路口捕了好些放鞭炮的，巡逻车来往不绝。

自下午七点半钟响到九点钟还有零碎的鞭炮声。

究竟不知是怎么一回事，传说是日本新到陆军上将白川死了，这是庆祝。

锦晖接洽的事，有希望。最近要试演一次，他们觉得满意便试拍一片，成绩好便订立合同。不好，片子给我们。

三月五日

今早没有早饭吃，睡了懒觉。人美来闹醒，请我吃早点。

十点半开全体会议，正式发表通告，我被推为主席，讨论结果有二：（一）用团体名义向公司交涉履行合同。（二）若不答复，请陶、朱二人来“歌舞班”直接谈判。会议空气，团结精神颇强硬。

张接洽有进步，公司已稍有让步。

三月六日

小白和我开辩论会，她说我摆架子，我说她先摆了我才摆。老实说，我这几在本来不高兴看她那怪虚伪、怪讨厌的态度。

晚在折西屋谈天，有我的干妈、莉，谈话多重大湖南主义。

三月七日

带了几本调子去学，抱着热烈的希望，结果跑了一个空。老头又搬回汇山路原址，改在明早十点钟。

在马路上想不出到哪里去消磨点时光，解解愁闷，无意碰到郭耀辰。他说令晖已到上海住亚尔培路，她已结了婚。

我听了这样一个可喜的消息，不禁在马路上狂笑。说自来说[1]，要是那时有人发觉我的态度，无疑要认为我是一个疯子。我加速地向步高里走去。

一所小房子，楼下堆得乱七八糟。他们出去看船，和赵远坐谈了半天他们才回来，陶汝泽一进门便被我紧握住他的手。我见了令姐，禁不住一跳，她说我变矮了。

老实不客气地吃了午饭，有三位女同乡。听她讲起昆明土语来，简直听不惯。

走到七爷家，打了瞌睡，合了调子。张先生来，谈判无结果。回来召集全体会，依然我是主席。议决明日由张主任交涉让步到四月，不答应再由大会产生的四代表（黎景光、聂、钱太太、王人美）直接交涉。工作进行，大概会在后天表演。

写信给令姐转二哥，三晖，附寄相片。

[1]“自言自语”的意思。

三月八日

汇山路上课。虹口秩序已恢复，日本兵也很少见。

老头很高兴，教的时间很长，功课比较多，教了 piece，J.B.Acolay：*Concer to No.1*〔J.B. 阿克莱《第一小提琴协奏曲》〕。下课接着到令晖处送信，饿着肚子回家，两点钟才吃早饭。

精神不大舒服，刚躺不久，被余师父“快信！快信！”叫醒。一封三哥的，一封庚侯的，他们都好像认为我十之八九要回家，和我筹旅费。

剪了好多同学的照片贴在一个小本上，从晚饭剪到十点钟才歇。

三月九日

拉琴很不痛快，老是有 cello 和京二胡在吵。有时吵得火起，因此耽搁好些时候。

进隔壁屋，总是看人冷面孔，火更绿起来[1]。

把那小相片给他们签字，到十点半钟才弄完下楼。

落一天雨，闷煞人。

三月十日

Violin

关于学提琴的秘诀，应该随时记住的：

1. 姿势要正确。立势以重心置于左脚，坐势身体要直。

2. 持琴的第一把要准确，食指下骨要靠紧。

3. 腮托要夹紧。尤其在换把位时，中指滑下完全是腮力，指头紧压指板，大指放松用力拖下。

4. 持弓要紧。长练习空打弓，大指自然有力。

5. 不用全毛，除非跳弓。

6. 下弓将手稍向外下用一点力，不然有“弓拖不直”之弊。

7. 跳弓要点是腮夹紧，腕动肘不动。用中弓、全毛，毛的距离须短小。

[1]“火更大”的意思。

8．过弦用腕肘力较快，且不易碰它弦。

9．手指要用力打下，基练绝不许抖。

10．强音要抖，指头用力压住（调子）；弱音紧压不动，用小部分毛快拖，持弓稍松。

11．换把位要确实，不论何位总是第一指先压好，手位不要摇动。第一位注意大指和食指下骨；第二位注意第三指的试空弦，手和第一位的拿紧；第三位注意手靠紧上侧板；第五位注意大指的正置柱根和第三指的试泛音。以下高位总别忘了第一指要先压。所有的换位是手逐次向内弯，左上臂尽量向内夹紧。

12．拉调子要知道乐句，弓法要操内工。一样的用力。

13．3—4 与 7—i 间总不要忘记两手指挤拢。别把半音程也是当全音程一样，把位越高更要注意。

14．拉装饰音要快，一指打下去，好像要从下一弹。上面的指头要按得紧紧地。

15．快的 short stroke〔短击〕要注意把位的确实，左手腕朝下用力。

16．八度也要用腕力，两手指原有距离绝不可松，而且更硬；不论上下总是先移动低音，但不要听得出是先后两个音。

17．手指下降时要带弹才有力。

18．staccato〔断音〕无论如何要从最尖端起，下弓时用力。右手腕稍内压，换弓时即速转向外压。

从七爷家回来，晚饭已吃过。正在弹琴，白和杨来，她们笑我太笨，白说我还没有杨弹得好——本来是如此，于是杨坐下大出其风头。

九点钟回来，和少甫合调子。

杨来和艺在我们屋里大吃其豆腐，隔壁屋里的人有意要和他们开玩笑，每人都来玩了花样。最新样的是严华穿着睡衣来开灯对钟。

没有吃晚饭，饿得没办法。到小铺里赊东西吃也碰钉子，终于忍饿睡觉。

三月十一日

随便打了一下钢琴，拉了四五个钟头基练，觉得太少。不像从前那样有规律的时间练习，颇觉憾事！

回了聂士秀的信。正听着艺奏，雨笙来，谈了我们变迁的事。他最近想到北平一转，我有意思陪他去，等公司有相当结果时。

在他那里吃饭，七点多钟出来。电车早已回厂，冒着大雨走到上海学生宿舍赴王志导、刘大成的约。

走到家已十点钟，想到今天一天没有见那孩子，应该去照看一下。

她总是说对不起，并且叫我以后也照样报复，我哪里会是这样小气的人！我们谈了好多闲话，到十二点才下楼（有艺陪我）。他们都笑我练习生有了成绩，居然想到别的上面去，未免神经过敏！

三月十二日

向我的储蓄部取了一块钱，今天轮到我买早点。和七爷、人艺去买Sonata，拿回来和艺合了一点，他打琴，觉得很有趣味。

晚，送胖锦文到七爷家，拿了一本谱来。

和杨枝露、国、张静讲故事，又在折西屋里谈天。

听说金焰请客，他的生日。几位他所爱的都被请。

白天召集了临时会，报告工作情形。

三月十三日

老是做梦去上课迟到，醒了几次又睡着。

今早点心无人负责，上楼揩油。

老头和我看好一个琴，声音还不错，料子差点，他居然放心给我带回家试用。提了两个琴上下电车，多讨厌！

在电车里想法买琴，终于想得十分周全。吃过饭便去找雨笙，有老宋陪我。

找他不着，失望非常，留了字给他。

走道回家沿途吃零嘴，花五个铜板测字。还不到家便落了很大的雪，一会儿已堆白。

换新弦于新琴，拉得很起劲，决定买它。

静、国、枝、秀、珠围着，被要求讲故事，最后仅剩白、情。我谈南京往事，居然会有那么多。

三月十四日

上午没拉基练，被拖去踢毽子，拍皮球。

白天拉了一天，新琴还差不多，价钱也并不贵，我真不肯放弃。等一天雨笙，他没来。

晚上照常上课。

三月十五日

起床便去找雨笙，他答应我的款明天可以送来。他还是主张上北平进学校。

没有出去，拉一天，新琴快姓聂了。

晚在楼上讲电影故事，有酒疯闹。

三月十七日

清早跑路去找雨笙，原来他昨晚已找过我。听差看我不在二楼，以为我出去了。

他交我一百块钱。他二哥已回沪，和他大谈游历的事，他非常高兴。上了羊肉馆。

在那儿（郑处）遇吴家蓉、周咏先、李绍漠。

回家拉琴，吵得不安宁。

晚，姚志瀛、王志导来，他们和从前一样好玩。白听我们说云南话，后来踢毽子。

三月十八日

不知要怎样才能改好我这“爱表现于脸面”的脾气？！不论大小心事，总是会在脸上挂招牌的，有时使人很明显地知道我心里所想的事。记得有人还批评过我的个性是装假，由这种事实看来，我哪里会装呢？！

我不可解！我任怎样思索也不可解！我居然被一个小孩子支配着我的情感。每天的高兴、快乐、感伤、疯狂……都在她的一言一笑中转变着。

她们都上小妹妹家去了，琴要我踢毽也无心去理会。走到笳子屋，什么 James 们在，也无半点意思。放一个子在牌九桌，总是输。我讨厌起所有的人们，连我自己。

脱离“联华”后的问题，总是犹豫不决。回家吗？上北平吗？

以我前途上说，当然是不回家为好。但家里这样的关心我，旅费已经在我手里，良心上总有些过不去。

这两天好像简直没有想到回家这回事，口口声声总说上北平，就是心里也是如此想。但仔细一想，到底危险！能否进“艺专”还是问题，经济的来源也是空虚。

他们天天谈的“明月音乐会”计划，我看也是太过理想。能做成固然很好，但仅靠每人所得的二三月薪水为基础，总是难于维持，根本就不能生产。

说来说去，还是回家为妙。不，回家“一转”。

回去商量一个升学的办法再出来。不错，便是这样决定。

三月十九日

昨晚上楼站了三分钟。她已经不理人，我不感一点不好过，因为全部的思想都偏到将来的计划。下楼写了家信和情书，告他们我已决定回滇，到一点钟才睡。思想太复杂，很难入眠。

九点钟才起床。正洗脸时，曼丽在外面大叫：“聂子，上楼去看是怎么回事？”原来是我的“丽珠银行”倒闭，陈情代付现款。我仅感谢这银行经理以一个谦恭的鞠躬，“谢谢！要是没有你和我存款，相信我这几个钱早已花完了！”她依然不理人，现出极不自然的表情。

当我接到存款时，我想到这是再爽快没有的结束，使我的心能有一个断然的安静。我倒乐了，我微笑着和小陈踢毽。

收音的事已在准备，人艺、少甫在配谱。

拉完基练，在家里很无聊。想去买点旧谱，关着门。身上装了几个钱，想到逛北京路。看了几个 violin 皮箱，讲到差不多的价钱，又舍不得买。和一个上海人辩论中国人造的冒牌的弓，他说我是“假内行”。

走到北四川路，市面非常冷落，除了几个鞋店和肉食店开门外，大部分还是铁铁地关着。看到这种凄惨现象，心里说不出的恐怖、感伤，不愿再向前进去看那炮灰、焦土。

由吴淞路转到百老汇公司买了两张夜景照片，沿外滩走到五马路一个馆子吃了两客蛋炒饭，四个包子。

北平，还是想去一转，就是回滇也得先去玩几天。越想越有这可能性，反正到那儿的食住有雨笙，只需预备二三十元的旅费。若果在那里有了很妥善的出路，能够使家里十分的同意，回滇的念头当然可以打消。

到几个买船票处问了往天津、香港的船。

天已晚，沿法大马路想步行回家。在平安旅店门口遇王志福、周耀，他们由苏州来进“暨大”。

伴他们到上海学生宿舍访志瀛、志导，等了好久不见来，周留字，我们就此分手。

回家，一个人在屋里拉琴。知道张先生们在隔壁谈今天交涉的经过，听着有不少的人在喧嚷，有时好像有白、陈们的玩骨牌声。我不愿去凑这热闹，结果迟早是会知道的。

在锦处，听若谈交涉的转变：罗明佑昨天到沪，对“歌舞班”事另有办法，便是减低每月生活费（由九百元减到五百元），再重新订三月合同。工作是到南洋表演，所得除开销外对分，每人每月五元零用也要在公演所得扣还公司。三月后若不能维持，发一月薪遣散。

这样苛的条件当然没有谁愿接受。讨论的结果是：愿到南洋去，在先需发给三月份全薪及二月份欠薪。无论胜败或日期逾限三月需将全体送回国。三月后解散办法仍保留发三月半薪的办法。他们如果否认，当然还是要拿我的一百二十元。

去南洋，着实是一个好机会。不论团体、个人的发展。跑一转回来总要好得多，尤其是我，又多跑了一处地方。

三月二十日

一件顶使我快乐的事，便是老巴给我免费学习 violin。他待我太好了，送了我一个腮托，借一把好弓。

为了能免费学习，当然上北平的计划要暂缓，好在公司交涉的事还有新希望。

雨笙约今天到李子固家听中乐演奏，饿着肚皮去跑一个空。走道回家已两点钟，吃了蛋炒饭。

付了琴钱，心里很快活。

一头高兴，想起要到七爷家合调子玩，艺、甫、我三人收拾行装便首途前往。合 *Martha* 时的二重提琴真是好听到没有说处。张先生来报告交涉经过，打断我的兴趣。

公司给了两个最后的办法，随我们任择其一。一游南洋。每月连零用钱（各人的）及一切缴用为六百五十元，其余照昨日所谈。二遣散。三月份薪全发，再给二月欠薪。

这事明天正式开会讨论。

晚饭后和她们踢毽，有白，说了话，态度极冷淡！

雨笙和北辰来找我坐了一会，拉了调子给他们听。

三月二十一日

召集全体大会讨论昨天的两个办法。结果除玲仙外都赞成维持团体，到南洋去。这结果是用投票的办法所得，每人所写，都具有特殊趣味。

今天的主席仅说了“宣布开会”、“宣布散会”，因为心里太烦，不愿多说话。

他们主张今天的交涉有多去几个人的必要，推了我、景光、光友和昕若一块去。

抱着很大的希望去做最后的解决，谁知什么都转变了。陶伯逊否认昨天说的话，两个办法都大加修改。

（一）解散办法依然发给三月薪，但我们所用乐器和服装不能借用，公司要将它卖给我们或别人，然后才能付钱。换句话说，便是公司不能拿出很多的现款，以这些东西作抵。其价值一二千元，三月薪总和不到三千元。

（二）继续维持，另订三月新合同。昨天说从四月起现在改为三月起，三月内已支各费应由三月份所得六百五十元内扣除。昨天说每月经常费是无论公演与否都要照给，现在改为公演时应由公演所得对拆项下支出，期满后发给两月薪。

从下午三点钟到管理处，张先生代理说话，我们坐会客室等，直到八点半还无结果。饿着肚皮和罗明佑直接谈判，他的态度仍是一样的坚决，更施其□□□[1]大肥猪恶毒的恐吓。

到“大三元”吃饭，谁都是垂头丧气地叹冷气。张先生谈话太多，他现在说话都不接气了，太可怜！

由这次交涉看来，张昕若已是够厉害的一个，谈话极有把握。

回到锦晖处谈，他总是闲话太多。他打算明天找罗明佑谈一次话，他也有他的合同扯。

今天的谈判太使人伤心！

为了自己的生活维持，想明天到黄金戏院自动接洽表演。

虽然办着别的事，但整天没有忘了我那小朋友：“六六”。

回家已十一点半，刚到戒严时间。看见郑雨笙、他二哥一齐留字约我吃广东口味。

三月二十二日

心里不知如何苦恼！拉基练也没有劲。再加吵合奏，更是胀气。

吃了两口饭，实在再不想多吃。上楼拉琴，心里越加难过，只有出外散步。

出门想到坐通一路车参观战后的北四川路，等了半天才有车来。

日军巡察车来来往往，红边帽日陆军的装束简直和从前云南军队没有两样。他们骄傲的态度，实在难看。见了中国人，表情更奇怪。

烧毁的房子太多，玻璃窗上的枪孔特别美观。奥地安戏院也烧得干干净净。沿途玻璃打得一塌糊涂。

到北四川路底要有 Pass 才能进闸北，有日本兵堵着搜查行人，我到那儿便回头。

一个守路口日兵和一个中国苦力学中国话，他一面用笔记录。日本小孩追着一个中国老乞丐瞎闹。日本妇人一对对地坐人力车笑容满面地参观。

到“长沙栈”，知道郑一斋今晚上船赴港回滇。同上“大三元”吃饭，

---

[1] 日记涂去三字，似为“资本家”。

回去坐到九点钟才走。

代交一封信给王志导。遇好些同乡。拉了三根弦的violin。

白依然不理我，只是冷讥热骂地说我表情不自然。吃两口饭……下楼时说“明天见”，也是装耳边风。小陈送下来，我知道好些作用。

前天杨枝露对小陈说：“××[1]对三个人好过，国、秀、白，终于没有一个好成，现在轮到你小陈了！”由这点看来，白最近的言行莫不受此影响？她是有意联合起来，拿我寻开心，现在给小陈来试验。我诚恳地说一句：“除了小白外，以后再不会跟谁好了。”她们所说的三个人，也只有白算是真一点。

三月二十三日

艺配他的谱，我可以清静地拉琴。想到麻烦的事心便跳了起来。

交涉算是有了结果：一切服装、乐器、用具为团体所有，公司再给二千元为解散费。昨天开会我没有出席，议决维持团体，共吃甘苦。各人都签了名，我当然也是如此遵守。由我实际的利益说，也只能维持下去。回家、上北平都是太虚空。

在七爷家合奏，起劲异常。

晚饭后上三楼，这孩子的态度总给人怪下不去[2]，算了吧，何必找麻烦？！我愿她每天多打几点钟琴，多看书，写日记。一切旧情暂告一段落吧！但我并不会怨恨她。

和人美到锦晖处，他喝几杯酒，什么话都说。谈到团体的将来，简直想入非非。他现在环境也是太不得了，明晖和郑国友翻了脸。郑向他要两千多欠款，十天以内不还便要起诉。此外的账也是欠得一塌糊涂。

团体的维持固然是这样决定了，想到后来还是空虚，但我们绝不因为想到有危险的事便不去做的。若果我现时要是个人行动，未免给别人看不起。

昨天接三哥的信，还是催我赶快回家，我预备今晚详细报告一下。

---

[1] 指作者。

[2]“不好责怪”的意思。

三月二十四日

因为日记常被人强看，自己的事让人知道，到底有点不好过。有些本来无关，但提到小白的事，被她自己看见，实在太难为情。所以以后写到人名，有用代名的必要。

正在熟睡，被 Y[1] 来吵醒，她嚷着已十点钟了。过一会 P[2] 从楼下弹完琴上来，Y 要她叫我，说我是得什么相思病。结果被她们吵得不能不起来，着了伤风，头很疼，应该多睡一下。

和 P 谈了话，她一切态度也变了些。玩了半上午，她们所谓不自然的表情似乎也自然了起来，午饭也吃了五碗，我自己也好笑！

跑了四个钟头马路找房子，没有一幢合适。不是价太高，便是屋子太小。我们的要求是房子好，价钱少！这当然不容易找。

走得两腿酸痛，到七爷家歇气，躺在床上便睡着。

在锦晖处谈美国公司的接洽，他们已决定请我们试拍一部音乐歌舞对白片。限期两月，试拍期间有生活费，以后看结果的好坏再订新约。

晚饭后开全体会，签了解散“联华歌舞班”的正式通告。商量美国公司的待遇问题，我们照“联华”办法每月给一千七百五十元，先给二成，他们是已经答应。

同听若、景光到黄金戏院接洽表演事，有成的希望，不能当时答复。我所顾虑的是节目的问题。

伤风愈更重起来，不能不花钱买药吃。

三月二十五日

早晨拉基练，外出散步，随军乐队听军乐。

开了事务会，讨论分配银钱，精神颇集中。

到锦晖家，有明晖的情人被枪杀之消息。

---

[1] 指杨枝露。

[2] 指白丽珠。

三月二十六日

今天算是多拉了一会，P也正式不理人，好！我很爽快！并不见得只会吃一口饭，就这样延长下去吧！免得讨厌。

和少甫上七爷家座谈，商量排节目。实在难办，左也不够，右也不够。

看到一所房子，非常满意，决定迁居。

三月二十七日

昨晚天气稍暖，太放心，睡觉没有关窗子。半夜被风吹得咳嗽，简直不能入眠，很早便起来基练。

上课去白跑一趟，他已到礼拜堂奏乐。这几天是外国清明[1]。

到"福兴公"问问段维善寄存的铁箱，东洋老板娘说已被人偷去。我想要的是里面几本书，他们引我到后楼一个书箱里翻了半天，没有一本是我的。找到两本日文书，她们让我随便拿走。

睡了半天午觉，吃晚饭才起来。

到"卡尔登"听音乐会，也是白跑。想找老头问上课时间。

三月二十八日

若果再忍着痛拉基练，恐怕脑顶要炸裂了。昨晚的心痛、脑痛恐怕是近半年来所未有。起床便出去散步。走到"暨大"参观，遇周耀、志福、李绍漠，我和他谈想入"暨大"里去混。又到上海学生会找志瀛，吃了早饭。

电话找老头。两点钟上课，四点钟回来。睡了午觉。

晚上和四先生、谭谈团体事的话谈的顶多。

一点钟了，还没有睡觉。

三月二十九日

今天要写的事太多，无如精神已来不及，整整忙了一天。

---

[1] 指复活节。

早晨拉了不多基练，圆桌会议讨论许曼丽、老宋走的问题。张昕若、景光、少甫、光友到公司办理解散手续。早十时去，下午四时才办清。毁销合同，领了两千块钱。

到锦晖家谈，美国公司有望，他说我们应努力维持团体。

晚饭后开会，这是和“联华”正式脱离关系，明月社第一次全体社员大会，我被推选为起草委员。

拟了一个简章，十二时才弄好。

七爷、人艺们和老宋大辩论，后来近于争吵。老宋要坚决脱离，但他对维持团体的决议案签了名。

今天黄花岗七十二烈士纪念日，是我们明月社二十七人向“联华”解约之日。

三月三十日

天气异常阴郁，下着毛毛雨。为了搬家好些东西没有装处，不得不买一只箱子。回家已九点多钟，他们都收拾好了，我什么都摆得乱七八糟。昨晚的睡眠不足，越收越乱，头疼得要命，又咳嗽，又发烧。

各人的东西收拾好，贴了名字、房号，预备用搬场汽车很快地运送。

我和人艺提着琴先到新屋，看着比第一次来看时还要好几倍。这时已没有下雨，也没有太阳，气候极暖和。我们倚着楼窗铁栏眺望远处参差矗立的洋房，门前一条清洁的黄土马路，心里不知如何开展！好像有着多少新希望似的。

我和四先生住楼上亭子间，比任何屋都好。我们高兴地收拾，布置得很美观，要不是到吃晚饭的时候，还舍不得放了手里的揩布呢！

晚饭仍在爱文义路旧址，四桌都开在楼下。

饭后开全体大会，推选出十一个执行委员，我也是其一。大会散会续开执委会成立会。议决宋廷璋、李果的退出，可发两月薪水，但下不为例。许曼丽脱离，她请求搬到新屋借住二三日，执委会否认，由私人设法。四月一日要开茶话会，大家联欢一下。

上二楼，人艺发现有热水，洗了一个最舒服的脚，是在脸盆里洗的，用三个板凳架高凳坐，别开生面。

今天每人都充满着欣喜，露着微笑，十时回新屋。

三月三十一日

昨晚的睡眠还相当舒服，今早醒得很早，非常寂静，有鸟叫声。

上午和艺晒太阳，拟简章。午饭在旧屋吃，晚饭在一家北京馆子喝八两“五加皮”，是我请客为老宋饯行，有严华。回家陪艺、枝吃面。他们出去洗澡。拉一会琴，写家信和“三人”的。在下面谈天。时间太晚不愿写。

四月一日

今天开执行委员会讨论简章草案，解决人选问题，我负责音乐研究股。散会便吃晚饭。

饭后开全体大会，通过简章。意见的冲突，闹得会场秩序大为紊乱，四先生发起脾气来。

四月三日

坐十路公共汽车去上课，倒很方便。虽然这星期因搬家、开会忙，练习时间太少，但今天却也得了几个“Very good”。

几个茶话会筹备委员商量了一下，明天这种集会非要吃个痛快不可。除公款十五元外，又自由捐了十几元。

上课回来，P 还我的水笔，坐谈了一小会。她出去不久只听她大叫:“聂子！”我以为和平常一样喊闹。跑出去一看，原来她的腿上被马蜂刺了一箭，痛得大哭起来。我用盐擦了半天，又用万金油把肿毒揉散，给她好好睡觉。

已和她报了仇，打死了那马蜂，送入马桶，冲到“水晶宫”。

晚上和人美布置会场，贴了“明月”两个大字，美观异常。

算是很清静地拉了一个上午，小孩子们无事跑了进来，我不客气地请出。多心也是这样。

和人艺放风筝，他比我还高兴。孙瑜放上去一次。没有风，线又重。又买了棉线，回家已到开会时间。

来宾演说有孙瑜、黎锦晖、张国基、宗维赓，他们都是鼓励这团体努力地团结。我“代表”了罗明佑演说“小小联华歌舞班和大大明月歌剧社”。

余兴中我有一个“非洲博士讲演”，王人艺译湖南话，谭光友译上海话，严华译北平话。别人都捧腹大笑，我当然是怎样也笑不起来。

锦晖听了我们的三重奏，感到非常满意，弄了一点多钟。

和艺送许出去，顺便偷了一根竹子，明天还要做一个大风筝。

老宋要回北平去了，小陈和P在他房里写送别字，他给了我一张小照片。

四月四日

放风筝不吃午饭，拉到门口，被电线所绊，不知谁拉断，即刻飞去，在天空飘了一天，到晚还没有落。睡了午觉，和艺做了大风筝。

开常委谈话会，讨论乐器问题，同时接锦晖通知:“天一”要拍歌舞短片。想到用《可怜的秋香》是再好没有。上楼写了一些关于布景、分幕、镜头，到十二点才睡。

读四爷的长信，他的科学的理想颇有道理。他要找路子参加苏联艺术运动，我认为是再好没有的出路，但别人听着太可怕。

四月五日

上午放大风筝，成绩颇佳。

上锦晖家，和“天一”孟某谈。关于拍片事有望，大概先拍一二卷短片插入大片中，再拍一有故事的小短片，如《可怜的秋香》。

和七爷上小馆子吃饭，每人四两“五加皮”，头稍有点昏。回家小孩们批评我的个性还是显鼻子现眼睛。

这脾气不是我今天才知道，我不知怎样去改？！再记住吧！

四月六日

今天算是倒了死霉，走了噩运：从早晨算起，一睁开眼睛心里就有点儿说不出的难过。洗完脸已没有稀饭吃。皮鞋破得难看，不得已要买新鞋。吴淞路到底不行，随脚在马路上绕圈，心里怪着急。坐电车到华记路找“王春兴”老主顾，找半天没有找到。又坐电车到抛球场，到外滩便跳下来，走着路到抛球场，最后在“大华”皮鞋店买一双，十只“大洋”。

遇少甫和人美，和他们一块坐车。人美到美美公司下，少甫和我回家。

七爷和光友要预备去“天一”，等我换了鞋，他们已走了。心里又是干着急，碰着Y，她还是不理人。说来也无意思（为了和她跳绳时被人艺喊走去买风筝线，生气不理人），这好像太无理由。

坐车又走路到锦晖家，他们并没去。只有坐人力车直到“天一”，恰好在“天一”门口遇他们也刚到，有黎莉莉。

参观了小摄影场，那装置和我们在“联华”试拍的一样。正在拍戏，听他们讲北平话有点太惨。

谈到生意，短片事缓办，插大片的小歌舞卷给他三个节目，算五百六十元，有一刻钟的东西。

谭要我请客吃小馆子，七爷、莉也加入。本来想到“又一春”天津教门馆，七爷偏要上“三和楼”。吃了不多的菜，花四块钱，吃拼东[1]。

我和谭每人六两“五加皮”，有醉意。他俩丢我们上“南京”[2]看戏。回家带香蕉给小孩，把严华的韩国美的花相片撕破。[3]

自然，本来在上海并不算一回什么事，但来自山国的我，初长这样时髦的见识，在心理的自觉上着实要两样一点。

筛子说她爱我，我听了这话不会起丝毫的作用。因为在这种特殊的环境里，这样的玩笑是尽可大开的。但在实际上我知道也许会有一点点可能，这也不过是一时的感情冲动而已，我自信是绝不会当一回事的，不论对于这团里的任何人。她说我像她的表弟，什么性情、对人，没有一样不像。这样，我又想起很久以前“小弟弟”在团里的极盛时代。所谓“小弟弟”的称呼的来源，便是她几度地说这句话:“你像我的表弟，他已死了！以后你叫我姐姐，我叫你做弟弟吧！”此后我不仅叫她姐姐，只要是比我年长的都喊一声姐姐，因此谁都叫我小弟弟，甚至于比我小的也随着叫起来。

看《同心结》后给我激起不少心事，回想学生时代的甜蜜生活和过去一年中零碎的艳史。想到“三人”，当然很够回味。想到P，委实也有些

[1] 大家共同出钱。

[2] 戏院名。

[3] 此处撕去两页。

叫人难忘的地方，譬如她一次对我谈话——八九月前吧！“你的心我也知道，哼！”正是领秀文看《驸马艳史》回来。我只简单地答她：“你慢慢地看吧！”一次在教室疯狂，学习钢琴……这些着实是出自她天真的赤心的。咦！一个人转变起来却也容易，虚伪包围她的脑际，什么也没了。

Fox 电影公司[1]来接洽拍新闻片，定本星期六或日。回头一想，简直没有节目可拍，内容实太空虚，似乎除了给“天一”的几节外，再也想不出别的花样。闲时不烧香，急时抱佛脚！

牢骚一堆，越扯越长！时间太晚，明天再谈！

四月二十日

小白，我又想起多少的往事来了！记得那次在教室的讲故事，是她对我的真爱的最高度，我永远不会忘记。我第一次听她说：“对不起！”是去年夏日和她买箱子。自那天以后，算是开始输爱给我，但我总没有发觉。一天，在阅报室看报，她要我请她看电影，我说没有钱，就是发钱也没有，我倒要她请我看。“为什么别人又不这样？”这是她的回答。……

上午玩了好一会，吃小烧饼。

和严华谈话，我不客气地对他说我是恨他，他对我的个性有些非常诚恳的批评，我非常感谢他。所记得的大概是如此吧：（一）我是团中顶厉害的一个。（二）我不肯占人便宜，如要我请客倒很爽快，但不见得会给人乐意而反使人讨厌，似乎觉得是应当的。（三）虚伪，比他还厉害。上面三点是比较主要的，别的闲话谈的很多。他对于 P 的态度是主张和平，反对斗争的。他举了黑炭和国的例子。他话虽讲得如此漂亮，我也觉得他未必没有一点野心！

请景光、张簧、其琴、白、秀到“九星”看《兽国春秋》。回家在少甫屋吃叉烧，玩“翻手掌”。

晚上去“天一”收《月下花前》，十时回来。

四月×日[2]

近来心理的变态，着实呈为异样的怪。常常会无由地忧虑、玄想。有

[1] 美国二十世纪福克斯电影公司。

[2] 日期缺失。

时想入非非，好像前途非常光明；有时想到消极，感到人生无味。

昨晚本想早睡，补一补近两日不足的睡眠。刚要入眠，阿谭进来谈了两三点钟的话。他看到近来纪律之坏，他不愿负训育部的责，预备了一封辞职的信交执委讨论。

我们估计这团的生命着实非常危险。现在外力的引诱实在不是这些懦弱的女子可以抵御的。老实说一句，她们不是受物质条件的支配吗？！

几天来的胡思乱想，弄得神志昏乱。

九时起床，坐九路汽车往青年会访伯勋（周），谈音乐、戏剧、电影。我为要找一个以后的退步，问他西安的教育情形，并且明显地和他说我以后要到西安游历。他马上便抢说那里正缺乏音乐教员，以后他可以帮忙介绍。托他和汉约明晨晤谈。

找雨笙，推开门不见一个人，一切行装都收拾好摆在床上、桌上。茶房说他们今天上船。我等好久，他才来，谈了近来生活状况，他感到十二分羡慕，愿我暂时不要离沪，继续活动，切勿误过这种良机。我觉得这简直是决定我一生的一个紧要关键，一点不要放松地艰苦地做去。

……[1]

四月二十三日

才是出路。

弄一个下午，配的并不多，不知成绩如何？这是第一次。

加工赶排新旧节目，加上夜课。筎子和我在院里唱歌，用 guitar 合起来特别有味。后来人艺（曼得林）、少甫（cello）加入，更奏得起劲。James 们来，我到七爷屋谈天，便是这样混一晚。

堆了几月的手巾、袜子，一天推一天，总懒得去洗。今晚不知打多少主意，才鼓着勇气通通塞入盆里，预备洗到三点钟睡觉。

P 进厕所，请我暂出，我以平常态度对之，只希望她快些出来。想不到她会肯帮我洗，不到半个钟头，什么都洗干净了。她着实是一个天真可爱的孩子！

总是十二点后才得睡觉。

[1] 日记缺失一页，至下一日开头之前的文字遗失。

四月二十四日

起得比较早，吃早饭。这几天他们闹笳和我好，早饭时人美和她自己也闹起来，把我闹得不好意思。

人艺对我的钢琴谱加了修改，我很感谢他。P 把昨晚和我洗的衣物自晒台收下，我更感谢她。

午，在人艺屋合 *Mighonete*〔《马格霍特》〕，又合 duet〔二重奏〕。头弄昏了，跑一转马路，罗靖华处兜了一圈，买小包子吃。

汉来过一转，和他谈的很少。

我的 guitar 居然也能随便自己配奏起来，昨晚和笳合，今晚和四先生合，七爷加入拉花鼓戏，我仅用小调主和弦奏得十三分开心。

在 P 屋待了一会，胖姐姐不知什么病，仅是两脚发冷，盖了四五床被还不会暖，我送外套给她。P 似乎对我又好起来，秀文小妹妹也两样一些，记得去年游南京时，她和我很好。

南京"世界大戏院"经理在下面订合同。

四月二十五日

看他们排戏，很容易地混了一天。

这几天来谁都忙得不得了。少甫在涂布景，我替他们拍登记的小照。

蓬子和一个四川人来，谈话中知道他的来意，但环境不好，不能透彻地谈。晚饭后在谭床上躺着，屋里有情、笳、美、莉。

在院里玩，枝露跳舞。

四月二十六日

看《野玫瑰》试片，遇锦晖。送老头古碑，翁家拿书，回家练习黄壳书。

晚，谈表演事，在美屋公开她的信。很浪漫的谈话。

经过的事越多越不想多写。

第二次。

四月二十七日

在周耀、王志符家谈。取相片。

四月二十八日

早，上“暨大”宿舍。午，合奏。晚，开会到三点半。

四月二十九日

简直忙得厉害，自己钉被，枝露帮忙。

下着大雨，人艺拖上汽车买弦线，冒雨买箱子。吃春饺。晚上收拾行李，明日上船。

四月三十日

别了！上海。虽然是很短的别离，但总有些说不出的情感，好像各人间的感情特别的好。

伴了我干姐姐去烫头发，钱不够又跑回来找干妈拿，共二十元。和弟弟在魏也娜处吃午饭。

到“暨大”宿舍找雷，他交一份诗稿请我转投。我想找蓬子，时间已来不及。

孙瑜和郑君里来，谈电影。

晚七点钟汽车来，到公平路华顺码头上船，不觉又想起从前的跑冰、乘凉。

艺、簧、弦和我同房。整理好床，弹了一会 guitar。

各房都走了一转，十时半来睡。

五月一日

床老是在抖着。一夜睡得很熟，五点钟起来，船还没有开，在甲板上看日军舰的教练。

八点半开船，经吴淞口，到处只见日本旗。

出吴淞口，进扬子江，江面稍觉开阔。有的很是惊奇，因为她们是初开眼界。

整天待在甲板上，风很大，有大太阳。P、Y 们挤坐在一个木箱上，杨大和这傻蛋非常有味。

烟筒里冲出的浓烟遮住太阳，呈现一个金黄色的大饼，直看到太阳落，云的变化。

七爷请客在一间小房舱里喝酒。香肠、花生米、皮蛋。

和张昕若谈团体的将来问题，给我有不少感觉。

（一）我们要找好目标。（二）训练自己的本领，一方面做出版工作。（三）我当切实做我的具体工作：a. 研究音乐，b. 编歌剧，c. 多读书，d. 培养表演技能。

心里总是玄想，做将来发展的计划，不想写闲话。

五月二日

“快起来！看日出！”天还没有亮便听见美在对面舱嚷着，一会儿过来把我叫醒。

“小陈！懒骨头！快起！”我也跑到七爷屋去捣乱。

在长江里想看什么日出？不过是陪他们凑个兴而已。甲板上居然站了十几个人在那里期待着。

在船上，总是容易想到许多航海的故事。胖姐姐和我谈她的经过，她觉着在南洋旅行半年，是她过去生活中最快乐的一段。

吃早饭，不能再谈。

一对衣冠褴褛的老夫妻从我背后倒着走过来，回头一看原来是一些难民被查票员推着、抓着，从船旁的走廊上推到账房间门口。

“为什么不买票？”“没有钱！”“没有钱胆敢上船吗？”“实在是没有法子想！”

“搜！”账房气忿地说。这一搜在一个人力车夫袋里搜得两个日本铜子，马上打得一塌糊涂，指他为“日本汉奸”。——我对不买票的人只觉可怜，而且认为他的这行动是应当的。

船靠码头，罗靖华来接。在马路旁等汽车，太阳最热，脚烧得跳。

在世界戏院隔壁租了一间洋房，可以省汽车费。

看《断桥残梦》，真是好片。大和和我睡。

五月三日

他妈的！近来所谓团体事务完全被两三人包办，动辄便是讲什么主任不主任。这次招待新闻记者，张昕若竟敢不经常委会全体委员商量，便用常委会名义出通知，指定各部主任带女员出席招待新闻界。这事被王人艺否认，撕了通告，和老张吵了半天。

不写“三人”的信，总觉心不安。也只是有心写了她的一封，别的再也提不起兴趣来写。

湖水激荡着小舟，无节拍地汩汩发响，向五洲公园驶去。

去年游玄武湖似乎没有闲心慢慢地在公园里踱来踱去。今天突然地乘兴一人独游，特别感觉畅快。

游人也不少，虽然天气是闷忧忧地阴着。几个南京本地女人嚷着“那里去，那里……”，已经一年没有听到这种声音了。

两只小船在湖里打桨战。一家家，一对对地漂过。

在一个亭子里正写得高兴时，P、Y、秀、英、干妈、人艺、四先生们也来游五洲公园，Y先跑来叫我。他们都奇怪我为什么一个人来。

本想到后湖来写日记，背《小小画家》，配谱。他们这一来，什么也没有希望了。P、Y、秀加入我的小船，绕全湖一周。快到岸边的时候，在斜阳的水影中发现迎面来的一只较大的船向我摇手巾，原来是他们也下水了。我们加入在他们船里，再游一周。

和四先生去问包饭，外面散步很凉爽。回家，排剧、开执委会。决定出特刊。伴她们拍跳舞基练照片，十二时回。

五月四日

“你怕难为情吗？我们回过头去不看你，快起吧！”笳们洗着脸说。“有什么可怕的，怪懒的。”

起床的人愈多，自己再不好意思老睡着。

天有晴的希望，小雨也停止了。

从来没有合过音乐，多少新东西连谱都没有对过。今天就要上演，不能不准备一下，上午在“世界”合了一点多钟。还没有吃午饭便有人买票进来，我们只有赶快让开。

人并不多，表演不大起劲。所谓《芭蕉叶上诗》，简直不成东西。剧情的结构太模糊，音乐也配得不恰当，至于当中所加的对话，更是乱七八糟。

唐槐秋来看。他说我们的小东西以及音乐实在好，但《芭蕉叶上诗》便有待研究一下。他也希望我们将来有一个合作运动。

遇小苏和钟獄。

第二场营业不大好，表演有进步。夜场满座。

“老板娘”[1]看“梅花”归。他的批评是：她们的东西已不成歌舞了。有香艳的草裙舞，京调反二簧，变化奇怪的布景。

大和约到“上海咖啡馆”。遇谭、励。喝啤酒，吃春卷。

有人说我变了！我自觉也是变了，P 说什么没有良心。

♡=狗屁　可以買♡

五月五日

P 们已在吃稀饭，大概看见我穿裤子，问我羞不羞，其实我穿着短裤呢！

虽然她现在不爱我，也许恨我，但是我总不恨她的，永远是爱着她的。在我内心里，近来的稍稍冷淡，是她对我的态度必然有的反应，为了痛苦和麻烦，还是这样好些。

一、二场满座，三场有八成。分款六百多。听说“梅花”场场满。

五月六日

今天换节目，时间不够，第二场加演《麻雀与小孩》。人美演《民族之光》时在台上跌交。夜场秩序不好。纸箭满天飞，《小小画眉鸟》，“嗤”。

落雨，营业不行，只分三百五十多元。

五月七日

整天落雨。音乐和表演都比较纯熟了些。收入和昨天差不多。P 给我一

[1] 南京一个记者的笔名，此人是胡笳的姐夫。

小朵玫瑰花，她本出于无意，我也便无意将它保存。她，太……了。

五月八日

本想叫这几个淘气鬼和我照一张相。去到“光千”，挤满了军人，因为今天是星期日。仅陪P们拍几张化装相便走。

今天的广告做得很好：“最后一天，更换精彩节目。”天气也好，我们料想会有好买卖。

看排练今天的节目，她们总爱瞎闹。

第一场关铁门，休息后的节目太冷静，秩序非常紊乱。第二场更糟，演《大饿之下》后，便“大吃之下”，有人喊退票。我的心只是跳动不已，谁都害怕晚上的秩序，要是真的退起票怎么好呢？和黑炭、严励正在谈话，忽然台前打将起来。急忙跑去收乐器，老江的椅子已在空中摆来摆去，但始终没有落在人头上。

秩序更紊乱起来，巡查队的手枪在台上作预备放的姿势，台下人也有的在袋里摸索。一时吼声震天，“打，打，打！”我跑到后台告诉她们不要在台上看热闹，恐怕发生意外。

最后才知道，不过为抢一个位子，竟打成这样。一普通人被捕。

谁都在心慌着夜场表演的捣乱，我一坐下乐师席便心跳。等No.11尾声的前奏曲做完，台上演着一幕幕的沉闷的跳舞。《大饿之下》的节目一翻，黑炭给我做一个怪样，想从椅子下面躲，我只低着头不管事。

谢天谢地，也算平安无事地“派司”过去了，不但没有人“嗤”，有的还笑了笑，这不能不说是打了一次架的好处。因为他们闯祸人的心理是这样：他们不愿再度滋扰，使一般人讨厌；一方面觉得内心里有些对我们不起，就是我们做得坏一点他们也可以原谅。

表演完了总是很快活的，况且今天的生意顶好，差不多三场满座，更使各人非常高兴。照总收入分配，我们共两千五百元。

我们还谢谢“老板娘”带人来捧场。

五月九日

开执委会讨论津贴分配办法。议决女的分为七等，男的三等，单位的比例是 6，5，4，3.25，2，1，0.50。我是三等。

提出一部分，发了两个半单位。拿了十块钱。

小陈和七爷都是第一次游后湖，其余小白、人艺们可以算“半老枪”了。

拍些小照，光线总是太过。

在船中，玩水，拾菱角。

唐三[1]请客，唐槐秋做陪客。小白、秀文吃醉酒。八时多回。

取相片，买东西。在床上谈天，一夜到天亮。

五月十日

白要我伴她出去买吃食，已经十二点钟了。有新生张粲新。

和美谈她的过去。秀文抱着我的一瓶大曲酒跑来跑去。江涛配八音杯。

昨晚简直没有睡好，两个人那样的睡法实在太苦。老江和“老板娘”闹一夜到天亮，四点多钟起来收拾行李。

七点多钟到下关，上招商局“江新”轮官舱。两人一间房，老江和我。

在二号房（P、莉住的）打瞌睡，很舒服。回到自己屋睡觉，十二时起来吃饭。

晚上在二号房谈天，隔壁小陈和人艺吵嘴。船抵芜湖，正落大雨，买干豆腐下白干酒。和英们谈天，十二时睡。

五月十一日

长江的风景着实太好，当太阳初升，斜阳西下的时候，特别显得出那自然的美。朦胧的薄雾笼罩着江面，远远的帆船隐约可以看见，几个不知是喜鹊还是老鸦，老是跟船在空中盘旋，仿佛对我们有所寻求似的。我心里荡起一些悲欢的幻想。

吃过午饭，便和 P 们站在船边眺望两岸景色，江边张网打鱼的很多。有时我给她讲一些农村生活的故事。

远远看见一座白塔，那儿便是安庆。和 P 们试眼力看岸上的字，到底

[1] 唐继虞。

是P比我行。经我们上岸到近处考察，她说的“魏万新”、“裕中烛皂厂”都对。我不好意思，只有骗她说“王荣记”为“三荣记”。

干妈的姐姐到船上来，我们也同在二号房抢东西吃。最痛快的是在下层抢楼上P的饼干吃。用手巾绊了她的脚。

送他们上岸，沿途充满着抬面粉的苦力。P和一个小兵吵嘴。走不远便下起大雨来，回到船上再依着栏杆看趸船上的形形色色。

莉可算是一个慈善家，每见乞丐总是会给钱的。船靠稳码头，一个老太婆从趸船上想跨过来，没有一个人肯帮忙她，莉把她搀了过来，原来她是一个乞丐，看见我们便跑着要钱。

一个白发的老头划着一只小破船来要钱，喊出怪凄惨的声音，莉和P都掷了些铜子给他。

回房看《聊斋》。黑、白总是整天守在我房里，什么也看不进，只有睡觉。吃晚饭才醒来。

太阳将落，金色的晚霞散在江面的一角，映红了半边天；岸上矮树林立，茅屋零落地置在绿草的平原中，真是再好没有的美术画。和枝露跑过左舷看远处一座小山，等了一两点钟才到面前，那美处就别提了！

正在看西方的残云，我的帽子落到江里去了，好吧，就此留作一个纪念。

在七爷屋谈南洋和他们过去吃醋的故事。莉说什么二三十岁的李矮子，死心地爱上了她这个十三四岁的傻小孩的趣事。我不觉会联想到我自己，我现在对P也有点这样的趋势。但仔细一想，我绝不是李矮子那样思想，也绝不会花很多金钱作虚荣的进攻。再进一步说，现在的P也绝不是像那时的莉。

夜十二时半抵九江。一个群众的吼声振荡着我的心灵，它是苦力们的呻吟、怒吼！我预备以此动机作一曲。

近来总觉动笔很不大畅快，这是吸收不够的缘故吧！想到写信便头痛。四爷的信懒到现在还没有动笔。

今天又是不能睡觉，外面吵得太凶。

五月十二日

昨晚船到九江时，来卖瓷器的很多。写完日记到外面走走。

我躺在沙发上和莉们谈小学时的故事。她要我就在那里躺一夜，免得她起来和我关门。这一夜，我睡得非常舒服，虽然没有垫的，枕头是一个化装箱，仅盖了P的衣服。

清早起来遇国在外面看风景。这时正经过一处有古城墙的江岸，倒影被朝阳映在江里，那美处，就别提了！为了再回去睡觉，什么也不想看了。

小码头都没有靠岸，所以四点钟便到汉口。四先生坐小船来接，已经预备好汽车直送到长江戏院夜花园里。这里比南京的住处更方便，更舒服。

和艺去吃面，我全说云南话，特别觉得方便。“大光明”有郎德山表演。

开房间洗澡，顺便洗衣服、理发、逛马路。和艺吃锅贴、四两玫瑰酒。

白天在枝露房（船上），她对着我的耳朵低声说：“刚才艺和P打了一个Kiss。”我说：“与我有什么关系？！”她老是闹什么醋不醋，我觉着讨厌起来，不知她们（Y和P）是些什么心理！

五月十三日

汉口的街道有些像广东，比较南京舒服多了。

艺带我到武昌游黄鹤楼，一个好像和尚坟的石堆原来是孔明的七星灯。有两座高楼，前面的叫奥略楼，后面的因为没上去便不知。经过首义公园，走过狭窄的破街，到武昌艺术专校，遇贺某，拉了琴，吃了午饭。

去坐火轮，来坐小划子，跑马路。所谓热闹的后花楼不过如此！

在青年会招待新闻界，他们要求人美唱歌，张昕若给他们比较气忿的教训。当时吵了起来，有的退席。经他道歉，人美、莉莉合唱《勇健的青年》。

合奏。

心里不知想着什么，多少材料要写，竟一点也写不出。

五月十四日

这次的表演算是顶倒霉。昨天来这么一下，使我对汉口的新闻界留一最坏的印象。今天有一则新闻是讥讽“明月”的，名字是《如此歌舞》。

教育厅的交涉没有办好，今天只许演两场，都没有满座。表演和音乐都不起劲。

起床和艺跑马路，做衬裤。在四川咸菜铺买两条莴笋在马路上一面走一面吃，好些人都看着我们笑。第一次吃冲鸡蛋。

五月十五日

门口摆着一块大牌："今日演四场：一时、三时、六时半、九时，奉教育厅令三时开演。"我们看了非常奇怪，回来一问才知道是教育厅要和市政府对争面子，罚停演二场，昨晚一场，今天再补这一虚账。

艺以这次宣传不好，交涉欠妥，找总务部发牢骚。老张又是向例不服他的教训，说着说着大吵起来。艺说什么他今天不拉，我听了非常不高兴，也加入战线，声音比他们还嚷得大。由他们这次的口角给我不少刺激，想到这团体的所谓新希望，着实悲观得很，同时讨厌这种不死不活的生活。

第一场演完，下大雨，大电灯上也流下水来。

我常说我是以一个小小的孩子对待她，到现在我自己觉得惭愧起来了，我自己讨厌起我自己来了。我哪里会当她是一个小孩子呢？就说她吧！她自己也没有当她是一个孩子。哼！说什么漂亮话？自己骗自己！自欺欺人！聂子实在该死！

和老张、严华谈人生问题，华说他自己太傻，他也一样地在痛苦着。据我的猜想，也许他和我差不多。我不也是傻瓜一个吗？何必要自讨苦吃，醒醒吧！

五月十六日

算是在这里面鬼混了一年多了。在这么容易混的这一短时间中，音乐算是学得一点，但是对于音乐外的一切学科已经是大退而特退步了。最使我伤心的是白白用了不少脑筋去瞎想一些无聊的事，有时竟受了无限的打击，弄得不能做一点正事。

所谓革命新青年的我，是不是应该有这样的行动？一天还沉醉在爱不爱的迷网里！

时代的巨轮不住地向前飞转，现在的我，现环境的我，应该负起怎样一个使命，艰苦地干去。

晨和艺跑马路，一切和昨天一样。

开执委会，决定汉口演完不再到别处，即回上海。二时睡。

五月十七日

前夜睡沙发，昨早落大雨，漏湿我半床被。于斯咏把我叫醒，后来她们都逗我“尿床”。今早来叫我的还是她，她几乎把我骗信了。

说到真正的能同走一条路，同一思想行动，还是我的“三人”好。好久没有接她的信，不知她还是以前的思想吗？今晚接由上海转来的她的信，安慰了许多。

拉一上午的基练。

“长江”要我们明天还是演三场。本来合同上订好，礼拜一卖不到九百二十四元，从礼拜三起只做两场。明天的报纸广告已经改好，“长江”又自行改为三场，一面来向我们交涉。我们为顾及到演员的身体，实在吃不消了，只有坚决的否定。当局对张昕若的态度也变了，我看这事恐怕会决裂。

秩序非常坏，观众并不是对我们所表演的不满，而是三场连续卖票的害。便是“随时入座，均可全看”，因此随时都是出入不绝。

第二场的《双鹅舞》拉错了，弄得舞台上也随着错起来。有人还以为是艺错，其实是我错。《月明之夜》倒是他错。

在别处表演《蝴蝶姑娘》掌声很小，甚至没有人拍掌，这里却是从开幕便响到底。

虽然演了三场，我的精神还好，回来总想打架。

五月十八日

生长到这么大，算是第一次看见这样可痛心的事。一个二十几岁的大男人痛打一个小女孩。我为这事要流泪，要发狂！太使人过不去了！

严华骂小白一句孙子，她大发牢骚，他气得起来便打。先用漱口杯向她一掷，没有中，后来重打了一拳、一掌，她大哭起来，一面吵嘴。

他妈的，为什么总是碰到这些无知识的人？前途茫茫，所谓“明月”，不过如此！算了吧！别想什么有望无望，另走他路吧！着实不愿再看这些不平的事了。

我的心在痛！要想写的还多，但什么也写不出。

五月十九日

今天表演两场，松闲得多。表演《小小画家》的“先生”比昨天有进步。

晚上这场的人还不少，但票总卖得少。散会和艺出去吃点心。

写四爷的信，到四点钟。

“天一”的事，多半无望。别的进行，似乎渺茫。回到上海，如何下场？！外力诱惑，防不胜防！办事人员，荒里荒唐。“明月”前途，着实悲观！

五月二十日

很早便听她们吵，四先生的基练，少甫的cello，闹得不能睡觉，还没有睡到三个钟头。

落很大的雨，第一场有一百人左右，第二场所多有限。

“爱是很神秘的东西，天天拉在一处谈倒没有意思。”严华在谈爱。我听他和张昕若在那儿谈，我加入。

五月二十一日

长江戏院来一个违反合同的最后通牒，他倒说是我们违反，他有确证，从明天起他要开映电影。

连过去七天都对拆。到下午四时我们没有答复，他们把广告通通改了，外面的相片也收回来，大有要决裂的样子。

晚上有好些新闻界记者出来做中间人调停，完全是替影戏院说话的。有时讲的流氓话，有时总是以军政的大帽子吓人。

三点半还没有解决。吃酒席。上P屋。

五月二十二日

谭病。替他做《剑锋之下》，还不错。七爷的“先生”不行。

陈真是双料猪猡，今天费了力订新合同，他得罪了新闻界，合同撕碎，最后又道歉，承认合同。

五月二十三—二十四日

说话总是说话，吹大炮总是吹大炮，只要实际干起事来，什么都可看出。七爷是一向好吹的一个，不，他们黎氏弟兄都是这样。不论什么事，他总是吹他怎样能干，怎么比别人成，但常常露马脚，自己却还不知道。

他常说他从前做《小小画家》的“先生”是怎样的好，我们看他那神情，也好像是很不错，谁知上台会糟成那样！表情过于做作，使人讨厌。唱歌的错误，扯得一塌糊涂。

天气特别闷热，一起床便是满身大汗。洗了七爷的剩水澡。

她们都有爱听故事的脾气，我只要和她们坐在一块，总是要被抓住讲故事。我从来是不会记住什么故事在肚里的，要我哪里去抓那么多故事来讲？！然而，我每和她们在一块，总是我讲得多。谁知道我那些所谓神鬼奇事，简直是当时瞎编出来的。

昨晚在女宿舍编故事，最高兴的是英、胖姐姐。一会儿莉哭了起来，她说有男人在屋不方便睡觉，于是我们不能不走。今天英一见我便叫我讲，我宣言不再上她们屋。

胖姐姐请我宣讲爱的教育，“六千里寻母”。虽然我的喉咙都说哑了，我觉着特有兴味。她听了只说惨极了。

张粲新发病，因为吃了冰淇凌又洗冷水澡。在先喊肚子疼，她请我代领钱。胖姐姐扶她进房，简直哭喊起来，我奏完前奏曲化装，听说她已失了知觉，我急忙跑进去一看，她睡在床上滚来滚去。钱太太已经给她吃过“十滴水”，浑身刮得通红，她的眼神已呆了。来了一个卖票的在她身边捏筋，她的神志才渐渐清醒。因为她睡的床太热，上面又有电扇，我把她抱到外面的藤床上，这时可以说话。外国医生也来了，打了针，用冰冰头，花了三十多块钱。这医生是德国人，他可以讲七国语言，可以写中国字，长得很漂亮。我对他起无限爱慕。

今天两次的《剑锋之下》，比剑都没有受伤，第一场是人美做。

演完在电扇底下一坐，英要我讲故事。当时又编了几个，最好的“王大妈”，其次“宿柩所”、“奎星楼”都还不差。

“长江”因为今天总收入只有两百零九元，他们向我们提出以“宣扬艺术，普及民众教育”的名义要减低票价。老张为避免交涉的麻烦，约我到对门万国咖啡馆吃西点。他不说我还不知道，昨天出来调停的新闻界中间人陶、徐、叶，今天找别人转告我们要点报酬费。老张答复他们，我们已有准备，这报酬是高尚的，文雅的。具体些说，不是送钱。

在外面和茵、枝露讲一宵的话，有时张粲新蹬开被，我们招呼招呼她。我谈话最多，告她们我的过去，好像叙说一篇小说一样。

天亮时落大雨，我们肚子饿得叫，守在门口买油条吃。

没有睡多少时间，精神不十分好。

新闻界敲竹杠的简直拉明叫响地讲起价来，三家报社各报一百元，另一转告人也要所谓水利。

和茵们讲故事，一个“三小孩访仙记”、“李家福和渔翁”。

到“大智”洗澡，到戒严时间回来。

五月二十五日

白天被茵逼讲故事，“开锌矿的旅行队长”。晚上和茵、静、枝、白讲“新娘鬼找人”，她们说“血溅鸳鸯”，又讲“父亲的魂附在听差身上”、“女鬼附男身”。最好便是最后一个，我也不知怎样会编得如此妙。

到“中央”洗澡，和艺吃刨冰，回家和于斯咏闹聂家村。

讲故事渐感很深趣味，以后常练习，相信不会没有益处。

五月二十六日

一些捣乱分子以《漂泊者》的主演王人美换人为借口，乘机大捣其乱，当严华唱“干！干！干！”时，楼上嚷着退票。闹了五分钟久，秩序依然恢复。

休息时回家问明情形，老张报告他的危险经过：

“我听说闹退票的人已经走了，我要到律师处，一出大门便有三四人从戏院追出。‘喂！ Mr. 张，我们和你开开玩笑，走！’几个人抓着我的后领，一会儿又冲上来一批，我看势头不对，脱了雨衣便向戏院里跑。雨衣里有五六十块钱，还有一份拿错了的合同，新合同拿成南京的废合同。”

罗先生和几个友人商量结果，决定明天停演，由警备司令部来命令给“长江”，以今晚会场捣乱事作为借口，明天有便衣队保护上船回沪。

谈得很晚，现在四点钟。困极！

五月二十七日

今早接着讲昨晚没有讲完的故事，情节有点像“God sees the truth but waits”。小白说她都听得快哭了。

奇怪，近来真不愿把日记给别人看。从前给P看过好多次，觉得好些麻烦。我决定不再给她看了。

她不知抢过多少次，今天终于被她抢到手了。

我坐床上写，她轻轻走过来一把抓住，幸好我拿得紧，互抢了半天。我发明了新的抵抗武器“咬手”，她败了，被我咬了两三口。虽然抢不去，闹得一点也不能写，只有放在箱子里。谁知我走开的时候，她已偷偷地取出，我一把抢上去，肉搏了半天，日记本已揉得不像样子，我松了手。既然给她，只许她在这儿看，不许带走，因为用代名的关系，她也看不出头绪。吃饭的铃响了，我收回。

快到表演的时候，什么消息也没有，什么命令也没有到来。饭后在白床上抓子，到表演时才散。

连演三场，屁股都坐得怪痛。每场的人是少得可怜，但奏起乐来倒也清静。

戏院的钱是不付，新闻界敲竹杠的也是追得紧。老张、罗靖华又不出面，陈找来捣乱的流氓也向我们敲起竹杠来。今夜演完后，四先生报告这些经过，我们几个男的讨论出一个对付方法，总是把责任推在张、罗身上。对新闻界尽量采取客气的态度，拖过这两天，最后由黎、谭代表说话。

关于命令停演事还没有进行妥当，大概明天可以到。四先生找罗催办。

要伙食钱的也是在逼命，费了多少口舌才送走了。

现在我们只期待着那命令的到来，能够脱离这可怕的恶窟。至于以后的交涉，当然诉诸法庭，由罗靖华负责办理。

做了一个呈文到警备司令部，报告张被抢事。

人艺说我和小陈调戏他，他睡在被里连声地叫他的保护者枝露，我们大笑。

我都脱了鞋预备睡觉，秀文叫我过去，讲了两个小故事。和枝露医肚饿病，茵要我还她一个故事，因为前几天骂了她一句“大丫头”。小陈也要讲一个。正要走回来睡觉，静和白也在那儿讲。听了她们的，不能不又还一个。

今天天气比较冷，蚊子少，人又疲倦，一定可以睡好觉。

五月二十八日

这次到汉的表演，算是绝大的失败。这失败，是必然的，是在预想中的。

武汉艺术学会写一封信对“明月”是取进攻的态度，指出音乐、表演的缺点，我对这信非常表同情。一点没有说错，尤其对于几个无意义的、瞎凑的所谓伟大歌舞剧，他们已经看穿东拉西扯的黑幕。对于音乐上他们观察出提琴的出风头，便是艺制止别停奏的事实。他们排了一个歌舞团的等级，是“梅花”、“霞云”、“明月”勉强、“桃花”。这倒要斟酌一下，因为别的歌舞团很少看。

报纸上也大骂起“明月”，所批评的缺点都不能给我们有半点反驳的余地。根本自己的节目不行，表演、排练不熟，大明星的嗓子也是倒得一塌糊涂，常常换人替做。最使人不满足的是《漂泊者》，连我们自己都看不过去，哪里还会使观众满意呢？！《芭蕉叶上诗》的对白，简直糟透。严华讲的是北平话，有土音，“这会儿哪有你的爱人儿？”他那鞭子向台下一指，这算是唱京戏吗？说到表情，太装作平板，讨厌！

原来钱太太也观察出罗卜条[1]的丑态。他妈的，我真替他脸红，这可怜的饿鬼！其实这么一个小孩子，她能给你感到什么？态度如此显明，自己还不知道自丑！唉！

命令还没有来！今天依然表演三场。

上午和钱太太取裤子，吃冲鸡蛋。

第三场演《剑锋之下》，打败仗时碰了小白，她骂了一大套。我不理她

[1] 罗靖华。

去卸装，回来向她道歉，说了“对不起”。

秀文、茵、陈情来逼我讲故事，当时又编了一个“活神仙访铁风寺”，一个短笑话“顽皮的小学生”。正在讲得起劲，秀文的眼睛只向别处凝神，有时发出笑声，有时一只手盖着嘴作惊喜之状。我知道她绝不是听我讲的故事发笑，当我停止我的谈话时，她轻轻地对我说：“聂子！你快看那边有好把戏看，哈哈！”我抬起头来一看，真的，啊！严励和许曼丽，特别快的严华、张粲新……

时间已经不早了，所谓把戏还没有散场。小孩们要我和他们开开玩笑，我高兴地起床从后门绕到前门进来，进门便问：“张先生在哪里？”完全用的湖北口音，这一来吓得他们魂飞天外。

茵说给我一个短故事：“一个人被他的爱人骂。写完日记，哭了。气得睡在床上。完了。”

第一场演完后，和严华排练新剑法，滑一跤在石地上，碰坏了左手腕，晚上两场都没有拉琴。干妈、胖姐姐、艺、景、秀、陈帮我上药，揉擦，我谢谢他们。由这点小事看来，可以清晰地知道人对我如何。

五月二十九日

秀文小妹妹每天有空便抱着她那小洋娃娃，近来对我还不错，常要我讲故事给她听，我观察到她近来的脾气变好了一些。

干妈把我叫醒，出去买软片。吃过午饭到前花楼，民权路，买五味姜。她待我真像我的母亲一样，她和我洗衣服。

谭在昨晚找过老张一趟。他出去躲了这几天，原来是用公款开十二元的房间，惬意地住着。大家都对他不满，清早便吵得一塌糊涂，你一句我一句地批评他的不对，素来不多话的严励，也发了一大堆牢骚。本来太使人过不去，我们在做牛马，给他们管钱的自由享乐。

又被“敌人”碰伤右臂，奏乐休息一场。第三场因为是最后一场，谁都愿意特别用点功夫，我忍痛去奏乐，似乎比以往起劲得多。

胡笳病了，常去招呼她，演完在她床旁谈天，有茵、胖姐姐。又是谈到爱，不知怎样扯到罗卜条。胖说他们在南洋时她不过是像小白这么大的小孩，他竟对她常常欺骗揩油，正如他现在之对小白一样。我又想起一天早晨他和P在会客室，P坐在他身上哭，我问为什么，他说是他招她的，一会儿又说是她身体不舒服。其实我什么都看得清楚极了，一定是罗对她揩油。

谈了一些无聊的话，过后想想又懊悔，何必要给人取笑我？！

十六天的牛马生活终于耐过去了，要是再演下去，恐怕会死人。昨天筎子曾昏倒在地下，医生要她今天不要上台，她的角都找别人代。别人呢？也是病得怪可怕，每天十二个药罐，谁的脸色都是苍白得难看。

“长江”找我们去结账，他从前说住夜花园是不要钱的，现在他算每天三十元的租金，其他水电、煤费，共欠他九百几十元，这简直是大敲竹杠，我们否认。明天请客开谈话会。

船票已定好，明天下午上船。

老江和少甫、七爷在谈团体的将来，他们感到有排新节目的需要。老江在大吹大擂，七爷在打和声，少甫总以老行家的态度摆臭架子。我看到这态度总是讨厌得了不得，不愿多半句嘴。

五月三十日

决定今天上船。起床便乱着收行李，被艺拖去吃湖南米粉。因为心里总觉得今天的事多，还出来耽搁这么长的时候，所以一点也不高兴。

想加入我们的那小孩聂挹芝老早就跑来，他那可怜的眼儿向我们每一个人凝视，看他几乎想疯了。

几个人讨论要不要他来的问题，结果是到上海再答复他，由我代表和他说话。

昨晚又坐一通夜，到今早六点钟才睡，有黑炭、七爷、少甫。

午饭后，大家都收好东西预备上船。床、桌搬走，篱笆打破。在夜花园和“长江”间的走道中休息等候。和杜家小孩玩。

吃过晚饭汽车来，四部漂亮的敞篷新汽车摆在门口。他们上车时拍了一张照，时近黄昏，光线不好。

很平安地到码头，上“怡和”公司的“公和”船。坐房船，比“招商”的官舱干净。我的同房是七爷、艺、弦。

开船前一刻钟张昕若、罗靖华到，留张其琴在汉追款。据说今午宴会谈判结果颇佳，敲竹杠的新闻界也到。便是这样应付了，没有再给钱。

老张在我们屋谈，有时又和艺吵嘴。我们催他赶快清账，他说起来倒是容易极了，只要一两个钟头便可弄好。现在的经济管理已分散为四份，张、严、罗、四先生，我看他们怎样报销？

特别疲倦，不敢晚睡。他们正讲得高兴。

不觉又混了一月，再回到上海了。这次回上海应当多想一下自己的工作问题。

五月三十一日

昨晚睡得相当舒服。起来看风景，各屋都走了一转。

上午九时抵九江，我在写日记，他们打字牌。和人美、秀文、张弦上岸，走了好几家瓷器店，什么也没有买成，拍了两张照。

回来探问详细是十二点开船，弦、艺、秀文、我再上岸去替美买凤碗。上一家小馆子吃小包子、鸡丝面，秀文怕我们误时，气得她什么也不吃，老催我走。

谁都买了江西瓷器，在船上摆的摆，送的送到屋里来。我本来不多花钱的，看着他们买得热闹，我也买了一元伍角之多，到各人屋里走一走，都摆起瓷货摊来。

日落时到安庆，船没有靠码头，打了两个圈便向前走。

拉了凳子坐在船旁走道看书，讲故事。胖姐忽然哭起来，我看见别人哭，几乎也把我的眼泪引出来。我猜想她的烦恼不见得不和我差不多。

晚在房里“捉曹操”，处罚很规矩，玩到尽兴时，搬凳到外面讲故事，编“金殿”。风冷回屋，又讲“可怜关里月”。

胖姐姐总是哭，惹得我心里更难过。

回房睡觉，又碰钉子，我说我要睡觉，他们都态度显明，带发脾气地走了。

抵大通，刚预备睡觉，出去看热闹。枝露们叫去讲故事，英、陈、杨、聂联盟不睡觉，我勉强答应慢慢支持着看。终于睡了半点钟。在这一夜，我编了“双鬼迷人的皮鞋店主”。试验脉搏、心搏，英、茵被气走了，本不是我自愿说的。天快亮来睡觉。

六月一日

钱太太和茵来把我叫醒，茵说对不起，这倒是出我意外。

白天和秀文玩了些时。

一个人在船旁思想这次公演的结果，又想到回沪后的工作问题。

这次旅行在我个人的观察，可算是大部分的失败。

个人方面：

1. 预定旅途中的工作计划一点也没有做到。

2. 湿气加重，身体较前瘦了些。

3. 常受刺激，心灵不安。

团体方面：

1. 节目不良，嗓子坏，布景褴褛。临时换人，使观众不起好感，大嚷退票。在京、汉留污点。

2. 汉口新闻界的纠纷，弄得胆战心惊。

3. 内部纪律的放肆，意见的分歧，常阻碍事务进行。

4. 汉口营业不佳。

5. 熊福熙[1]话剧派的进攻。

6. 可怕的病人。

虽是如此，但也有一小部分的成功，是女生着制服，不化装，是别的歌舞团所不及。对外庄严，不以香艳肉感为号召，提高歌舞界地位，不然汉口人总以为歌舞团必是“梅花”之流。

晚开第五次执委会，在我房里。讨论事项很多，如催报账，发酬劳，张椠新……十二时散会。

六月二日　午夜一时一刻

洗完脸，船便进吴淞口，九时一刻便靠元芳路怡和码头。下着毛毛雨。

坐汽车经过大马路，各人都觉异常的快活。雨更大起来。

到家十点钟，张国基住在我的房。各处都收拾得极干净，一进门便

[1] 即熊佛西。

舒服。

院子里的草也长长了。那个被刀刺破的心仍摆在墙上，难免不要我想到疯狂破脸时期的生活。

给弟弟一个珍珠瓶。曼丽要去一张 violin 影相，秀文小妹妹要去一张长城风景。

今天是去年自南京回来整一周年纪念，也是六月二日到上海。那时，打碎汽车玻璃、火车茶壶。秀文的眼睛像我的。

午饭后到锦晖家，谈作中国歌曲和今后我们研究音乐的出路，应当从中国音乐上多用点功。我也常如此想，经他今天更深说一下，使我很兴奋。

“联艺”公司由潘家瑞办一新艺歌舞团，前一向请锦晖主考，并无其他背景。在先我们还以为是他捣的鬼。

“新光”演“天一”出品《有夫之妇》，里面插有我们拍五彩片《小小画眉鸟》。艺提议去看，我主张弄赠票。最后决定看齐天舞台中外合演的《可怜的秋香》、《三蝴蝶》。

在“又一春”吃饭，有七爷、艺、谭、我四人。抱着热望看歌舞，进去还只有十人在座，买了小报来等时候。

开幕了！变把戏、少林拳，休息五分钟独唱，《可怜的秋香》、《三蝴蝶》。所谓火奴鲁鲁歌舞团，便是从前和老江在“九星”看的花子洋人弄 guitar、吹号的所办，现在更不如从前，简直狗屁、胡闹、浅薄。还有那电术更是讨厌。

我想起那拉提琴的样子，马上便想吐。还有钢琴 solo。

今天本来最快活，碰了这个鬼，谁也不高兴。七爷想到“荣兴公司”试一试，抓回三元四毛的冤枉钱，或是要倒霉到底，谁知还没有开张。

气总是下不去，到“大世界”走了转，稍稍解了点愁闷。回家坐洋车，又冷又困。

六月三日

预备今天做很多事，结果瞎跑了一天。

睡到十点多钟才起，很舒服。随便一混便吃午饭。发了一个单位，到折西家，送他们一对小花瓶。后来和七爷、人艺、谭去“新光”看《有夫之妇》。

这部片子，在国产声片中算是进步了些，在情节方面已稍带有前进意识。描写工人生活的一部分，着实是过去中国片所未有过的。从头看到底倒是不十分有讨厌的地方。

在工人受伤，夫妻二人的谈话，应当还要加长些，有力些，使得深刻到每一观众脑里，因为那是再好没有的可以鼓动的良好机会。就我看到的这点，料想他们会如我所想的去说的，谁知他们胆儿太小了。

结果的两响枪声，太不使人紧张。至于最后的收场更是减色不少，法官叫带下去，究竟是算怎样？

去这趟京、汉，我的体重减轻八磅，136—128。

在永安公司和他们分手，到“大世界”取相。第二卷又废五张，都是曝光过度。小孤山也拍坏了。

剪了发想到“夏令配克”看《血溅情鸳》，到那里才知道是猪表演。票价太高，懒得看。

洗澡，洗衣服，身上觉着轻松了许多。

孟先生来谈“天一”拍片事，我们认为今天所看《有夫之妇》中所插《小小画眉鸟》的五彩片，简直太“拆滥污”。他说这是试验，以后再不会发生的。

想到我们的五彩片，实在可怜，音乐声太小，人影不清。比和他们配奏的《月下花前》还不如。

关于订约事，明天开执委会后再答复。

罗卜条、张国基、南洋人黄某、小狗们都在我房瞎闹、练功夫。

阿新踏断蚊烟香，十一点还出去买。路上掉过一次，回家又落地一次，碎得不可收拾。

要回家信和“三人”的信，又是两三点钟才能睡觉。

六月四日

从梦中醒来，好像见人美的影子开门出去。她穿着练跳舞的短衣，向我微笑了笑。

就此起床，已经八点钟。带着阿新、秀文到静安寺寄信和买《三星歌集》，顺便到折西家，他们如从前一样生活着，似乎更快活些。玲仙差不多拍完了一个片子，小玲还跳“胡拉舞”。

回家开执委会，到吃午饭还没有讨论完“天一”合同。饭后续议，大概有这么几个议决：（一）决定和“天一”拍片。（二）收音，起码一百元一片。（三）开拔前所发四元津贴，不作比例算，一律平均。（四）现在暂不扩充，汉口的家门暂不收；江涛介绍的黄某有允许的可能。（五）四先生在汉口交涉的来信说，他的意思以和平解决为妙，至少能拿到五百也就算了。我们同意。（六）严华、张昕若辞职不准。

吴和来，他说郑雨笙已回沪，住吕班路德律楼上。

孙瑜、金焰来。金说我们努力地干一下，他做出很知道我的神情。在房卖力，打翻痰盂。在院里练功夫，满身灰汗。

到锦晖搬的新屋，他认为我们所商量的已经妥当，他有事先走了。

突然想到从声乐上去努力，越想越觉可能。我的年龄、体格、气功已经够资格。马上买书去，老主人不在，他女儿大敲竹杠，懒得买。

晚饭后在院里乘凉，秀文做软骨人，累得我要死。张粲新和华谈情话，英和于斯咏大唱十里长亭，惹得她大哭起来，因为明天就要和情人分别了。

自从回到上海，总想往外面跑。七爷都预备睡觉，谈得高兴，又穿了衣服约了黑炭、黄、少甫、我到“新新”打弹子。我到底不行，简直瞎碰。

上小馆子吃汤面，跑路回家。沿途打了磕冲，做了梦，竞了步。到家两腿酸痛，黑炭只想找人按摩。

六月五日

找周玉麟谈了一个多钟头，她和邹的事早已解决，她打量明年回滇一转。

周耀、王志符家坐了半天，约到“暨大”宿舍吃午饭，遇很多同乡。他们问到我这次表演情形，发出使人怪可怕的、讥笑人的眼光，我想难免不是受上海的小报造谣的影响。他们索性痛痛快快说出来还好，这样一来，着实令人不好过。

到“大鹏坊”访周咏先，他病卧在床。谈些艺术运动的话，批评国产片的退步。她（吴家芷）比以前胖得多，正给那发着热的小孩吃奶。他俩都在焦心着，“小孩也病了，怎么得了？！”

周耀得黄疸病，胆汁流出，满脸现绿黄色，眼睛都黄的。

剩我、箛子、钱太太在家。在先和秀文跑冰，她被人拉走了。

我决心好好地打一天琴，拿了 Sonatina〔小奏鸣曲〕开始工作。倒霉！坏了一键，简直不能耐心地打完一遍。

小章来，箛叫去谈天，吃藕粉，回来睡觉。

四爷来信，附寄《农民周刊》一份和给少甫的信。

他首先一件事便提到万山青，和我打起醋罐子来。他对我谈“明月”意见，非常同意。他总以为游苏俄是唯一出路。

孟来谈“天一”事，他因戏剧协社要开会，坐不到一刻钟便走，没有谈别的多话，大概他们快公演了。

请和我们看房子的张国基、黄先生、阿新在中社吃西餐，主人家是我、莉、谭、七爷，靖华是陪客。

P 又来抢日记看，到底是我胜利了。后来在她们屋和胖姐姐谈话，她说我自汉口到南京时心里想的事终于是会成功的，她说得我摸头不着脑[1]。但细想一下，她刚才曾和张静在院里谈话转来，她突然提出这话，必然与此有点关系。相信定是轮船中坐夜事由张静报告了出来，她便以为我是真的来，其实我才做梦都没有想到。在先我还以为她很能理解我；我看不过是部分地知道我而已。老实说，美和箛还能真的多知道我一些。

看了 P 的照片。在抽屉里翻着日记，她也不许我看，于斯咏多嘴“情人抢情人的日记看！”“什么话，缺德！”两人如放连珠炮般地吵了起来。

箛子说她也同样地遇到可怪的眼光，并且有人坦白问她谣言事，人家都希望她脱离。她现在的大个，已经是相当地占领着她的心灵了。哼！这孩子的病也好了！

天气渐热，门前空地的蛤蟆也奏起乐来，多么可爱的夜！

六月六日

胖姐姐的弟弟在他的家乡青浦烧香过生日，这里请我们到她家里吃面。

[1]“摸不着头脑”的意思。

五部车九个人，拖到菜市路小菜场对门一家豆腐店楼上。小小的一间前楼，挤了这么多人，倒也有味。她父母对我们很客气，但言语很不大懂。我冒充说几句上海话，还可随便应付。

阿新陪我到“王开”洗照片，认识人美的同学陈某。

“天一”布景主任沈西苓和七爷谈，他知道我是怎样一个人，谈起来非常投机。孟来，同到锦晖家。又定后天端阳讨论剧本，我带了故事来看。

靖华请客到“大富贵”吃饭，后来邀了张国基，昕若来作陪客。

在国、美屋翻看照片，今晚的P十分好，似乎有复原的样子。但我敢相信绝不可以持久的，还是少想些吧！

把玩照片的兴致翻了起来，回舍又翻了好久才睡。

好几天没拉基练了，有时间都伴小孩们跑旱冰。

六月七日

起来便跑冰。金焰来，拍了小照，谈了汉口事，他也替我们着急。他一有机会也来一点直接进攻的方式。留他吃午饭。

打一天球，冲凉洗澡。茵请我吃了面。和枝露谈天。

看《深闺梦里人》，连看两场。导演刘别谦当然不用说。至于表情真令人佩服。老江在讲话，什么也写不出。

六月八日

端午节，家里预备了粽子，我吃一个的四分之一。

今天第一次拉基练，自到上海后，拉起来手特别酸。午饭后拉《夜花园里》给枝露唱，我相当欢喜这歌。

周耀来找我，说我母亲已出来，是我的一个亲戚姓冯的送来的。我听了非常诧异，急忙跑到周处，原来是冯四维，一个大胖子。他是和王志符的母亲一块来的，周听错了。

我带他到家，谈半天话，他向我借一二十元钱给店账，我哪里去找钱？！只有对不起他了。

在锦晖家等“天一”的人来谈剧本，失约了。我们在那里吃晚饭，喝烟台啤酒。

六月九日

什么希望都成为泡影了。乌正阳角[1]还是无望，我知道一切作用，也只有自己告退，免得讨人厌。他妈的，任你多大天才，想在“明月”发展总是靠不住的。

早上周伯勋来，他留起胡子来，演《续故都春梦》。

白天和箫们谈，在她们屋乘风凉。

老江谈得有味，他是打混饭吃主意。

六月十日

醒，睡在床上，P来找江闹半天，回头又叫我起床。我懒极，不理她。

小箱子一开，日记在她手里，穿着短裤背心便跳下床来和她赛抢。她终于抢去看了一天。

拉胡琴、唱歌，便是这样混一上午。

今天是预备到苏州去的。生活的有变动，使人忘了一些心事。

江拿国的箱子，我向P借绿布箱，在这点上我得一点点安慰。但临行时给她拉手，她竟不出房门，装腔作势，太使人失望。

走到老张家，和张国基、罗靖华坐了一会。两部洋车，一直拖到火车站。

被炸弹炸毁的房子，触目皆是。火车站除了月台和几间卖票房存在以外，简直破得不成样子。

没有开车便睡着了，直到青阳港才醒来。

下午五时半到苏州，人力车拖到三元坊暨南中学部。许赞成招待吃饭。

所谓海威伊[2]音乐队已登了英文广告。晚上合奏有guitar 2，mandolin〔曼陀林〕1，ukulele〔尤克里里〕，我的口琴独奏。

散步到公园，电影院就在这里面。回家写信给姐妹们。蚊虫多极，被招待到楼上，傅某让床给我睡，这儿蚊虫还少。

---

[1] 作者想在《芭蕉叶上诗》中饰演的角色。

[2] 夏威夷。

六月十一日

虽是短时期的分离，随时都会想念着她们。尤其是P，她的小脸，肥美的腿和手，随时都在我眼前闪动着。

一个人在公园散步，感到分外的孤寂。我这么想，要是永远别了她们，我将会怎样的难过？！然而，终于是要分离的，我总觉此地非我久留之所。在“明月”感受到的酸辣，到现在是不能再忍受了！我的心不住地震颤着。

总会忆起她抢日记这回事。在现在，我所能得到些微的慰安，也不过至多如此而已。至于想恢复到从前那样，她主动地对我好，也只能想想罢了！想实现，真是梦想！！！梦想！！！她过去对我的好，使我一刻不能忘记，过去了！过去了！过去的一切都是快乐的！忘了吧！过去的一切！重新开辟新的道路！

坐在小亭子里玄想，公园电影院的音乐奏起《春天的快乐》来，给我思想从美洲拖回恒德里来，又转移到往事的回忆。

我的“非洲博士”演说，想不到又会跑到苏州的舞台上来。表演结果还不错，观众多是学生。

想到材料的无意义，改变一下方式做反帝宣传，结果大失败，因为他们不懂国语。

这是苏州惟一的公园，来来往往，成对成排，白衣黑裙，简直是云南的景色，不禁想起庾庄之游。

整天的大雨，没有一刻停过，也许是节目 *Singing the Rain*〔《咏雨》〕的神灵吧！也就好像在汉口演《三蝴蝶》时总是落雨的。

从公园回校，正是大雨倾盆之际，一把小伞遮住两个大人，走到学校，混身没有一处干的，两袖可以拧下水来。

由校到公园，两人坐一部洋车还加一把伞，依然混身透湿，坐得又不舒服，我一动他更大笑起来。

晚场不来宣传，加奏 banjo〔班卓琴〕、mandolin，也不大行，心里很不高兴。

回校雨已停，垂头丧气地去睡觉。

六月十二日

起床较晚，报载“世界闻名的海威伊音乐队”，这未免宣传过火。但广告却比较在汉口的“明月”神气得多，中、英文都有。

无事阅《读书月刊》，看完田汉的《梅雨》，乱翻一阵。总觉日子特别长，说不出的不耐烦！

带了小洋两毛到小馆子吃炒面、咖啡。看许赞成不见得有昨天高兴，对人的态度也两样些。无疑是“Angro，Angro[1]”的失败。看看他们的冷眼，我对我立脚不稳、不能自信的表演更胆怯起来。

听他们说：“*Singing the Rain* 后，《黑人舞》便出去。”这显然有排斥我的意思，我自己有数。索性一个滑头，正好我不愿意把我这特有的技能，大放盘给那些不懂国语的人鉴赏。

站在场后看白戏，听音乐，可惜声音太小。老江的唱歌也不敢放大胆地叫，只见他那小腿颤抖。黑人舞太简单。总之，到底浅薄，一点也不会给人感动。音乐的成效，起码要给听众受音的激动而震荡当时的情感。奏完有人“通”、“嗤”。

和老江游公园、跑马路。他怕见人难为情，决定今晚不再回校，演完直到阊门外住旅馆，明日返沪。

在后台唱的歌《夜花园里》、《夜来香》、《芭蕉叶上诗》唱得怪有味的。谈到恋爱，他总以经验者来当我的教授。他以国的美，和他俩的稳定而自豪。的确，本来值得自豪。

场内充满了黑衫子白马褂，这几位“海威伊”高兴得发狂，他们的风头主义原来是为了这个，不能不算是他们的成功。跑出跑进地追逐，吊膀子，看着怪可笑！

在公园椅上随便记一记这几天的经过，游人走来走去，写得不很痛快。

雨后出了大太阳，心境顿觉开展，游人也增多了。

第二场完，和江在公园椅上闲谈，喜鹊嘎嘎地在头上叫来叫去。

“老江！赶快找，凳子底下有皮夹子没有？”我无意地笑着喊了起来。

---

[1] 意义不明。

“不错，一定有点喜事到来。”他一面答我，一面真的低下头去，我们两人的眼神都在周围的杂草丛里搜寻着，话也不讲了。

在公园里徘徊，看“暨南”学生追逐女性，他们对于这一门，着实有超人的本领。一个在我眼里看还不差的苏州姑娘——学生吧，被他很轻易地便勾上手。一个相貌比较文雅的小黑脸上前说话，一会儿便开始并走着。他们不敢并肩，距离在五尺以上；又表现着极不自然的表情，一看便知是吊膀子勾上的。

日落、黄昏、入夜，大自然的陶醉。不愿进院里去喝热空气，我们的腿已走得相当的累，想到那边围树的椅子坐一坐。游人已经少了，这里特别的寂静。

“咦！那是什么东西？”他没有说完，摆在椅上的一个小钱包紧握在我手里。我禁不住地喊了起来：“哈哈！喜鹊显灵，找皮夹竟应了我的口！”“快走！到那里去！不然……”

我一面走一面摸索这小宝贝，想在这铜子袋里会发现大洋或角子。我们在另一排椅上坐下了，偷偷摸摸地把铜子倒出来。总共小铜子四十四枚，找不到一个白的东西[1]。

在穷得没有一个铜子的时候，发了这笔大财自然是喜出望外。马上跑到小店里买“加力克”[2]一包，三十枚，是老江的；剩下十四枚，该我买糖吃。

和卖票的谈天，老江又得到大吹其牛的机会。他自荐他是《野玫瑰》里的打鼓佬，他曾做过多少多少影戏，他还可以叫王人美来此地表演。这次音乐队请他来只待两三天的原因是要回去拍戏，那人当然对他有好感起来。

第三场完，在账房等钱，老江想多搞几文，结果两人得十元，他们说是通通平等。弦线生意也做不成，他们也是穷得很。

老板请我们到“大华”吃夜饭，特别招待，有“大光明”经理做陪。

这几个“海威伊”在席上特别规矩，话也少说，吃菜又文明，这倒是

[1] 指银币。

[2] 一种香烟。

出我意外。

十点半钟才散席。店铺大都关了门，沿途问着警察向阊门外走去。在“孙天禄”买不少食品，麻烦了好半天。走路太苦，到底还是要花两毛钱坐车。

到三新旅馆，一间小房间，却比暨南舒服。想起去年和雨笙之游。

洗脚，和江算平等账，他真会打算。拿两块钱给我包办一切。

六月十三日

老江睡懒觉，喊也喊不起，到车站已十点钟，要到下午两点半才有车。不知怎样混过这四个半钟头？

在茶馆吃面，尽量地去挨时候。时间坐得太久，自己也难为情起来，又叫了一笼小包子，这是要现蒸的，又可挨过些时。

任你怎样不要脸，你总不能在茶馆里整坐四个半钟头，人家有客来，不能不让。花六毛多钱，混过一个半钟头。

用小箱子当坐位，在售票处、月台，等得太讨厌。买份《时报》来看。读孙瑜一封公开的回信有感。他好像有希望起来。郑君里、莉莉、钱镫合演的片子有宣传，我想投银幕的心更切。到了上海，决计要去活动一下。

煤灰跑入老江的眼中，在北四川路一家香烟店要冷水洗，看他难过得要哭，发脾气跳马路。

一进门遇曼丽、英茵:“聂子回来咯！”秀文从楼上下来:“啊！聂子！”茄子的花衣，胖姐的变样，眉毛镊得细而长，寡言寡笑，好像有多少说不出的心事。枝露在打琴，蒙她的眼。

自从到家以后，又是烦躁不堪！除了给她们东西吃的那一霎时。

和胖姐谈，她说她算是这团里最不幸的一个。只有安慰她，诱导她向幸福之路走去。一个人真的不幸的话，那么他已经脱离了人世，只要一个人能够生存在社会，他总不是不幸的，因为每个人都可以有一条同一的幸福路走。

想来想去，“明月”无望，P 的麻烦，可说绝望。各自想开些吧！何必！

“不见又想见，见了又难过。”这是张二老爹从前常说的，现在我却经验了。

接令、春晖信，令要出来了，春也想出来，但要后一步。她们都要我去考中央大学音乐系，我看无论如何是不可能持久的，经济便成大问题，现在若再去从头考起，到底有些不妥。

在人美屋谈她们看的好片《舔犊情深》和梅花的《后台》，这是唐槐秋的著作。这两个都很想去看看，但袋里是空的。

七爷自杭州回。

六月十四日

院子里装了一个铁杠，七时起床，下去翻了几下。早饭后补上这几天的日记。

白天和胖姐谈心，看了她几则日记，她要我也给她看。后来枝露也来，差不多成为公开形式。

便是这样鬼混了一天。晚饭前拉琴，小白来捣乱，只有躲开她。

晚在秀文屋，又在楼下黄床上鬼吵。

六月十五日

昨晚三点钟才睡，给“三人”写信，要她勇敢地出来。又想写点稿子投《电影时报》。

早上运动、基练，一个整上午工作得特别有趣。

正在吃午饭，见老金自七爷屋出来便走了，箍子跑出去追。我为要看他给照的照片，也跑出去追他。看他那表情，好像生了很大的气。叫他回来坐坐也被拒绝，和他约下午到第一厂。

他会和这些小孩发这么大的脾气，实在想不到。我猜想这绝不是平常的生气，至少是人美得罪了他。

借了一块钱，到第一厂，填访客单，“有终身大事访金焰”，笑得周伯勋气都换不过来。

原来是他请客看电影，有人美。早上打电话找孙瑜，老宗来接电话，知道他请人美这回事。老宗马上跑到这儿来找人美，他明知老金在里面而不进来，大概也是来约她看电影的。后来小陈向金说要他今天玩到五点钟回去，他发觉老宗的破坏性，他马上便走。

谈起“明月”、歌舞、黎锦晖；拉琴，弹 guitar。沈西苓来，谈“电艺”事，现在预备出版。

他请我看电影，“国泰”的《奈何天》，还好！在场里遇茄子、曼丽、于斯咏，是什么 James 们请客。人美大概赴老宗的约了。

回来合三重奏，月下唱《祝您晚安》。

今晚不知胖姐又是受了什么刺激，那么伤心地哭，我去劝她也被赶走了。她，自然也是有着不可言状的隐痛，不然哪里会有那么多的眼泪？！

所谓社会教育、儿童教育，自己有着一班失学的儿童还不去教育，这是多么笑话的事。

我的革命的艺术的出路已渐渐入门了，努力去吧！

六月十六日

P，总之是绝望了！本不应当去理会她的一切行动，然而偏偏又会碰在我眼里。虽然我深深地知道，她是没有真的爱我的可能，为什么我还要那样忠心地追逐？！我由许多事证明了我的傻得不可言状。同时，使人们很容易误解我。明明知道是不应当说的话，不应当做的事，而偏偏在一时的高兴时说了出来，做了出来，说后做后又要懊悔。从今天起——我说出来有些害怕，不知能否实行？！自己惭愧起来，对于 P 的态度，当有一个正确的决定。

她说：“什么最近，哼！说话碰钉子，要是再不碰钉子，那更不得了！”由这话我更深地了解她这一向对我的态度的由来。你不要看她是小孩子，她的厉害处是我所不及的，因此更给我感到无望了！

在决定对她的态度之前，我再把她的个性做一比较精细的分析：（一）她是活泼的孩子，她的天真已渐渐转为虚伪。很明显地，在从前和我要好时，着实是一种天真之爱，后来因为一些虚荣的诱惑（这包括很宽，如爱大明星，电影中学来的怪样，金钱引诱……），骄傲，骂人，种种坏脾气的自由发展，使她的天真不能不必然的转变。（二）知识的关系。对于人家给她说的话，不知好歹。（三）真正爱她的，她尽量地和人家摆臭架子，同时欺负得人家一窍不通。至于和她不相干的人，她又自己找着去和人家好感，有意做给他看，使得她对他的架子特别增高。

说来说去，总逃不了虚伪、幼稚，特有的怪癖，反正我是清清楚楚地知道而有些说不出来的。

我看现在要决定今后对她的态度很简单，便是赶快打断了爱她的念头。同时要根本推翻我一向所发表的爱的言论，这言论并不是出于真心的，而是投机的漂亮话："我爱一个人，就是她不爱我，我也是永远爱着她的。"这话昨天还和黑炭、国美们明白地解释过。

若是我要保持着这言论去找一个态度，任你怎样换花样，总是会给你感受痛苦的。

有时我想痛痛快快地写封信或是当面问她："你到底爱我不爱我？为什么从前我不爱你时你要对我那样好，现在发觉你已经爱过我，我开始来爱你，你又摆臭架子来了。爽爽快快地说，若是你还有一点儿爱我的可能，那我的心保持现状。否则，拉倒！"

再想下去，她是这样怪脾气的小孩，料想她当面的回答绝不会是从内心里发出来的。她说了一个"爱"或"不"，未见得会使我相信，我又何必如此傻？！

事实已经告诉我，再不能拖延下去了！爽爽快快地拉倒吧！忘了过去的一切！

翻翻过去的日记，简直是一些无聊的记载。心里本不愿意如此写法，无如在此环境，只能给你写到这些。要日记的内容变，当然要看你的生活变；要想看着自己的日记不会讨厌，也只有赶快去找自己不讨厌的事干。

金焰在《电影时报》发表一篇《献在爱好我的观众之前》。他大发其牢骚，说明他对时代的认识。不过他个人的力量太薄弱，现在不免是尽一"电影戏子"的责任。他指出中国电影必要走的而且是惟一的出路，只有赶快打消对帝国主义、资产阶级的幻想，集中起力量来打倒帝国主义。他的态度表示得很明显。

一时激起我的发表欲，想对他来一个相继的意见。

好久少运动，现在每天早起翻铁杠，晚上觉浑身酸痛。

晚饭后掷球，一件漂亮的衬衫被她们撕成几百条，真倒霉！越穷越见鬼，越冷越刮风。

胖姐的哭原是为七爷要她到娘家借三十块钱，被母亲大骂一顿，而且牵扯到七爷的关系。

六月×日[1]

大东有声影片公司请我们里面的一两人助演和教唱歌，艺去拉琴。他给我看一个调子，我拿来练习了一会，自己跟着唱，箎也来唱。

《芭蕉叶上诗》的对话拿来，我嚷了两遍，好像从前背剧本时的神情。乌正阳角，看来着实适合我的个性，可以自信能做，而且会好。然而，碰到了这般人又有什么办法？何况这剧本毫无意义，社会所不需要的东西。

锦晖来讲剧本，听了只想睡觉。焰来，说明晚电影协会开会，今晚和老大[2]们聚餐。美留他在这儿吃饭，我替他证明他有要事。他借去我一本guitar基练。

锦晖听她们唱歌，艺高兴地在拉琴。

昨晚三点钟睡，今早四点半醒，蚊子大队自窗入。五时起床叫她。[3]

六月二十一日

虽然昨晚四点半才睡，七点钟起来运动。没有拉琴，抄稿寄《时报》，睡午觉，洗衣服。

晚上开执委会，同时是分赃会议。“天一”的二千元，景光做出一个比例表，他有意把自己弄少，要这么假客气一下。结果他和折西一百元，艺、甫一百一十元，我八十。最高的一百五十元，最低的三十元。

所谓开会，总是瞎闹，景光不知道什么，讲些狗屁不通的胡话，他还以为他的理由正大。

十一时和江吃消夜，本该再继续工作，睡神已临，不能支持。十二时半。

---

[1] 日期缺失。

[2] 指田汉。

[3] 日记此处撕去两页。

六月二十二日

在此刻，生活中算是没有发生什么吵嘴的事，还比较过得去。

借了几块钱，和老江上北四川路找 Legaspee[1]〔理加斯匹〕未遇。一人到“百老汇”看《芳兰姑娘》。回来做裤子。

当东西买帽子。游“大世界”，无聊极。东西吃得很杂。

六月二十三日

睡眠不足，精神不支，在桌子上打瞌睡。老宗来叫醒，他说稿子可以通过，要我继续再写。

指挥来，合奏新调，技术上较前要用点功夫，也很好听。

午饭后他们奏中国调给他听，我带秀文到 Podushka〔波杜什卡〕家，他已在午睡。我送他江西细瓷器，他很高兴。

他老婆很喜欢秀文，老头走后，她特别招待茶点，听留声片。四时才回家。

晚上贴一晚小相片，到十一时去吃消夜。不能睡，院里沙发上，门外，洗衣。两点多钟不能不睡，蚊子大会。

六月二十四日

起床较晚，练习新调。

伯勋来拍照，我拍了翻铁杠。带他到第二厂找孙瑜交稿，遇郑君里，同到他家，在马路上拍吃包子照。永安、冠生园、四川馆。谈话很多，偏重对“明月”的希望问题。

回家开蚊帐大会，各人借了公款买布帐子。

六月二十五日

艺非常爽快地给我两毛钱做上课的车钱，一个素来称人是小器而自己是小器的人，能有这种举动却是不容易的。虽然他还说要我还他，那当然

[1] 明月歌剧社请来的指挥。

是开玩笑的。

老师母在门口带着那些北平小狗仔向我迎着笑脸，照例被招待在楼上。墙上所挂的图画，桌椅的布置，一切给我异样的感觉，忆起从前的上课情形，简直不像此刻的胆怯。这是没有钱交学费的缘故吧！

怪无聊地等候着，翻看床上摆的英文报，也是感到无味，只有拿出提琴来催他。真的，弦没有对好便听见楼梯响。

他说我前天把话听错了，不是今天来，是下礼拜六。今天两点半约好一个新来的女生，不能教我。我请求他在可能的这几分钟内给我一个练习的范围。

要揩油他的弦柱粉，结果给他和我做了半个钟头的苦功。我觉得十二分对不起他，但他那老脾气本来是如此，活该！

在电车上或公共汽车上打瞌睡本是普通事，但从来没有失过事。今天真算吉日良辰，下课后坐十路汽车，在北京路打起瞌睡，到曹家渡才醒。我问卖票人到赫德路没有？他笑着说："老早过了！"旁边的人只微笑地向我凝神。我并没有现出难为情的样子，只想着怎样折回去？并且好笑起自己的万幸：violin 算没有被人偷走！

不愿再花二十个子坐车，提着琴懒洋洋地向汽车路开着倒车。好像是很远的路程，到家两腿已酸。因为穿了无底牌改造袜子，走了这么远的路，那块压在脚下的破袜底，特别感到非常的硬。

"我一向是一个口松的人，有时竟把不愿对人说的话在无意中流露了出来，常常自己自责。"在跑马路时这样想，"今天这打瞌睡的事最好不要和她们说，我决定了！看能不能坚决地做到？！要不然简直是不可救药的口松的人！"

终于说出来了！这说不说没有关系。不过可以见得我这毛病的不容易改，连这么一点意志都坚定不起来。这虽是小事，我自己担心着别的有关系的大事。

为了昨晚蚊子入帐子的事，P 和我大吵起来。后来自己又自觉过来，向我道歉。

"发脾气找阿 O"，"玩玩找阿 Mai"，"×× 找赵义"，"……"，"谈谈心找聂子"……这是箢子对男人的路线，我拿它们互相比较一下，到底还是我占优胜些。今晚和她逛马路，由新闸路、康脑脱路经过恒德里后面兜了一个圈子回来。在她的谈话中值得注意的一点是她觉到读书的需要，这不能不说是我对她的鼓励。我愿在可能范围去诱导她，她们当中的几个人不是没有希望的。

她已在“大东”订了合同拍一部有声片，饰要角。她今天自公司回来，面上呈极高兴的样儿，和我报告了许多公司里鼓励她的话，望她在这片里特别努力，他们之对她——新进者，是有着很大的希望。

曼丽给我看一篇她写的随笔，由那东西看出她是有文学天才而且肯看文艺书报的，可是太过感伤，找不到她正当的出路。若果她能再找些比较新一点的书看，也是很可造就的一个孩子。

枝露和英在我屋里看照片，我总是劝她们多看书，并且自己要想一想自己的将来究竟要做一个什么人！给了她们小照片，好久才去。

黑炭不知是什么外国人邀去打鼓，从头到脚都是借来的，穿得十三分的漂亮，连袜子也是借的。

头疼了起来，吃阿斯匹灵。

六月二十六日

睡到半夜冷了起来，天亮下大雨，更冷。起床时头更疼得厉害，我用全力去抵抗，不要受“有病”的心理作用的影响，支持着拉了两个钟头的基练。

严励来谈这里面一些不平的事，谈到账目的不清楚，七爷也上楼来，越说越火起。我们简直是些猪猡，被人如此剥削还不做声。

他妈的，在台上那样卖力地表演，拉提琴不能歇一歇手，凭血汗赚得几个钱，拿给他俩这样揩油。我就说华在最近会如此漂亮，从头新到脚，电气烫头发，请女孩子看电影、吃饭，据他说是在姑父处借了一百元。至于老张呢？更不用说，住的洋房，不在社吃饭，养了老婆？……更是阔得不得了。我们呢？当衣服、当裤子、卖文字，还不够他们请客一次。

午饭后查账，一部分单据是临时造的。问华，他说不知道，完全推在老张头上。翻了半天，疑问非常多，七爷忽然冷下去，不要去管它，我也就此停止。老实说，他们若是不敢把握我们会查出弊端，他们就不会公布出来的。他们既敢公布出来，他们已是拿实在了我们看不出毛病，就是老张说："费几夜的苦功夫，是要把它弄得一分一厘不错。"

焰来，今天"电协"的全会不开。我因头痛得厉害，睡了两个钟头午觉。醒来更疼。

P 来翻日记看，看到五月七日的玫瑰花。她要我解释 P 是谁，我老不肯说，后来她看见后面"P 送我一朵玫瑰花……"看她的表情已经是知道了。旁边有枝露和秀文，她们也当然知道了。

她们翻我的软箱子找她们从前画给我的图画，无意发现了那张汉口镜框装的，从未给第二人看过的 P 的玫瑰花照片。这一来影响到枝露和秀给我一种莫名其妙的表情，尤其是秀，她做出恨我、讨厌我的样儿，而且有着失望的眼光。唉！我真替这般孩子危险！

晚饭后在院里和七爷尽量发疯，想忘了头疼，事实上更厉害起来。躲在箔子床上听她和曼丽在那儿剪报纸凑诗，我觉得太无聊。

黑炭回来了，他很骄狂地夸耀他和外国人怎样怎样。又是住了 Cathy Hotel〔凯西旅馆〕是怎样的阔！说得他的国美大开其心，那么一抱，够甜蜜也乎哉！休息了两天了！

午睡时听他们合奏新调，很想起来参加，但总起不来，身上没有一点力。

人美和宗看《赖婚》回来，我催她的稿子，她总说不会写。和她说了一大套英文话。

湖南人都到锦晖处上课去了！奇怪，近来我很不愿去那儿。

罗靖华也编起剧来，用张资平的《群星乱飞》小说改编，里面一个会拉提琴的男主角是预备给严华做，我又对它失望起来。

文字依然没有登出，总提不起再写的趣味。《电影艺术》也要稿子，我应当努力一点才对，不要落伍！在过去一年中，着实看书太少了，以后再不要疏忽！

六月二十七日

醒来觉得头疼比昨天轻松得多，这完全是得昨晚加了那床棉被。为身体起见，应该休息休息，没有拉基练。

和七爷、阿谭三人分一碗面吃，虽然少，但觉特别爽口。正在分面的时候，千里来，他昨天去看了“梅花”后台，他对于男演员批评得特别的坏，女的他只看得上龚秋霞。他说话时总是现着一些很骄狂的态度。

几个女孩子在我屋里看着脱衣服，她们是有说明在先，不怕难为情的。因为孙瑜请她们帮一帮，今天在第二厂拍戏，所以要收拾得比较漂亮些。

《火山情血》里有一个南洋酒店里的海威伊乐队，便是严、谭、江、我四人担任。没有吃午饭便去，到两三点钟才开始拍。镜头颇不少。莉莉的 Hula Hula Dance〔胡拉舞〕真有点肉麻。

一个南洋酒店的布置，里面坐着一些像日本人样的男女顾客。什么 boxing〔拳击〕，那些女子的装束，看了便肉麻！据老江说简直不像南洋的实景，那些女的简直是像要去洗澡的样儿。

拍戏用的白裤子是借用的，台上一坐，加了不少黑色。周围都是黑色恐怖。乐器有两个 guitar，一个 ukulele，一个麻绳 mandolin。奏乐还相当起劲，很像苏州表演时的神情。音乐可以发响的只是我和老江的 guitar。

吃晚饭才完，伯勋来拍照，耽搁了些时间，他们已吃完，我叫了一客蛋炒饭，正合口味。

出第二厂遇“暨南”的同乡，随便逗留了些时候，周听了我的云南话。走到赫德坊口，他说要到弄堂里找朋友。我问他:“是不是头道门？”“是。”“是女的？”“是。”“对了！我也有朋友，一块去找吧！”他的朋友没有找到，我找到周玉麟，坐不久。出来分手，他去吃饭。

箣子要上锦晖家，阿 O 说她一个出去必是吊膀子，两人生了气。箣约我一块走，有意气 O:“走！我去吊男的，你可以去吊女的啊！”我正在犹豫究竟应不应当去，因为她的手已抓着我，简直是要我非去不可的样子。“聂子！有要事和你说，等我吃完饭！”老宗看看阿 O 这样说，我马上意识到他是有意阻止箣的拉我走而气 O。我坚决地不去，她发脾气走了！“你怕我一个人不敢去么？”

张粲新到这里来，她们把华叫上楼，我也上去。玩了好一会，秀文总是做怪样。

人美说今天老金气她，今天起不再理他了。

今天碰了箣子的气、秀文的气、人美的气，使我又觉得人的傻，自寻烦恼的无聊！

和美到锦晖家，半路是篃一个人回来。那里有折西、景光、人艺、张弦。人艺挂着一个怪难看的脸，我一进门便对着我说："今天也没有合乐！"他的嘴一噘，似乎是要和我算一算今天拍戏的账一样。我没有理他，只给他一张老周和他拍的翻铁杠的照片，他一会高兴得什么也忘了。

我和锦晖谈话的第一句是请他帮我介绍做有声电影，练习练习上镜头。他说明星公司正在需要人，现在已在接洽，他们是要整个明月社包拍。今天郑正秋给锦晖来信，好像很有诚意，至于详细的条件要等我们多商量一下再谈。他们推定我伴锦晖做交涉员，等定好时间，便到"明星"去。

每到锦晖处一次，我总觉他着实有相当的麻醉力！无时不是在表现着他的个人主义，大湖南主义！难怪这般人的不会觉醒，诚然麻醉已深！尤其是——主义者！

他讲了一个《卖歌寻女》剧本故事，情节悲哀，他想给"明星"。

回家写了一点短文《下流》，是谈蔡楚生预备要出的"下流"的影片，给他一点影响。到两点钟才睡。

老江在查账，我看他也是难查出，白费力气！老实说，他们已深信我们这般孩子是猪猡，他们做的鬼绝不是我们这些以打钢琴、拉 violin 的本领可以想得到、查得到的。

四先生在汉口的交涉未了，他老先生害起瘟病来。前次寄的钱因为搬房子没有收到，现在又写信来要钱，今天又寄了二十元给他。真麻烦！这次倒霉的旅行，真花不少的冤枉钱！

P 和阿新，近来算是相当的热。他是一个聪明的、过去很沉默的孩子，现在在这么大年龄便陷入这样的迷网，可危！

六月二十八日

接母亲亲笔写来的信，她谈到我的婚姻问题，她想去问问"三人"家。三哥已定九月十三日结婚。翟淑仙因生孩子生不下死了。她要我还是回去好……

想到她老人家用那颤抖着的老手慢慢地在描写的情景，心里太难过！

淑仙的死，太可惜！还不是怪她自己，从前她和我谈多少漂亮话，现在居然堕入火坑！淑仙！你死了！你还记起你的四干爷爷[1]和你讨论的问题吗？“Marriage is grave!”

他妈的，这鬼孩子！人家好好地在拉着基练，她来把书拿走，大捣其乱，开小箱子翻日记，弄得没有一点儿心做事，结果她还要发脾气。你会发我未尝不会发，你把谱推倒，我却比你踢得高。

起床后便把稿子抄好，投《电影艺术》，交周伯勋。

华近来尽量拉连[2]感情，借钱给黑炭，请枝露——他所迷恋过的看“普天同庆歌舞团”。我和他开玩笑，要他请我，他老实不客气地说:“不请男人，请女人痛快些！”

本来要洗衣，澡盆被谭占去。看了一本日记——有我的哭，“俯首鞠躬”，问将来，这三段比较值得回味，忘了吧！过去的一切。

晚合奏中曲，和老江“绑七爷的票”，真铜板，假角子。

六月二十九日

回母亲信，“三人”的。

除了躲开她，简直没有第二个法子。人家不招她，她偏要来和人家吵，骂人。我从来没有看见过这么不知事的孩子！气得我爬上屋顶写日记。

老宗请（请他请的）上“新光”看歌舞。好倒好，太少。电影《儿子问题》看了使人打瞌睡。人美被她二哥人路接走，秀文和我到“永安”买相片。打电话给锦晖。吃广东面。到“光华”看《野玫瑰》。人力车回家。

六月三十日

指挥来，合新调，很起劲。

和人艺去买弦线，得四元六便宜。下午上“天一”摄影场工作，两点钟才回来。

那些服装，不知是什么时代？布景、舞台不近情理，有歌舞没有乐队。表情都差，国有孩子气，不传神。

[1] 翟淑仙如此称呼聂耳。

[2]“拉拢”的意思。

七月一日

和胖姐交换日记看，看了一上午。她到底是真爱七爷的，里面也有些好玩的事。

午饭后大汽车接到“天一”，等了好久才开拍，闷极！打瞌睡！

严华这狗子，他算什么，做了这么一点臭角便摆起臭架子来。他妈的，你会摆，也许我还比你摆称些[1]！

今天发脾气的很多，导演不很高兴，镜头也拍的少。

送白、静、情、曼先回，再到“天一”，已散场。吃凉绿豆汤，一点半回。老宗在家，他今天去“天一”参观，他说“天一”不行。

七月二日

起来去叫P，半天才醒。这孩子真睡得熟！

带了秀文去找雨笙，同往虹口公园。到汇山路老头家，和他谈作曲家的事。秀文肚子饿，在汽车上闻汽油想吐、睡觉。

回来已一点多，他们十一点就走了。坐洋车到“天一”，还没有开拍，看北斗，打瞌睡。整天只收了《毛毛雨》和《等一等吧！》的过门。

金焰、千里、伯勋来参观，瞎闹了一会。他们对这剧的评价是全不值得去细评，《璇宫艳史》类之服装，什么东西！周伯：衣服还好看。苏：在十五六世纪，西班牙与葡萄牙的交界有某酒店名“芭蕉酒店”。意思还不坏。

时间简直牺牲得太不值。

很多人到张昕若处开谈话会。借书，是给玉麟的。回家在我屋谈团的将来。五点钟。

七月三日

乐队等了一天，完全没有收音，最后要收《安眠》，突然收音机坏了。

昨晚没睡，天亮老江邀去吃稀饭，回来已天大亮。II piece〔第二首〕。

郁达夫、孙瑜、蔡楚生、周克来参观。

---

[1]“更有资格摆”的意思。

晨送书给玉麟。她要我这礼拜多去几次，她要离开上海。

由“天一”来接过两次人。

叫P吃稀饭，她熟睡。

七月四日

可纪念的一天，起床去叫P，她醒了！我溜之大吉，料想不会出乱子。第十八号门牌。找折西，冒雨取款，他借我钱买帽子，取相片。吃俄国大菜。

到“新光”看试片，成绩还不错。回家看“三人”的信，说什么“谈话”。

七月五日

洗了一上午衣服，十一点钟大车来，照例拖到“天一”。肚子饿极，吃饭不少。

老等，到四点钟还没有开拍。和导演商量明天再拍，今天休息，我们要回来开会查账。

遇王次龙，他的片子也快开拍，我想和他演个角，他表示很愿意。

回来便写信给张昕若来召集全会，直到吃完晚饭半天才来。华这样无知的人，实在无办法，他在门口故意骂给我听，说什么“我有钱做新衣”，“揩油明月歌剧社”……何其浅薄？！

从八点钟开到十二点钟，大查其混账，弄得张昕若、严华下不了台。他妈的，用公款借名义买私用物，揩油电灯顶费。

改组，选举张四、人艺和我管图章存款，人艺为会计主任，阿黄为记账员。

七月六日

到张处同到银行提款一百二十元，由“大陆”移到“中孚”[1]。

---

[1] 两家银行。

在“天一”遇唐槐秋，谈公演事。他们正排着予倩[1]的《买卖》。

和从前到云南的朗华公司大胖子谈去云南做影片事，很有可能性，我负责写信探问云南消息，他负责找摄影机及工作人员。

晚看《人道》试片，带秀文去的。

想做夜工，写文字、写信。

七月七日

写好《看人道试片随笔》，合奏时交给老宗。我因提琴不在家，休息了一半。奏完后，突然人艺大哭起来，小陈、人美也跟着哭，据说是为团体事而伤心。

午，写伯民的信，商量到云南摄影片事。洗衣，冲凉，便是一天。没有到“天一”拍戏。

晚，赴“丽娃丽妲”[2]的消夏同乐会。她们唱了歌，我寻到“蒙面女郎夏佩珍”，得了奖品。

玩得很无聊，十二点钟回。

七月八日

看“光陆”[3]《十九路军一兵士》试片，和李萍倩、司徒[4]同回“天一”。午饭后到王次龙家谈。到锦晖家谈（继订拍片事）。回家写影片评。到“天一”，王决定给我做一角。晚到伯勋处（民国路），他明天到陕西去了，拿些照片回来。

七月九日

和王次龙、苏怡商量服装。

韩兰根要我替他“大东”的角，没有十分决定答应他。

---

[1] 欧阳予倩。

[2] 娱乐场馆名。

[3] 影院名。

[4] 司徒慧敏。

七月十日

上午收拾房间，下午看“卡尔登”《三十六行》，简直是聂耳博士在“联华”的讲演。节目中有很多我可以做、能做，而且是做过的。

晚到“天一”，和锦晖在电话里谈收音事。一时回。

七月十一日

工作忙起来，日记简直不能痛快地写。

今晚替阿谭唱《等一等吧》。

七月十四日

近日生活：拍戏、写文字。今日《电声日报》来函请撰稿。

七月十九日

日记休息了好几天，自己想着也过意不去，今天拿来整顿一下吧。

P方面，算是痛快地没有理会到这回事，我觉得省了不少麻烦。有时她也曾找机会来和我说话，我总是不看、不理。因为我对她的态度是那样坚定地决定了！没有多话说。

写稿方面，不算不努力，做过几个夜工，成绩还不坏。为《电声》的稿，写了一个通夜《批评杂谈》。

卜万苍看过我的《评人道》，听说他大骂黑天使。他说：这不是批评，这是瞎骂。金焰和他争辩，说他是有成见的，要不是他导演的片子，恐怕不致如此说吧！前天在老金处，他们知道黑天使是我。金当面说他骂我，使得他难为情起来。这事既公开了，我顺便也不客气地再批评了一点：“好处是有一点，但我没有把它指出来。所评的坏处，我总觉得到底没有说错。”

请他们吃云南火腿。在楼上老金屋试衣服样子。孙瑜、老宗、人美、莉莉来，他们游泳去。我睡午觉，被老金的guitar声惊醒。

“天一”拍戏，多半是在晚上，有两晚到三四点钟才回来。每天所拍并不多，等得讨厌。

雨笙处借了一百元做拍戏资本，买了日用品，吃冰，做衣服。

天气奇热，晚上睡觉大成问题。已在院子里睡过两晚，帐子挂起来，还是不透风。月色特别美，有些故乡风味。

满脸起了痱子，所以特别注意身体的清洁，每天冲三四个凉。

昨天到一个外国游泳池游水，有人美、莉莉、七爷、阿黄。老宗请吃俄菜。今早到“交大”[1]取衣，又新做。

七月二十日

这是应当自责的一事，以为近来多写过一点文字，便疏忽了日记的日常工作。写文字，好像拉调子；记日记，是基本练习。两者是要同时并重的。

为了要拍片子，不得不讲究一点点漂亮，这也是逼出来的事。再到“交大”找那便宜裁缝做了两套衣服，钱已经不够了。

天气虽然热，只要物质条件稍稍满足一点，心里总是快活的，所谓心静自然凉。

和阿谭到北四川路吃冰。代罗先生买枕头，买自己的鞋子。

张国基要到南洋去了，后天便走，预备送他一点火腿罐头。

为要送新做的麻布衣服去改，和人美们乘去“天一”的车送到霞飞路。回来在电车上遇雨笙，他约我加入西南商店，明天开发起人会议。他们同到“天一”看拍戏，时间太晚，早回。

在饮冰室遇君谋、萍倩、西苓，顺便请便宜客，花一元钱。

看见西苓在读日本书，使我觉得他读书的精神胜过我百倍，自己又空虚起来。影片里需要的情书是小汤写的，那天晚上昭昭焚稿时，谁都读了起来，好像真的一样。女孩们竟对这情书制作者好感起来，我说起来，他们很好笑。

和七爷睡，挤得油淌。我的扇子碰他，他跳起来，喊着被怪虫子咬了一口，我不响只暗笑。

七月二十一日

内心的矛盾，给我一个很大的不安，为什么我近来的生活要如此浮荡？

---

[1] 上海交通大学。

所谓讲漂亮，借来的钱一点也不知道节省。素来所讨厌的跳舞场生活，今天会如此高兴地请客跳舞？！等进了场又觉无意思。

自己觉着读书不够，也是一个不安。快些觉醒读书的重要，你看你近来，不，自加入这里以后，你读过些什么书？！

昨晚和人美、斯咏到金焰家，一点多钟才回来。在张国基家睡，今早送行。

皮包被人偷了，真倒霉！

七月二十三日

好些人都在关心着这团体的比较有天才的人，常常指示给他们怎样去找一条正当的出路。譬如人美，自从她稍有声誉后，她接到不少赞美她、鼓励她的信；同时，人家说她这时不是谋职业的时候，希望她不要在这里面鬼混。有的希望她念书，有的希望她找别的路去发展。那些信的一部分，我是亲眼读过的，有些着实是生意经。

她把在天津接的某大学生给她的信给我看。和她分析读书与职业的问题，尤其对于歌舞团体的鬼混有着很合理见解，我相当地和这人表同情。

上午便是这样混过去，我看人美也是东翻西弄地混，我问她日常也是如此吗？她说像这样的日子多。我不免对她的浪费时光感到有些可惜！

午饭后搬了席子在后楼睡觉，后来人美来吵。

老宗来，在这儿吃晚饭，他刚吃完，四先生叫人请他去谈话，我知道定要扯疯[1]。果真，我还没有吃完，七爷屋里便吵将起来。四先生大声赶老宗出去，老宗只规规矩矩地坐着。

四先生发起脾气来，打破七爷桌上的东西，七爷也就此向四先生发气，一会儿两人吵得一塌糊涂，几乎动武。四先生说“明月”全是七爷弄糟了的。少甫也帮四叔的忙，和七爷对抗。

到“天一”的车已经去两部，今晚是全部动员。我要试衣，先坐七路汽车到“交大”。裁缝病了还没动工。直接上“天一”。请国、黑、黄吃冰。

做一个通宵的夜工，到天亮快用乐队时，导演因布景不合意，发脾气打

---

[1]“没有理智地争吵”的意思。

碎布景走了。我们也只得忍口气回来。天已大亮，马路特别的美，在这黎明。

回家吃稀饭、赛跑，在后楼睡觉，九点多钟起床。

午饭后想到写《人道》评得过火，并且已被卜万苍知道是我，恐怕以后会有意外的纠纷，所以有打电话给老宗停登的必要。到“暨大”、煤气公司，都不通，有人打。

百代公司的任君[1]来谈话，合奏中乐给他听。他打了几次钢琴，着实有点真功夫，坐下去便自己配起来，看他打得怪起劲的。锦晖听了我们的合奏，他也很佩服。

晚饭后在院里乘凉，我在杠上跳天鹅舞，艺在下面拉我的脚，我怎样松了手，从第三层上跌了下来。这时，我已经不醒人事了。

他们怎样和我揉，阿黄把我背上来，我什么也不知道，直到九点多钟才醒过来。四先生扶我到院里，我想上“天一”去工作，被他们阻止了。小孩们从小妹妹家回来，秀文和我讲故事，P和她争论天上的双星。

十二时回到自己屋睡。

七月二十四日

买得一个大西瓜在莉屋里吃，人多，特别有味！

小陈要和我借裤带，她要穿男装，我要她自己去拿。回头她叫我来：“聂子，我要偷你一样东西。”一面说，她掀起我的枕头，拿出一封信，不是信封的封面上写着“聂先生收，丽”。不等我去取，她便不客气地打开看起来，于是枝露、秀文也加入，抢了半天，我才得看。信是这样写的：

“聂耳：我们不说话以后，我一想起我从前对你那样，真是不对！但是你也要小心一点，现在我一想起你来就要流下泪珠。咳！我们从前在爱文义路时，是多么的好呀！没想到现在能成这样。

你现在是想我还是恨着我呢？我现在整天地想你呀！

我的以前的错处请你都丢开了吧！我希望你以后也改过你的错处。

望你来信

丽珠　一九三二.七.几号了？”

[1] 任光。

这倒是出我意外的一个消息，但，也不必大惊小怪，相信她完全是一种小孩气的情感冲动，绝不是出自内心的。即使是她真心的话，也应当以正确的眼光去理解，不要以一时的糊涂，弄得又像过去一样的痛苦。

领小陈、秀文看“黄金”的《长歌寄意》。小孩的表演真好。

整天的头疼，今晚要回一回信。

七月二十五日

好久不拉基本练习，不拉也便不想拉，一拉起来总舍不得放。温习了一些手指练习，再拉几个调子，便吃午饭。

和人美、丽珠一块去看《火山情血》，她们穿男童装，在路上买了一个大西瓜。

《火山情血》的主演是：郑君里、谈瑛、黎莉莉。剧情是一个农村（柳花村）的曹姓官僚抢了一个老农的女儿（谈饰），把她的小弟弟打伤，把她的父亲、哥哥入狱。官僚强迫女子应婚，放出她的父兄。女见之从窗外跳下，官大忿，叫人打死老农。跌伤了的女孩在她的哥哥怀里抱着，慢慢地送到家里，姐弟因伤重死了（解绳）。他和老表漂泊异国做码头工人、汽车夫。

在异国某酒店有一名舞女表演，因被酒家调戏为宋（郑饰）所救，而认识。久之，种下情苗，彼此相爱。某日，姓曹的在咖啡店里见宋，收买了店主把他关在地窖，为使女探知，即报舞女。伊将曹诱卧室，醉之，抽空将宋救出。宋在窗外睹辱其爱人者为杀父之仇姓曹的，一时打得天翻地覆，正值火山爆发，宋被追至火山顶，两人打得气尽力竭，宋立火山口旁，以乱石击之，曹忽然被自己所杀的老农、宋妹、弟之灵魂所逼，失足堕入火山矣。宋以仇已复，大半之助却在舞女身上，两人遂为伉俪云。

字幕上出现好些东西，似乎还没有知道导演、编剧是谁？一匹古典味的骑士马在一个黎明的布景前奔向光明之途。编剧、导演孙瑜的大名渐渐映出，那显示着他的伟大、新颖，充满着新的气象。

导演的技巧是较《野玫瑰》差。编剧的结构倒是很紧凑。

孙瑜总是爱注意小穿插如：谈瑛问：“这臭蛋是不是你生的？”鸡摇头，再问一个，点头。舞女和白鹦鹉的对话，“好”，毛一疵。“解绳”穿插得适当，小孩临死，求上天“解绳”，宋独坐异国陋室也利用这点做他思家的表现。妹妹会皱鼻子，舞女也会皱，因此宋与舞女才有好的可能。宋去问天去，打倒香炉。这些都是导演成功之处。至于后来在火山角斗时，忽然现老农等的影，一会儿姓曹的便自动堕入火山。我们不管是鬼迷也好，神经错乱也好，我个人总觉得这神秘的穿插尽可以不必。姓曹的死，可以由宋推下去不是更爽快些，并且还更合情理些。若果要为特别表示报仇的意义，我想在字幕上是很够表示的了。

一部分的字幕很能刺激到每一个观众的脑髓里，使人看了如炎暑饮冰时的痛快。

布景还可以，尤其火山一段倒很逼真。摄影平常，soft〔轻松〕镜头似乎多了一点。

郑君里是一个新进男星，他在剧中饰宋某，似乎不像一个农夫。说他是一个不笑的人，他算是做到了。在打架一节，着实卖力，因此特别热闹动人，至于别的表情也还差一点。

黎莉莉是第一次上镜头，剧中饰舞女。因为她原是歌舞明星，所以给她做这样一个角，当然可以尽量发挥其天才与技能。表情方面，第一次上镜头能有如此自然，却是难得。

袁丛美是老牌反派角，表演得熟练，着实令人佩服。火山上的肉搏，他有几个顶出色的镜头。

钱镗是莉莉的弟弟，表现着一个天真活泼的、可怜的小孩，在他临死时一节还比较动人。一双小手解完了绳，便和他的哥哥永别了！

以上是关于《火山情血》的种种，预备做以后写片评的材料。

“天一”的孟君谋、沈西苓、司徒慧敏也来看试片。金和我打电话，后来也来了。和千里谈关于莉莉的稿子，她为黑天使在《电影艺术》一篇《中国歌舞短论》加以解释，文字内容大部分是出自锦晖的。

在我们的立场上来看这篇《中国歌舞短论》，不但没有加重言语，况且这是事实问题。在锦晖，以至于从事歌舞事业者是应当要虚心接受的，何必再来反攻一下！莉莉无疑又受了利用。她本身为了风头主义的实现，做做工具也无妨！

编辑委员会后天在俄菜馆开会，要我列席。

晚在自己屋听隔壁无线电播音、写日记。和七爷闹鬼，到两点钟。隔壁“通”。

七月二十六日

一上午的基练、温习 Kayser[1]。

天气较凉，白天练习也少出汗。景光叫去游水，有箛、美、黑、黄、莉。到虹口，人多极，遇卜万苍、黎民伟。八时回。

在院里席地和莉、黄谈恋爱问题。莉表示她的恋爱观也是游戏，因为她已受了三个人刺激：第一、万，二、赵义，三、金焰。

七月二十七日

清早起来，精神愉快，写了开股东会议的假条。到第一厂，金已出去，我知道他准在“交大”打网球。等了半个多钟头的电车，好在那十字路口还很风凉。

到“交大”，孙瑜也在场。看他们打得也不见得高明，打完吃绿豆汤。

老卜家吃饭。孙、金一块到南京饭店出席“电艺”编委会。

老卜的《三个摩登的女性》因为谭雪容病得只剩一架骨头，再找不到一个摩登女明星来。今天有一个新来投考的，是某赌场的女招待。卜说临时演员倒有资格，若是做“三个摩登女性”之一还是相差太远。

感到读书不够，同时也觉得运动也应该加紧提起，如游水、球戏等。

老沈、苏怡、千里、老宗已先到，各人都贡献意见。1．增加有趣味的文字。2．兼评外国片。3．加照片。4．招登广告。5．扩大销路。6．每四期改封面一次。7．出月刊。

喝五瓶俄国汽水，坐了两个多钟头。

再回到第一厂，翻了铁杠。老孙跳杠跌了一大跤，吃一嘴的土，吸一鼻子的灰。

《晨报》有洪深的《中国的导演论》。据他看简直找不出一个好的，还是外国人好。《电影日报》有《替 < 人道 > 说公道话》，老卜特别向我说得

---

[1] 意义不明。

很细，他说对这篇很表同情，这是当然之理。

孙瑜的《火山情血》已经接受我的劝告，后面的火山上的打架，取消现灵魂一节，今晚补镜头。

他昨晚写了一个剧本的大纲，名《天明》。他给我看，我很表同情。这是一个在思想上比《野玫瑰》进步的作品。剧情是一对农村情侣，因为农村的破产而跑到都市做机械的奴隶，后因幻想的幻灭而产生出一个悲壮的死。伟大的新希望（这是他所要想做成的结局，但还没有想好）。

莉莉为《中国歌舞短论》写了一篇文字投《电艺》，全是锦晖改的，我看很好笑。她问我会不会登，因为她怕他们有成见不会登，我说我担保。

P 好像是和我说话了，并不痛快。请吃西瓜。坐洋车去“天一”，拍到三点钟才回。

七月二十八日

指挥来，睡不够便拖起来合乐。

吃完午饭补睡眠，到吃晚饭才醒。

在“天一”遇小洛，他要我写点关于“短论”的东西，在第五期上发表。拍《夜来香》，沉闷死，唱不好，跳也不行。

小玲和她妈[1]来“天一”，大出风头，这孩子真有希望。

回家便写文字，从三点半到六点钟。

今天还没有说话，不知怎样一个心理？！

七月二十九日

昨晚做夜工，今早三时回，写了《电艺》稿《黑天使答黎莉莉女士》，到七时才睡觉。睡了三个钟头，裁缝来试衣服。

出去买信纸。看“夏令配克”的《两孤雏》。

在折西家吃晚饭，莉莉在孙先生[2]家，“天一”车来，一同去。到化装室，她说什么人心难测，后来我突然跨进化装室，茵问她是咱们团里的吗？

---

[1] 指薛玲仙和女儿。

[2] 孙瑜。

莉莉说："是。"又说："你们万想不到，人心难测。""谁告诉你的？""我今天到第二厂，孙先生家……"我知道黑天使的秘密已经拆穿了，我打量明天找锦晖直接讨论一下这个问题。

到三点钟回家，她们还在拍。

七月三十日

到底是和锦晖说好呢，还是保守秘密？想来想去，他终于是会知道的，还是坦白些吧！

午饭后到他家，他正从楼上下来吃饭。先谈了些关于"天一"、"明星"的琐事。后来我问他看过那篇文章没有？他说那是没有十分了解的人，简直不对。至于在相片上题字，那是更糟的，所谓"香艳肉感"，我们明月社并不是完全反对香艳肉感的，实在是不得不适应一下社会。我自己觉得我的表情不自然起来，不愿即时说出，等他多骂几句，他终于没有再骂了，转说到别的话。

到了楼上，他慢慢收拾桌子，把一支香烟摆在嘴上，把藤椅拖在我对面坐下。我开始说："我坦白地和你说，那篇文字是我写的。所谓油腔滑调是不应该，但它的原意并不坏。"

他很会滑头地谈话，一面接受，一面又解释他不革命的苦衷。后来谈了一些"明月"之将来，他似乎很容纳我的意见，好像即时就转变达于高度。三点钟，要到"天一"拿钱。

一部破汽车送到"天一"，邵邨人和我接头，说没有钱，晚上送来。

陪许曼丽、江涛到"两江"[1]。汽车没华界照会[2]，跑了一大段冤枉路才知道还离得很远，扫兴地归来。

曼丽没有穿袜子，走在那些背街上（那些平民住户的门前是少有摩登男女的足迹踱过），好像特别引人注意，高跟鞋在那不大平的马路上走，臂部和两手动摇得可笑，更是使人不能不多看她几眼，因此她的表情也不自然起来。

---

[1] 私立两江女子体育学校。

[2] 当时汽车牌照分华界、租界等，不可通用。

拉四先生拉的我的破 violin，越拉越起劲。

吃饭后再跑“天一”，看孟君谋的表情，我知道今晚的钱又是无望。真的，当面和邵三[1]谈，至早也要到二号才能给清。

片子是今晚可完结了，还有三个调子没收音，我们预备不给钱不收音。

千里来看拍戏，谈起这些导演都拍起下流的剧本来，不禁哄堂大笑。她们都互相说大明星长，大明星短的。人美说大明星是要戴黑眼镜的。

“天一”的老板和自己捣乱，自己塌自己的台，是多么傻的事。办事人员们都是为公司的发展，常常贡献意见给他们，竟一点也不接受，反责骂办事人。萍倩、君谋谈起非常灰心，他们恐怕不久要脱离。苏怡今天已正式脱离“天一”到“联华”去了。他给我的临别纪念是一瓶橘子汽水，昨晚。

汤晓丹的漫画今天才算知道，过去我总看他是不很行的人，原来他是闷头才子。

电影实在是骗人，海滨的布景竟如此简单，在银幕显映着是和真的一样。

听说明天有一个集会到海滨游水，有第二厂大部分导演、明星们。孙瑜约黎景光。我很想去玩，但是没有人约我。打了电话问老金，他也去，五块钱的餐车费由他和我负责。

严华穿了军服回家换便装，他有点像希佛莱，他如果会模仿一下，可以做中国的希佛莱。

接“三人”的信，她那坦白的态度着实叫我佩服，奂已经 Kiss 过她了。

十一点多钟到家，景光在作曲，又在凑歌词，看那橡皮擦了又改，改了又擦，实在有些可怜。自信自己会比他成些，若是肯干的话。一时激起我的作曲欲。

我看这是可能的，练习练习写点普罗[2]的歌曲。你绝不要忘了人家和你介绍新朋友时“音乐家”的头衔，你会觉得惭愧吗？不要喧宾夺主！你干的哪一门？你的特长在哪里？不要“半途而废”，赶快打起精神来吧。

---

[1] 邵邨人。

[2]“无产阶级（prolétariat）”的简写。

七月三十一日

睡得很熟，还不到六点钟便给七爷叫醒。我还想睡，又恐怕车来时的匆忙，不能不早些起来预备。冲完凉，穿好服装，等待着车子来接。

正吃稀饭，孙瑜来。老宗已坐在外面汽车上等。车驶到卡德路时坏了，另换了一部，到大马路外滩上船。老金、陈燕燕、黄绍芬、史家[1]、周克已在码头等候。多好一个西瓜抬在手里咬，被老金打下水去，气死人！

金戴了一顶海军帽子，大出风头。殷明珠被我认成周文珠，我问她次龙的剧本写好没有，她大诧异起来，我知道弄错了人，一会儿转弯也转不过来。船上大送《电声日报》他拍的照以资宣传。

十块洋钿从老金的袋里掏出交给史东山，他现在才知道他们所订缴费办法：男子每人五元，已婚女子五元，订婚女子二元五角，处女零元。他听了大发其牢骚，大喊其不平等。

今天实在是不该来玩，《电影艺术》出版大成问题，我们把这十大元捐去，不是可以有点帮助？他妈的，花了有用的钱，拿给小姐们来寻开心。

和孙瑜坐在一块，又讨论起他的剧本来。《天明》的收尾，他务必要固执着女的被枪毙。老金的意思要牵扯到现在一般青年人所迫切需要的结婚、生孩子的出路问题。他说只要再以一对已婚生孩子的夫妇衬出。我总觉得这问题很大，不是在这个剧里可以解决的。我想，若是写这种的剧情，最好重新再来一个。

船到高桥镇登岸，头上顶了一大包杂物下船，引得他们好笑。

等公共汽车，新闻记者照相忙。在江边扔石子，老金很不错。殷明珠带了海军帽，有男性美。最后一趟汽车。

已经坐了够长的一条汽车道，又要换小车，有三四里路才到海滨浴场。

第一次坐小车，颠得厉害。大吊嗓子，唱中歌西曲，南腔北调。小车坐完，要走过一个小土坡才可以到海滨。一大包啤酒、面包又在我头上，一直顶到海滨，碰坏一瓶啤酒。

在田里换衣服，感到不大方便，好在有较高的草丛遮着。

[1] 史东山夫妇。

沙滩不很好，水底的尖石子很多，风浪大，水色黄，游得一点也不痛快。用救生圈浮在水里倒也舒服。

老宗介绍周世勋等新闻记者给老金照相，使他大不高兴。当然当面不好说，后来他责备老宗不该这样。过了半天，老宗说："我是来玩的，不是受教训来的。"金说："就是教训你，你这种人不教训是不行的。"两人近于口角形式。老宗气得倒在帐篷里，一动也不动。他们随时的顶嘴，着实是有背景呢！

新闻记者慌慌张张，团团围着王人美们拍照，简直好像看电影一样。

没有感到多少趣味，看见七爷已换好衣，我也跟起他来。两人在 Bar〔酒吧〕吃蛋炒饭，打盹，遇马陋芬。

喝啤酒、吃面包，吃的倒还丰富。但是游水的趣味很少，倒是在帐篷里躺躺倒还舒服。

他们在那边收拾，我一个在藤椅上打盹。五点钟动身，坐小车，还是我和老金一对。谈老宗的心窄，老宗的思想，他看不起的苏怡（因为在会议席上发表什么受人利用）。

到高桥码头日将落，一幅美景使人留恋。上船抢位子，又喝汽水，老宗发饼干，老金开玩笑，客气极。

殷明珠和老金的谈话，显然是特别要金好感。我一面听他们讲香港、青岛又广东。我又打盹了，头上挨了一下打，醒来被蔡楚生请走谈话。首先说对对的寻求：老孙走了，找他的莉；绍芬走了，找他的燕；史对呢？永不脱离。后来谈到他的新作品《都会的早晨》，这是一个思想上打量过一下的剧本。他说是两大阵营的对写，暗示给我他对黑天使写的《下流》他是同情的。过去认为自骄的蔡楚生，现在却敬佩起人来。

汽车在"永安公司"一停，老蔡们吃四川馆，老金和我上"大三元"吃广味。谈到人美事，他又是失望。在过去，他曾对这问题用很大的力，但结果给他如此坏，他觉得她的转变是无望了。在感情上，他竟说了一句带酸性的话："我不应该去和老宗抢的。"

喝两瓶啤酒，脸由晒得红变紫红。他的老同学运动家来坐了一会，人很直爽。回家冲凉。十二时半写完日记。

八月一日

黑天使问题，似乎要扩大起来。景光在忙着写信质问黑天使，桌上摆着第三期《电影艺术》，特别在那篇文字上面有许多记号，大概是预备反驳之处吧！我希望这种斗争尽量地扩大起来，因为没有斗争是不会进步的。我的要起来挑战，也就是想由这种斗争找出一条歌舞的新出路来。

锦晖来讲剧本，名《浮云掩月》，是一幕小喜剧，在趣旨上好像比《芭蕉叶上诗》容易给人寻味些。

大部分人好像都知道黑天使是我，说话时都是带有刺的。最显著的算是莉莉，她说第一厂的人都说她的来稿是锦晖做的，她当了锦晖的面说给景光听，其实是和我唱隔壁戏的。

我这样想："要是这事闹到感情破裂，或是他们对我不大满时，我实在有一走的必要。因为这样地鬼混下去，精神上是会受痛苦的。况且理智地说一句，我实在不该和这般没有希望的人去鬼混，我要做的事还多着呢！我是一个革命者，在这样的生活中，已经是该打屁股。说到走的问题，一会儿想回家一转，一会儿又想更激烈地去干。切实点说，他们不会让我轻易地走吧！也许不至于到这一步！"

我自信，我的中心思想是不会变更的了。任你怎样麻醉也是等于零。我由今天的讲剧本，施麻醉剂者的有本领和被麻醉者的呆笨，实在有着显明的表现。

拉琴的时候较多。昨夜四先生梦喊，我喊得更厉害，打起来。

八月二日

看了景光写给黑天使的一封信，看这情势好像更严重起来。我决定了我的路线：（一）回滇。在这机会，着实有回滇一转的可能。一方面隔离现环境，一方面可以看看离开了两年的故乡。仔细一想，再出来时，恐怕会有很大的麻烦。（二）到陕西，游地方，隔离现环境。（三）入"联华"，专干电影，增进别的思想与技能。以上三桩，比较上去陕西要够味些，因为去了相当时回来，一样地可以谋别的职业。

好像是全体男员都在严励屋里围着看那封信，各人的面庞上都表现着很快活的样儿，好像对这封信非常的表同情。

拉琴、读英文时总是想到这回事。突然想起有向他们解释的必要，反正他们都已知道。这样的开玩笑似乎太无聊，要吵，便痛痛快快地来一下。

终于和景光说明了。

“你给黑天使的信发了没有？”

“没有邮票！”

“不要麻烦了吧！请交给我，我就是黑天使！”

他表情不自然起来，在先有点不想给我的样子。“你未必还不放心我吗？我定会交给编辑先生呢！”他听了这话，不能不给我。

我们正式谈判起来，他反驳我的主要点在文不对题，这一点我是承认自己的错误和荒唐。我和他辩论总是根据着事实问题，并且居于我们的立场。

我希望他不要把观念混淆，这种事是另一回事，绝不要牵扯到团体的问题。我由这两天的观察，他们对我的态度完全两样。

这事说清以后，似乎心里爽快些，马上赴《电艺》编辑会，没遇小洛。

于斯咏的父亲来，大块头一个，和他玩得很高兴，有点吹功。

和艺合调子，楼上木拖鞋响得讨厌，原来已十点半钟了。

八月三日

开执委会讨论和“明星”订合同问题，细则和“天一”差不多，指定景光、光友、我三人为接洽人。

《浮云掩月》中的男演员有我一个，本来锦晖写剧本时，“任南云”是给我做的，后来因严华提出做不出“大麟”角，同时人艺、莉莉都说他的个性适合做南云，所以给我做大麟。老实说，什么角我都能做。

人美的角因为个性上有点不大对，她有些不高兴做。看她这两天有些苦闷，不知为什么？

翻阅去年的日记。千里来，过后楚生来请客到“南京”看电影，有我一个。到孙瑜家叫他，他将睡觉。剩得我和老郑后到。

听说这戏是一部悲剧，本来预备去流眼泪的，事实上看了打瞌睡，少有动人的地方。

到霞飞路吃俄大菜。经明星公司，玻璃棚里透出强烈的电光，我们知道是在拍戏，由楚生带我们去参观。无声片摄影场在拍古装戏。有声摄影场还不错，没拍戏。

由“明星”步行而归，到家已一时半。

楚生特别对我好感。

八月四日

《时报》上得一个消息，王次龙的戏因他要自己带一个 camera man〔摄影师〕，邵醉翁不同意，以致双方冲突，取消合同，由邵自任导演，张振铎、胡珊主演。

到“天一”问明这消息确有，我辞了。顺便替“明月”拿钱也没有拿着，因为他们和老板闹意见，正在淡判。他们想脱离“天一”加入“明星”。

第一厂访金焰，和老苏[1]谈剧本，五时回。

晚在院里乘凉，“梅花”的个凡[2]等来。和枝露、少甫坐沙发。

八月五日

早上照样基练。午饭后突然听说要开全体大会，跑去问七爷，他说关于我，黑天使的问题。

他又说有人说我说薛玲仙的出“明月”，是景光爱吃豆腐。我气得大发脾气。

我知道全会完全是对付我的问题。他们要我退席，上楼拉基练。结果，请我暂时退出。

晚饭后到西南商店、时报馆，都没找着人。到雨笙处，等了好久才来，他可以解除些我的苦闷。

回家，听说锦晖找我谈话，明天去。

[1] 苏怡。

[2] 严个凡。

八月六日

早上找金焰，“联华”事大约有望。

预备回来吃他们的饯行饭，原来他们并无准备，我只有措辞说吃过。

决定到北平一转，白天在家收拾行李。到锦晖家，我知道他要和我谈的是什么话，我当然很圆滑地去应付他。

空了肚子找雨笙，未遇。两个小面包解决一天的肚子问题。

雨笙来，他介绍我住在他亲戚家。

八月七日

六点钟起来收拾行李，P 们已起来，空气异常惨淡。斯咏要我和她说话，她把我们俩的手拉上。

四先生送我上船，要一点钟才开。我们上岸到老师家，吃早点，在码头闲坐挨时候。又在船上谈，他走了。到四点钟才开船。因为昨晚睡得不够，老早上床补睡眠。

八月十日

风平浪静，三天三夜后今晚漂到大沽口。由码头坐无灯火车到塘沽，搭九点半夜车到天津，住旅馆。一宵没睡，写了二十八封信。在船上遇金焰的老同学，同住一小屋。

八月十一日

取行李，花席丢了。坐九点半早车，十二时半到北平正阳门车站。坐洋车到宣武门外校场头条云南会馆，在门口遇李纯一、许强、陈钟沪。吃蛋饭、谈天、收拾房间。晚饭后和许、桑即藩游中山公园，钟沪后来。十时回，拉琴。

八月十二日

脑痛，日记改做账簿式。

晨被洗衣妇女叫醒。坐洋车至前门外西湖董振华商行找老宋[1]，刚好他昨天下午回津。原车拖回小五条找杨枝露家，遇其父，交谈多时，同往达智桥甲七号访万山青，刚遇她在门口，坐谈约半小时。

坐洋车到西四宫门口后坑白丽珠家，她妈出门，有白老太太者说丽珠是她侄孙，约明早在杨屋等其母。杨请客吃小馆子。扁豆酱、莲子、子鸡、鱼。午饭后找四爷，谈话多时，告详情，他要我到欧洲去。晚，马匡国请客到“青云阁”听大鼓、杂耍。洋烛完。

八月十三日

昨晚接四先生、黑炭及转来廖伯民的信，我对于“明月”的那些人还是不要太把他们看高了。伯民对于影片公司事也无具体办法。

到枝露家赴白母约，她因事未到。和杨父谈，留“联华”团体照片给他们看。午到“法大”[2]洗澡，淋水浴。在单牌楼“英林”吃冰淇淋，到“华北饭店”找“梅花”未遇。回家用破木板做谱架拉基练。吃云南火腿。晚在钟沪屋瞎唱。许强伤风卧床，后在杨哲夫屋唱京、滇戏。

八月十四日

接黎四爷电话，他有事不能来。午饭和钟沪谈。和许找张老师，栖风楼。东安市场吃冰。五时半看“中天”[3]《情种》。

晚和夏钟岳谈。

八月十五日

上午在万山青家里谈，她介绍她的三哥万芸，谈话颇投机，送了我两本新出的杂志。午饭后和钟沪同往西直门小后仓林太太家，我一人找四爷，他的吹工太大。在林家晚餐。晚在院里谈话，拉琴。有张梧冈、李安廷来。

[1] 宋廷璋。

[2] 法政大学。

[3] 影院名。

八月十六日

游中南海公园，晚在“洋车夫”[1]屋放小电影。中元节，夜游北海公园，一时回。

八月十七日

晨在桑即藩屋谈。午至“法大”洗澡。打乒乓球。晚放电影，吃冰淇淋。

八月十八日

晨起游北海。陆万美、钟沪、何思恭、陈汉、小博士、“碰团儿”喝十一杯茶。到灵境胡同九号韩国美家，遇其姐。

八月十九日

一个人由会馆坐洋车到西单牌楼，乘一路车（红底黑字）到西直门。走出门外一看，简直像透了昆明的大、小西门。再坐原车到太平仓换坐四路到北新桥，经后门，又由北新桥坐二路到天桥。这儿是一个低级社会的缩影，什么卖艺的、唱戏的、变把戏的，无奇没有。因为我来得时间太早，没有饱尝滋味。坐一路车回到西单。

小白的母亲来找我两次，第二次在我刚进门的五分钟之前。到枝露家，杨父说她已回去，谈了一会便回。

许强向我借了二十元钱汇给陈少贞，我很高兴地帮忙。他问我和钟沪代考学校事，我有点不敢答应，英、数、理、化实在无把握。

晚上在杨哲夫屋开“草包大会”时，李纯一提议去看中华艺团。已经九点半钟，忙着赶到“中天”，《铁与血》演了一半，休息后才开始卖艺。

有乐队、钢琴、提琴一、trumpet〔小号〕、soprano saxophone〔高音萨克斯〕各一、鼓一。各乐谱面书有 Joy，Fun，Toy〔愉悦，趣味，玩具〕，这是他们的团名。奏乐全是平凡的 Jazz 味。

---

[1] 指杨哲夫。

表演节目中最能使人佩服的有巧舞火棒、玩响簧、倒唱歌曲等。全场情绪，紧张非常。台柱讲各国及国内各省的方言，也颇有趣味。

步月而归，沿途称赞不已。联想到古时的飞檐走壁之事，不见得是虚传。

摸黑睡觉，想到蝎子的故事有点害怕。

八月二十日

何宏远把我叫醒，我忘了他请我游万牲园[1]这回事。急忙坐在咖啡店吃早点。

出西直门坐洋车不远便到。门票两毛，怪无聊地好像走一趟“兆丰公园”出来。再回到西单牌楼，吃凉米线。遇同乡杨春洲，他夫人也是在学提琴。

回家知韩国美的姐韩树芳来找过，留有名片。

在宏远屋看《时事新报》，有电影栏，全是过去《电影时报》的撰稿人尘无、聋人、水草，不知他们是如何的变动？有王人美拍《都会的早晨》消息。阅《读书月刊》，遇同乡陈、王等，打乒乓球。

晚，认识“联华”第五厂某君，是万美、宏远的朋友，谈了不少“联华”事。“他也认识金焰”，这是他们特别标明给我听的。其实，有多稀奇？

一天从早到晚，写信也没有功夫。晚在自己屋和“洋车夫”谈，他赞成我仍回到电影界去，也有道理。

八月二十一日

昨夜起夜拉泻，这肚子好像简直坏了。我总以我这健康的身体自骄，不理它。

听说北平礼拜天的早电影是给青年学生幽会的好机会，今早到“真光”[2]去赶热闹。“错尽错绝”，去得太早，整整在那空气污浊的戏院坐了三个钟头。我算好，和小陈汉逛了一转东安市场。但走出电影院来，头已经是够昏的了。

---

[1] 北京动物园的前身。

[2] 影院名。

肚子里又动作起来，不能再等，市场里去解放了。

犹豫了半天，终于决定到和平门外“清华楼”吃水饺。“我的身体是强壮的！”我常作如此想，所以就是肚子泻成这样还在空肚子里喝了汽水，接着吃八个大水饺，半碗大油馄饨。

钟沪要我吃泻油，他们说起这油的效用很大，把她的经验谈告我，怎样吃，几点钟后肚子里泻得干干净净。似乎很不费半点力就能医好这病，我也和他们作同样想法。

中午来已变成痢疾，吃泻油后三个钟头又变泻，这当然是药见功效。他们又说鸦片烟可以医肚子，并且这正是时候。我有相当信仰，晚上便工作起来，在一间屋里，谁也找不到，烟床的谈话，谁也听不到。只敢来三四口，一点钟才睡觉。

八月二十二日

什么药的功效？烟的治病？原是空气一泡！今早又是大解其痢，平均每刻钟跑一次。午饭后何宏远、许强陪去找医生，西长安街中国医院。时间已过又拖回来，这一等要到下午六时才能看病。多半的同乡还是主张吃泻油，说昨天并没有吃得痛快。

和昨晚情形差不多，但次数较多，一夜不能安静地睡上半点钟。

八月二十三日

今早已成赤痢。为省钱计，找门口崔松泉大夫开了一个药方，上午吃过两次，到晚饭时没有一点作用，又吃一次。晚上照样工作，次数更多。许强搬在我屋里陪我。

八月二十四日

再找崔医生，照样工作，无效。下午病势加重，起床都费力。

往北京医院就诊西医姚大夫。打了针，用玻璃管塞在屁股里洗肠子，吃黑药水。一天只喝了两碗米汤。

钟沪也拉起痢来，前两天她还来招呼我，今天她也上“北京”来看病。

收效少，痢未止亦未转，次数也差不多，做夜工太难支持。

八月二十五日

再洗肠子，吃黄色药水，味像果子露。痢变泻，热水袋功效大。

八月二十七日

精神稍稍恢复，再上医院，给二日量的黄色沉淀药水。次数减少，可以多吃一点稀粥。用热水袋催泻，特别有效。食前吃药，食后拉泻，这样有规律地过了两天。

八月二十八日

早饭前吃完最后一次药，食后当然地拉，有很好黄稀屎。下午的次数少极。晚在钟沪屋谈天，李表姐在谈最近一对特别快的恋爱故事。她又比较和批评摩登女士和旧道德的女子，由此可知她仍是一个旧道德观念很重的女子。她考“北大”落第了。

今天是一对同乡马希融、万家静举行订婚典礼，听说他们只经过五天的恋爱生活。这倒有趣！

几天没有出房门，今晚能串门子，谈天，心里异常高兴。

八月二十九日

许强到“中国大学”看榜归来，他和钟沪都考取了。正在陈家胡同大佛寺门口谈笑之际，张凤岐、何宏远要往“师大”洗澡，扯着手巾便跟他们去。

到“师大”自习室找人借肥皂，等了半天不见人，自己到盥漱室里去翻，偷偷地出来。他们说去找张梧冈借，结果是在大门外买了一块。到了沐浴室，热水已罄。我用冷水摩擦，他们很担心怕着凉，我觉得很舒服。张凤岐的舞，草包哉！

他们要看书预备明天的第二试，我去剪发，游中山公园，在里面吃面点，价钱比较“荷兰号”贵一倍。

晚饭吃了一碗干饭。在一号房坐了一会，让陈老弟[1]读书，闯门子到

[1] 即陈钟沪。

三号。

谈起玩中乐，一会儿他们把会馆的乐器搬了出来，有三弦、笛子、二胡、四胡等，合奏《梅花三弄》还可以听得。

睡了这几天，腿也软了，瘦得只剩一架骨子，我那些肥肉不知跑到哪儿去了？！

八月三十日

他们去复试。我七点钟出门往中山公园，想碰碰那奇怪的老洋人。在里面游二小时之久，什么也没有。

坐电车至东单栖凤楼，访张老师，未晤。顺便到六十四号于秀文家，坐了一个钟头。她的父母、哥哥、姐姐都在。她母亲想让她哥哥、姐姐加入“明月”，请我帮忙。

坐三号车至西四，十四枚的洋车拖到宫门口后大坑白家，她母亲又不在家。和那老人家站在门口谈了一会，见她的小弟弟。

正和洋车夫嚷着“九号！九号！”韩树芳在车前面走着回了回头。她是从西口出去。我下车，她向后转，我也跟着她走，好像要说的话已经说完了，到底走到她家有什么意思？我一时聪明起来，告她不用回去。我叫了洋车，就此分手。她的左手因坐洋车跌坏了，就医。

回家吃午饭时，他们还没有回来。饭后大雨，下跳棋。

送热水袋还黄五姐[1]，她们屋里很热闹，请我按风琴。她们都要留我过“中秋”，萧大汉[2]跑过来约到“农大”过“中秋”。看他们都是很诚恳地要留我。

天晴了，突然听他们说要上西山，马上便走，赶三点半的汽车。当然，少不了我，拾了一床毯子便出发。在西单牌楼等一路车，他们又去买东西，只剩我和一位素来少说话的Miss袁。结果李表姐没等来，我们先走了。到了西直门，她也在同一辆车上下来，原来她跑在前面。

挤在破汽车上待了半点钟才开，颠了一个多钟头才到香山脚，颠得我

[1] 黄香谷。

[2] 指萧光汉。

绿嘴绿脸[1]。

被洋车夫敲竹杠，由香云旅社门口到邱房（正黄旗）十七号，三十枚一辆。

主人都不在家，上卧佛寺洗澡去了！纯一、梧冈、何宏远、光汉、袁芝芬我们六人走到葡萄园，先吃饱再买，我只是看着他们吃。

新认识的同行者侯奉昆、高仁夫、高衮父，其余周伯珊、周鼎祥都是从前知道一点的。

自己做饭吃，忙得怪有味。喝了点酒，饭量也增加了些。

晚上在左屋里谈，少有兴趣。周伯珊的学郑文斋唱戏，并不高明。十点钟便睡，何、肖、我三人挤一床，横睡。

八月三十一日

起床和肖、何、袁出去散步，爬上一个小山坡，在山顶上可以眺望北平城内的北海塔、景山，四周一看，心里感到无限的开展。我简直舍不得下山，这一片绿黄色西郊，看去有着初秋意味。香山上的别墅、寺庙沉静地立在那些绿绿的林丛里。玉泉山的宝塔雄伟地耸在山顶，村里和半山上突出的堡垒，形势极其庄严。围着我们的住宅的四个堡垒，真像四颗大印。

他们已下山去买烤白薯，我还在山上慢慢地眺望，想给它留下很深的印象。由往“八大处”的汽车路走回，汽车驰过，跟着涌起一团黄灰，我不由己地骂出“他妈的”！

从离家还没有吃过水豆腐，想不到在此地可以吃到这么嫩，这么鲜味的“豆腐脑”，我一连吃了四碗。

他们领着游香山，先至宫门，有一对雕刻精致的铜狮立在宫门两旁。从前这儿是一所宫殿，现在只剩一道大门。

入宫门，登小山坡，有熊希龄的“双清”别墅，里面布置得雅致，胜过“叶家花园”十倍。登山有洋式住宅，一个小池里挤满了金黄色小鱼，也有一小部分黑色的。她们听我的指挥：“向后转”，我们说笑话，“这是熊希龄的教育”！

[1]“面无血色”的意思。

以慈善致富的熊希龄办的“慈幼园女子师范”也是在香山上，现在因外面虎疫[1]盛行，不许游人参观。

通过香山饭店登半山亭，石桌子上剩有一盘未完的残棋，萧、何对战。半山亭上哭寡男人，骗得四个从未吃过的北平特产小白梨。

步行去游“卧佛寺”，基督教青年会在这儿开什么“美以美”会。有一游泳池，水来自山泉，看他们游泳。侯兄听说是这儿的大健将，看他游水的姿势和时间的持久，果真是名不虚传。

走到“碧云寺”，登最高层，原是中山故陵，现在是他的衣冠墓。寺后有密密的白皮松围着。在寺前正坐在石阶上，可以远眺北平市，我们都不想动了。

走道回，已经六点半钟，病后走了这么多路着实太疲倦。

这晚饭特别合口味，吃了一只鸡。

饭后在院里谈天，李纯一、张梧冈各讲了一个妖精故事，简直是拿“聂耳博士”寻开心。他们逼我表演了好几个节目，使他们笑声不止。

今晚高仁夫进城去，睡他有帐子的床，厚厚的被，睡了一宵的舒服觉。

九月一日

高仁夫很早便从城里赶来，他带来《世界日报》，有沪形势更严重消息：日军在沪西示威，日舰集中黄浦江，向市府提出禁止报纸上反日言论和一切抗日运动。市民以为将再演第二次沪战，所以近来满城风雨，马路上只见搬家的人。最近还有日人组织的和“血魂除奸团”等对称的团体大肆捣乱，空气异常紧张。他们都劝我暂留北平，可是我听到这种消息越想赶回去赶热闹。

主人之一张儒翰回来，原来也是从前知道的。石屏人又加一个，他们占七人，差不多大部分是迤南人[2]的势力。因为我说的是石屏话或是还有别的关系，他们要我算半个石屏人。萧光汉也是这样。

正在吃饭，姚祖佑赶到。豆篷下一张床板大餐桌上围了十四个人，这是从未有过的盛举。

---

[1] 指霍乱。

[2] 云南省原分迤南、迤东、迤西三个道，迤南在云南南部。

昨天走得太疲劳，不愿出去，在家里看门。袁、萧、何游山转来，不辞主人便走。今早的菜是 Miss 袁做的，她算是还清了债，一走了之。

肚子特别饿，自己冲鸡蛋，吃冷面包。

晚在屋里被请再度表演，我做一个“周游世界”，累得我头疼发热。张儒翰用石屏话讲“秀才写信”，特别有味。

九月二日

吃羊奶鸡蛋早点，肚子胀得会打连珠屁，这是好现象。在去游团城道上，我站着打屁，李表姐以为我是走不动。

团城是皇帝阅兵之处，城前大操场，现成果子园。张公用石屏话念碑文，当然传神。绕了一个大圈游牧场，偷苹果，捉小鸡。

回家老许和钟沪来，这是出我意外的。这样，我可以陪他们再玩两天，不然，我真在不住了[1]。

午饭后带他们游“卧佛寺”、“周家花园”。钟沪洗脚。

晚饭后出去散步，回来讲鬼故事。

九月三日

鬼故事一般：苏中心，开黑店，日本小学生与白布包，尸变用白布拉，漏比老虎厉害。红灯笼裤脚，大红脸在门头上。

香山上的鬼，她们吓得倒洗脚水都不敢出去。

好一个阴森的空气。

早晨带了望远镜游双清、半山亭，什么玉皇岭、颐和园的十七孔桥、昆明湖都很明显地看得清。

由后山绕到对面的半山亭，下山走错路，钻刺蓬，走险道，陈老弟跌好几跤。

穿着拖鞋往周家花园洗澡、洗衣。今天算是最快乐的一天。3 5 3 5 6·3 5。

周伯珊上山来，带来一个恶消息：有一个电报交云南学会转我的，说我的母亲病，要我速回云南。

---

[1]“待不住”的意思。

晚，碰ㄔㄨ儿[1]，闹到一时才睡。

九月四日

很早起床，心中有事，大不快活，写信回家。吃了早点赶七点半的汽车已开，在宫门内桥上等，九时离香山。

回家继续写信，说明我的病况和回滇的困难，我只有到上海去拼命，拼命想法回来。

钟沪请看“平安”的 *Ben Hur*〔《亡国恨》〕，从前看的是无声，现在却是配音的。在技巧上、布景上、表演上着实伟大，可惜是宣传宗教的。因为看三时时间已过半点，逛市场，在“国强”吃冰。

白丽珠母又来，刚我走后。真是无缘，我去找她，也是碰不着。

张福华由青岛来，谈了半天，十时就寝。

九月五日

起床很早，本想上“协和”看伤风小毛病，没人陪我又懒得去。写雨笙的信，补日记。

睡午觉，看上海报纸直到吃晚饭。只有我和小博士吃。

老许和那外国人简直是一日千里的感情。今天送他照片。

晚补日记。

九月六日

晨起游太庙、中山公园。我一个人游三殿。

午饭后阅报、打球。张鹤来，白丽珠母来。

晚在黄香谷屋谈考学校事。她们主张我考艺术学院。

九月七日

从到天津便唱着的“去清华”，到现在才算去成。起床后等张福华，已经过了预定时间，八时动身，汽车也赶不上。四辆洋车颠了一点多钟，半

[1] 注音字母，ch u er。

路的让车很讨厌。看那些车夫却很平常，他们互相的礼貌却是使人佩服。

全是欧化的洋式建筑，图书馆、大礼堂特别漂亮。我们走了一转，在合作社吃午饭。

“清华”有一个历史传下的规矩，凡新生入学后，老班生要公开地大玩弄新生一番。今天正是新生注册之日，门口挂着“欢迎新同学”的大字，男女招待员守在门口迎接。签名后的头一关是到医院体格检查。再进一个宏大的建筑便是所谓的招待处，这儿是体育馆，这儿是新生们人人必经的难关。这儿有比马戏、狗戏更新奇的人戏。

我们进了体育馆，正是他们玩人戏热闹之际。周围围了参观者老学生，有些带有小红布条上写指导员、招待员等字样者，他们是专门干这种工作的执行者，他们是刽子手。应考的新生们是穿着一件内衣背心和一条短汗裤。在人声嘈杂的笑声中，他们板着面孔任凭那些刽子手的支配，那新鲜的花样给你不能不笑。就是那些表演者，虽然心里是怎样的不高兴，有时却也逼出可怜的苦笑。

爬单绳的出了风头，一阵掌声，吼声包围了他，他竟不知道这是他的不幸，身体越好的越给你玩得不得下场。

爬在地下用鼻子推进一个皮球，停在一个相距七八尺的小圈内。这看来简直像演狗戏，又像猪用鼻子在地下觅食。

令你在水桶内咬水果，等你的头刚低下，两三个人往水里一按。在你起来吐水咳嗽时，他们大慈大悲预备好一块手巾给你揩鼻涕、眼泪。

地板上写好了东南西北，要你站在当中蒙了眼睛，四五人围着你像推磨般的旋转，站定的时候要你指出你是对哪方。

睡在地下打滚，这简直是玩弄小狗。

要你披着一个大褥垫从东墙跑到西墙再回来。只听着那光脚板打在地板上发出极沉重的声音。

蹲在一根荡木上甩来甩去，令你拿取地上一个立着的木棒，这木棒的位置是恰好给你的手差五分才够得上。这是猴子的玩艺儿。

“反对者下水”贴在游泳池门口，一个云南同乡熊君已玩过这套把戏，幸好他会游水，不然闷不死也要吃几口水。

听说今晚睡到半夜还有人来拉他们的被，要有一个 model〔模特〕被掷到大操场上。

我们已经看了相当长的时候了，这种表演却是拿钱都买不着看，过后只替那些新生可怜！

新生们对于这种玩弄，不见得会像旁人样的觉得可怜，因为他们还有着报复的希望的。好像婆婆待媳妇一样，一代还一代。

在杨雪芳屋里找一本《音乐的常识》看，这使我感到异常的趣味，因为我想到要去考艺术学院[1]，不能不有相当的准备。

“清华”的环境着实太好了。我玄想着要是我现在是里面的学生，我将会很自由地跑上大礼堂去练习音乐，到图书馆去读书，到运动场去打球……一时思潮起伏，追忆起学校生活的乐趣。

我想到若是进了平大艺院，重新再度学生生活，这会给我感到何等的悠闲，更想到以后来参加“清华”的乐队演奏。但是，回头想想过了两三年的平静生活以后将怎样？！算了吧！还是不要异想天开！赶快决定走哪条路：1. 在北平？ 2. 回上海？

在昏暗的夜幕里徘徊于“清华”园中，蝉声在唱她别离之歌。我发现了我的思潮又潜伏在考学校的玄想中。

九月八日

拿了《音乐的常识》一面散步一面看，在这样新鲜的空气里增进不少的记忆，这种滋味已是二年多没尝过了。当我走过运动场，几个练跑的从我书旁掠过，跟着一阵气喘之声随风飘过，这种情景无异于在“省师”的体育场上读书。

到阅报室我总是先找《时事新报》的电影栏，我每看后的感觉总是这样：快回上海工作去！

怎么《天明》、《都会的早晨》、《春潮》都是高占非演，不知他们是闹些什么？

小张椲陪我到“燕京”参观了一趟，到底没有“清华”讲究。

午饭后仍是洋车拖到西直门。张福华、何宏远昨天已回去，今天加了

[1] 国立北平大学艺术学院。

小张楫。我俩都在车上打盹，直到西城才醒——只有何大子称了英雄。

老实说，考什么学校？我何必要这样软化下去？！我回到上海去有着我紧要任务，试问我进三年的学校比做三年的事是哪一样的希望大些？！就说学音乐吧，在北平，尤其是在“艺院”，绝不会比上海好的。何况我在上海还有免费的教员。

我决定了。决定回上海去，过了陈老弟的生日，Zimbalist〔津巴利斯特〕的演奏会，十六日走。

和许、陈试洋服，买高跟鞋，在“上海大鸿楼”吃饭，“国强”喝汽水。今天特别开心。回家和他们写请客帖子。

九月×日[1]

白天李廷媛、钱云环在五姐房，她们请我按风琴。……[2]

九月十日

不过四五人，我仅坐在接前排的后一排，要是买二元的票不是太傻吗？

装饰得小巧精致的台上摆着一架崭新的桌面钢琴，它发出几种有色彩的亮光，因为在它的旁边立了一盏美化灯罩的站灯。由台上的布置看去，使我忆起几次提琴独奏会的情景来，想不到这却是一个中乐的演奏会。

在沉静的会场里，仔细地读了秩序单。

与其穿了衫子马褂伴着一位洋Miss〔女士〕拿提琴独奏来现丑，不如规规矩矩地“跷着二郎腿”多奏几个琵琶曲，这是我感到朱子裁的傻和这演奏会的一个大缺憾！也许他要特别表现他是中西俱通的缘故吧！

开始是九个人的“协和国乐研究社”的合奏，当中拍鼓板的大概就是朱子裁，因为他们的广告上已经介绍了他是“协和国乐研究社”的导师、师范大学音乐导师。一连奏了四个合奏曲：《行街四合》是快板，有舞曲味；《渔樵耕读》是柔板，旋律很美，着实有农村生活的风味；《五节锦》便是明月音乐会的《五月落梅花》，虽然有些节拍不同的地方，我们当然很容易听出的。轮

[1] 日期缺失，疑似九日。

[2] 日记缺失一页。

奏一段是用笛子、三弦、笙、月琴、二胡各奏一句。二胡的指法很不错，听众听完他的 solo 后好像都有很愉快的情感流露出来。笛子还可以，三弦、笙平常，最糟要算月琴，弦都没对准，这个调子全被他弄坏了。后面快板合奏还很紧张，但在我听来还是没有我们奏的入耳；《云庆》是行板，多促音的旋律中有些连续的颤音，有点祈雨的味儿，但和《渔樵耕读》总是一味的东西。

“忽雷”是一种古乐器，最早的时候只是蒙古人所有，后来慢慢传入中国宫中，在现代简直没有人拿来做公众的演奏。它的形式下部像小琵琶，上部像三弦的颈，没有品，两条弦，弹用，音色似大鼓三弦，但较之柔和响亮。

这是朱子栽的独奏，他抱着坐在前面，当中背面有二胡和笙的伴奏，这哪里会叫伴奏，简直是齐奏。《登楼》有大鼓味，《混江龙》便是《春天的快乐》第一段。弦总是没对准，听来耳朵有些不好过。

无意识地料想在小提琴独奏时他会换了衫子、马褂，穿上比较方便点的衣服，谁知一开幕在台中立着的还是他那点猫样（他的脸有点像小白猫）。伴奏钢琴的却是一个洋密司。他很不自然地调着弦，摆出了一个怪不好看的姿势。

Traumerei〔《梦幻曲》〕奏完接着是 *Chaconne*[1]，没有什么高明的技巧，手指的颤动很好。*Traumerei* 的弓法拉错，最后一句用上弓，最后的 F 在弓弦上跳起来。

二胡独奏很平常，像他这样的在上海听过很多。

琵琶独奏的技巧虽不如朱荇菁，可是所奏《阳春白雪》和他自己的作品《商妇泪》，还能刺激每个听众的感情。

《商妇泪》是描写一个唐时皇宫里的宫女，经战争的混乱而失了她在皇家的荣誉，后来和一个穷商人结婚。这种生活的转变使她在她的生命之途上感到万分的悲哀。

九月十一日

拉起基练来，肚子也不知道饿。早上拉基练算是这回比较长些，温习了手指练习。

---

[1] 一种舞曲。

在半道突然想今天该去找一找托诺夫[1]。我的车由东单转北，他俩到苏州胡同取衣，再去看“中央”的《花烛之夜》。

问过好几个外国人才找到他的房子。他出去了，一个肥胖的老太婆招呼我进去留字。我为省麻烦起见，懒得写，在他那教室里打量一周，对老太婆说下午六时再来访他。

由东交民巷闲走，商店、洋行都关了门，因为今天是礼拜。马路旁的树木很多，街道非常干净，有几处走着像在上海的霞飞路。

原来东交民巷是那么长的一条马路，走到前门时我的腿有点酸痛。在正阳门车站问讯处问了到上海通车的时间和价钱，我才知道什么行李、换车，一点也没有麻烦，从北平到上海只需整两天，行李可以直运上海再取。

徘徊在车站的时候我决定了无论如何十六日便动身，刚好“九一八”可抵上海。

钻入了一个低级社会。在这儿，充满了工人们、车夫、流氓无产阶级的汗臭，他们在狂吼、乱叫，好像些疯人样地做出千奇百怪的玩艺儿，有的在卖嗓子，有的在卖武功，这些吼声，这些真刀真枪的对打声，锣鼓声……这是他们的生命的挣扎，这是他们向敌人进攻时的冲锋号。

一个老头挂着一副惨白的脸在地下滚来滚去，起来时满身都是泥，由他那可怕的脸和两手的运动正像扯疯的样儿，看了半天才知道是卖武功。

由天桥乘二路车再到托诺夫家，他没有回，约定明天上午十时会。

“四大天王”和陈老弟庆寿，到东单“大鸿楼”吃晚饭。表姐和五姐对坐于我和许强，寿星在当中而且是上席。是自然坐成这样的，也就有趣！

向她祝寿，用报纸垫在地下磕了三个头。

接“三人”的信，她简直误解了我对电影运动的观点，并且希望我进一个国立大学。雨笙的信不希望我很快地回上海。

我决定试一试国立艺术学院。

九月十二日 钟沪的十八岁生辰

好像作文章一样地写了封长信给春，大概地解释给她电影运动的意义

[1] 一名俄国小提琴教师。

和我对电影运动的正确观点。她太误解我了，她以为我是想做明星！

托诺夫鼓吹我入“清华”，只要能 pass 过入学试验，你尽可在里面把音乐当饭吃。和他谈王人艺的事，他非常夸奖他。他问拉过什么 piece 没有，他是主张拉 piece 的。他叫我礼拜六带着提琴和所拉的书来试一试。

陈老弟穿了洋服，新的秋大衣。两团毛皮在脸的两旁，烫着发，长裙高跟鞋，左胸上还插了一朵大花。阿门！看去简直是像一个大明星，大少奶奶。

原来杨瑞安和徐茂先都是教过我们的，他们要先奏一曲，正奏 *Traumerei* 时进来一批客，空气大为嘈杂，stop〔停止〕。

首先就欢迎“小四狗”[1]的提琴独奏，*Traumerei*、*Souvenier*，简直大受欢迎。接着有“洋车夫”唱余叔岩的京戏。

共有十二座一桌的四桌，我坐在第四席的上八位（上十二位）。在这席上的一切言谈举动都非常随便，因为差不多都是“香山会议”的老同志。

杨瑞安、徐茂先、李安庭都敬我小杯白玫瑰，祝我成为将来的大音乐家。“玉溪跑堂”和聂耳的 Chinese English〔中式英语〕演讲简直大闹“忠信堂”，笑声震天。

和杨、徐们闲谈，他们都愿我从这条路继续地苦干下去，同时不希望我到什么艺术院去鬼混。到底他们比较内行。

乘汽车至北海公园，刚到刚关门。我们只看到月色之美，而没想到已经十点钟。寂静的中山公园，被我的琴声的号召，一会儿就围了不少的人。

经过白鹤的公馆门口，她听见我琴声的尖锐而嗓子发痒，居然在夜深人静时随着我的琴音大唱起来。

今晚非常高兴，走着站着都在拉琴，当然，他们更高兴地得饱耳福。尤其高兴的算是陈老弟，她的这生辰过得如此充实，着实难得。

虽然吃了酒席，我们三人却觉得肚子饿，快关门的“英林号”楼上一坐，吃了点心，尽兴归来。

回家十二点多，一层薄云盖了明月，后面还跟着成块成团的黑云追逐过来。

[1] 作者的外号。

九月十三日

取相片去报名，那张假修业证书毫无问题地报了。艺术学院比我理想的要大一点。

陈老弟回去拿大衣，老许到“中大”注册，我一个人在“英林”老等了半个多钟头。老许带来一个不好消息：“中大”的证书成问题，不能注册。我看他们俩都有些不好过，我只有用些话安慰他们。

到东、西交民巷“中国”、“正金”银行，都关了门。他们带我到“老便宜坊”（骡马市大街米市胡同）吃烧鸭。我又在他们面前显了吃的本领，和他们相等外，我又吃了三碗饭。

明天要考试了，什么也没有预备，在三十三号鬼吵鬼闹到十二时才睡。今晚的侯兄非常有味，他也去了“老便宜坊”，但我们没碰着。他大概喝了不少的酒，素来不会说笑话、开玩笑的人，今晚却玩出好些花样。他大概十六号启程赴日。

九月十四日

早晨临时去借毛笔、墨盒，到校已有很多人挤在各走道、各教室门口。我找到桑即藩、徐克娴、张孝机一块儿谈话。一堆堆、一团团的小组都在谈论着关于考试的话：“你考哪一系？”“我一定落第了！”“听说音乐系的最多！”“喂！你丢 pass[1] 的时候得看好后面没有人！”“唉！我的数学不行！”“……”

铃儿一响，都集合在礼堂门口，这是第一试场。我等了很久才点到我的名，是一百〇四号。座位是一人行，这是防止偷看的。教台上摆着一块大牌，上写着极严厉的投考规则。

党义试题：1. 略述三民主义之内容。

2. 根据民生主义拟你的家乡的农村经济的办法。

3. 国难期中研究艺术的学生之责任。（这是我作的）

国文试题：1. 何谓艺术。

[1] 指把答案传给别人。

2．吾人对于艺术之使命如何？

3．各自写理想的精神之寄托。（这是我作的）

数学试题：1．a．试解下列之算式

X^{-1}，X^{0}，$\frac{0}{0}$，$\frac{0}{1}$，$\frac{1}{0}$

…………

懒得抄了，一共两个代数，两个几何，两个三角，我的狗点子好[1]！作对四个半。

英文试题是作短篇文描写北平，英翻中两小段。

晚到中南海找外国人，他已回去。上“真光”看《野玫瑰》。

九月十五日

今天是中秋节，同时是日本承认满洲国的日期。街上戒备很严，因为“九一八”这恐怖日也快到了，他们恐有意外。

空跑一转中国银行，各银行都放假。

拉一天琴，吃晚饭很热闹。小浦琼英、袁芷芬也来和我们过节，吃得不亦乐乎！

约杨瑞安去听音乐，在那儿认识几位日本留学生，他们请我先奏给他们听。

老洋人的汽车来，接到北京饭店。我们是穿中国礼服，因为是顶高的票价，不穿礼服很不大适当。

Zmbalist 好像比海菲斯老得多，前部分的技术顶高，后面有短小的舞曲，这比较适合一般的心理：他又重奏了一遍。他的姿势没有海菲斯的规矩，听了还很满意。

喝了汽水，听 Jazz 曲，看交际舞，汽车送回。过节，一时半睡。

九月十六日

以后吃饮食该特别小心了，昨晚临睡前的所谓过节大吃其水果、月饼，

[1]“运气好”的意思。

我不该把月饼和茶一块吃，今早又闹起肚子来。因为自己闹肚子有经验，急忙喝些泻油。

别人正提倡“九一八”绝食，我们为闹肚子而绝食。钟沪不但泻而且疼。

基练拉出趣味，昨晚的音乐会不无影响。一连拉了五个钟头。

陆兄[1]送些看新戏的参观券，虽然时间已迟，我觉得就是能看一幕也要去，况且剧本很多（《血衣》、《九一八》、《炸弹》、《战友》、《一个烧饼》、《第一声》、《S.0.S》）。我对它们抱着满腔的热望。

看见“法大”的铁门是关着的，第一个感觉是人满，时间迟，不能进去。等看见里面站着好些军警，我的观念马上转移到另一方面去。虽然有旁门可入，我还犹豫着是进去还是打转。恰好一个学生从这旁门出来，我问他演戏没有，他说已经被禁止了。我又原车拖回。

近几天来北平市的空气特别紧，各学校和民众团体都积极准备“九一八”的示威运动、搜查日货运动、演剧运动，虽然政府有明令禁止却当成耳边风。昨有学生和军警的冲突。

看这几天的上海《时事新报》电影栏，感不到什么趣味，文字也平凡。在图书室看报打盹，回来睡午觉，到吃晚饭。

布告处有一张所谓“T.T.T. 团”最近将向会所里的同乡有“亲热表示”的布告。据说是几位“草包”所组织，他们要学“清华”学生对付新学生的四人分尸的把戏和新同乡开玩笑，听说今晚九时动员。

十点多钟，会馆里突然发出一些喧嚷的吼声、笑声，我知道他们已在开始工作，我在寝室里看书等候着他们的到来。一阵轻轻脚步声在我的寝室周围站住，一会儿张楫进来。他们所谓的诱敌，我不等他开口便倒在他身上，叫他们抬着手脚的来，我很舒服地给他们运动了一回。

九月十七日

陈老弟在考民国大学，她比我起得早。

预备一上午的基练，到时去找 Tonoff〔托诺夫〕，还有一个学生没下课，

[1] 陆万美。

所谓他的高足一“清华”学生也在。

先叫我拉 scale，后来问我 *Mazas* 怎样。我说第一本已练完，他要我拉第二本 No.32，*Legato Exercise*〔《连弓练习曲》〕，Schradieck 拉 7th position〔第七把位练习〕给他看，调子拉 *Souvenir de Moscow*，*Gypsy Air*〔《吉卜赛之歌》〕，*Minuet*（Mozart）〔《小步舞曲》（莫扎特）〕，他非常满意。

他说我的左手很好，右手持弓是德国的老派持法，现在这些 violinist 都不是如此持法。他把我的食指移进来，多部分的握着弓，这样觉得比较紧些。

他说来上课是好像赴演奏会一样的庄严，到了课堂，从开始演奏到完，不应当有丝毫错误的。在家里自己练习时尽可以错了再来，特别难的多来。

我对于我这毛病实在抱了很大的缺憾，赶快在改换教员的现在纠正过来吧！

以后要练仅是 scale，*Kreutzer*〔《克莱采练习曲》〕，因为还有 piece，后早再去。

由今天上课的结果，我以后当注意以下的几点：

1．全弓时一定要弓屁股到尖。

2．用全毛，手腕是平的。

3．慢！慢！慢！

4．在家注意小节练习，到课堂交功课，不能有半点错。

5．闲时别乱拉，慢拉 scale 或背基练。

6．换弦时小指需紧压前弦，尽可能慢地放开。

马三哥请吃羊肉，坐电车到天桥兜风，酒醉饭饱步月回家。

九月十八日

今天是“九一八”，上午去天安门开市民大会。街上戒备极严，在天安门附近的军警更多，门是关着的，我们知道又是被压迫着解散了。西长安街来往的人很热闹。

到王府井中华乐社买 violin piece。真穷，什么也没有。

“艺院”已出榜，老桑、我都落第了。

因为“艺院”的失败，有时想回上海。

老洋人约去六国饭店吃咖啡，谈了三个多钟头话。他对中国的认识，简直比我们还博。

在杨瑞安家吃片汤，到十点钟才回。

九月十九日

交了学费，他借我 piece：Viotti No.22〔维奥蒂作品 22 号〕。下大雨，车钱很贵。

坐汽车送“杨车夫”和汤如媛的行，赶迟了。晚贴相本。

九月二十日

拉琴的时候多。晚和钟沪谈我和“三人”的事。

九月二十一日

正在写信，有李君者来访，他名片上有《戏剧与电影》通讯社记者的衔。他说是上海赵某介绍的，谈话和姓任的差不多。他给我一份《戏剧新闻》，并且要我写稿。

到第三院看“苞莉芭剧社”排高尔基的《夜店》，认识些戏剧界的人。他们剧本没改好不能排，闲坐谈天，到九时回。

九月二十二日

《戏剧新闻》社和我要稿，要我写点关于上海电影界有系统的记载，今天一有空便在房里埋着头写。臭味扑鼻，蚊子包围，感到十二分的讨厌。

刮起大风来，已经有点冷意，我今年的冬衣不知在哪儿？！

近来心绪稍觉安定，虽然今后的生活费还没有着落，好在这儿的生活程度低，少焦心吧！

九月二十三日

六点钟起来完成了《上海的电影界》，亲自到第三院交给宋之的。

他寝室里堆着很多的日文、俄文书，他正在写稿。我看他读书能下苦功，着实比我们强得多，我有着无限感动，觉到自己的浅薄！

在音乐上，最近又忽略了作曲这一工作，关于革命音乐理论的写作，也要同样地注意。

第一步工作：收集云南山歌、小调，并创作歌曲。

九月二十四日

在未去上课之前，心在跳，在路上常常活动着左手指，想着要背出的功课。

演奏时，越慌越易错。今天成绩非常好，他说我交的第一个功课使他非常满意，他顶欢喜这样的学生。

这是一定的道理，只要拉得好，下次的功课总来得多，今天的 piece 很难而且多，下星期照样要背出。

离开教师后心里总慌着："这样难！怎样交账，回去非下苦功不可。"

我由今天的成绩看来，我的免费计划大有实现可能，这也鼓励我非用功练习不可。若是以后的这三礼拜都没有错，那么，我便好开口了。

中华乐社买《音乐通论》、《音乐的性质与演奏》，要买好的弦线，简直没有。

在洋车上看新书，车到门口都不知道，跑过了一大截。

蒋南生来，我知道他会请我奏琴，我抓住他的心理先奏了 *Humoreske*。他说我比在上海时大有进步，其实这调子还没有他在上海听时拉得好。

满桌子堆的乐谱、音乐理论书籍，床上不规则地摆着提琴、弓、盒。箱子架搭的破木乐谱架，斜扯着靠在墙上。下面有扫铺刷，皮鞋有破纸盒装着，盖痢疾痰盂的芭蕉扇，擦屁股的旧报纸，擦皮鞋的破袜子。

自从在这屋拉琴的经验，蚊子敢追着来咬颈子、活动的两手，它完全是跟着这尖锐的声音而来的。这几天我细细观察，简直是这样的：非停止拉琴是赶不走的，它总是跟起你跑。每天至少有十个新伤痕，在手上、颈子上。

这几天的工作自然地有程序起来。早晨写电影、戏剧文字和拉基练，肚子饿了煮三个鸡子。午饭后在一号谈一阵话，喝杯浓茶。过来拉 piece，因蚊子骚扰和屋里的臭气，至多只能工作三小时便头昏、抓痒，所以只得离开小房子到乒乓球场，进图书馆，一直可以挨到吃晚饭。晚上看一次夜报，和姐姐们鬼混一阵。回来研究音乐理论一直到十二时灭灯。

九月二十五日

到北平来算是第一次拉了这么长的时候，自上午八点钟拉到下午四点钟。这也是逼得不能不如此，托诺夫太把我看高了。他给我这piece是一个显技巧的东西，作曲者Viotti是和大演奏家Paganini〔帕格尼尼〕同享盛名的，曲里着实有困难的地方。

到“华乐园”看科班“富连成”，唱、做工都特别卖力。我对于旧剧的趣味到底没有他俩浓厚。

舞台上很多不合情理的事与物，看了会讨厌。剧场秩序太紊乱，茶房扔手巾的最讨厌，但看他们那接的功夫是再准没有，左右，上下，远近，简直百发百中。

九月二十六日

“double stops”〔按双弦〕太苦了我，手指都痛了，今天比较纯熟些，练习时间也相当多。

好些同乡去考法学院编级生，因为文凭露了马脚，谁都不高兴，本来事前太荒唐！

想到外国语的必要，我应当努力干下去，我的日文和英文算是有了根底的。

晚饭后在钟沪屋听她念五年计划的故事，她讲得很起劲，听的人也感到很深诱惑性，谁也不愿离开，竟延续了二三小时。

独自在这破寝室里写着日记，觉着会馆里特别清静。远处传来有原始意味的土人舞的锣鼓声，尤其感到这夜的沉静。突然火车经过宣外铁道，惊破了这夜的沉寂。一会儿隔壁学校的钟声响了，忆起当年的学生生活。

×月×日[1]

自从痢疾好了以后，没有一天不会注意到自己身体的珍重。饮食的小

[1] 日期缺失。

心，大便的审察，已经是不会遗忘的事。

有时照着镜子发现脸上长了些肉，禁不住向镜子里的我狂笑了起来。有时在街上走着，坐在洋车上，觉得我已不是病人，于是挺了胸膛不自觉地露出骄傲的微笑。

因为这屋子的气味太闻不过去，昨晚开了门掀开帘子睡觉，今早起床上厕所时衣服没扣好受了凉，突然咳嗽起来。洗脸时摩擦身体，一会儿工夫便好了。

“民国大学”去看榜，钟沪已考取政治系一年级，回头要走时车夫包围着抢[1]……

十月三日

昨晚还是和许睡一床，因为暖和，起得较晚。

天气冷起来，我的冬衣还摆在上海当铺里，不知今年的冬天怎样过去？！

去年这一向也是努力提琴技术的练习，不时又领小朋友们到“九星”看电影。

交学费的日期快到了，想起来却有些茫然。管它，到那时再谈吧！

十月四日

今天是我主席，讨论一个组织大纲便占去一点多钟，王浩兰也出席。

和老丹到艺院领文凭，四处参观了一周。想找那 cello，已是下课的时候，他早回家了。

说着什么吃牛肉，看“富连成”，真的马三哥便邀我们去吃牛肉面，李洪恩请客看“哈尔飞”[2]的“富连成”。《法门寺》还不错，叶盛章的《雁翎甲》我看还没有《巧连环》的套数多，看得我打盹。

十月五日

高衮父和李琼英要回云南一转，她和钱密司都要我买东西带给春晖，并且提议买一只“小四狗”。这么一来，弄得我拉琴也无精神，草草收束便

---

[1] 日记从此处开始遗失若干页。

[2] 剧场名。

跑向西单商场去，顺便在三院打了一个转。一个人逛得怪有味，有本事从一点钟逛到五点钟才舍得离开，到底只买了一个小橡皮洋狗。

加入联合饯行，上“老便宜坊”吃烧鸭。这些诗人作了不少打油诗。

在十三号房大唱其京、滇戏，直到灭灯才散场。

从今天起，做着去日本的梦，随时在想，随时在谈。

十月×日[1]

许和陈今早请吃饯行饭，当然有这尾巴狗[2]“上海大鸿楼”上又作起诗来，有钱子、聂子又杨子、陈子、李子并许子，有高子无舟子。

写信给高转雨笙借赴日旅费，照我那说法想会有实现可能。

陪陈去“同仁”医眼睛，睡了一大觉，回家刚赶上送行。在汽车里告高，这信不要给检查。

东车站新搭有花牌坊。中西要人，各团体欢迎班禅，热闹异常。

车开了，钱密司，李廷媛密司哭得拖都拖不走，钱的脚麻叫妈。

高仁夫请吃小小饭馆，八人吃四斤黄酒。他们想玩玩女招待，留日学生也者，抬了半天的一杯酒依然又倒在自己嘴里。多么无聊！

据说她们的生活很苦，每日从上午八时起到下午十一点止都在招待着，每月除伙食外只有五元钱。

叫了好几次聂先生的电话，钟沪告我今晚要到“六国饭店”听音乐，要我早些回去。

我还以为什么了不得的音乐，原来是跳舞会一个。我规规矩矩地坐在火炉旁看报，吃、喝，他们看跳舞，我只管听音乐。有一 Tango〔探戈〕非常好，是弦乐三重奏，cello 特别可爱。……[3]

十月十二日

……没有决定。

---

[1] 日期缺失。

[2] 指作者。

[3] 日记从此处开始遗失若干页。

十月十三日

在北平居然混了两月，生活仍是动摇着。很贵族地学琴，现在也学不起了。要想望他免费，我看也是梦想！即使真能免费，你的生活费又有谁供给？

说什么去日本？也是渺渺茫茫！这几天弄得心绪不宁，坐卧不安，现在且把今后的生活路线做一个简短的分析：

去日本：

好处——有读好日文的希望，算是跑了一转国外，考察音乐、戏剧。

坏处——没有进学校的可能（因为经济）。日文程度太低，不能去直接活动。

在北平：

好处——托诺夫着实是个好教授，他很注意 piece 演奏，常学下去一定可以学很多的 concerto〔协奏曲〕，他看我的技术还不低。空气好，北平话好听。

坏处——没有生活费、学费，心神不定。生活一点也不紧张。会馆里不能充分地用音乐功夫，换句话说，这不是学音乐的环境。

回上海：

好处——有收入，有现成的免费教师，有加入乐队演奏的希望，有紧张的生活，听的机会多。

坏处——现在就想不出有什么坏处。

照这样地分析下来，当然只有回上海好。

今天本想去看《人猿泰山》，到东安市场看旧书，买了一本 *Piano Pieces The Whole World Plays*〔《世界钢琴曲集》〕，八毛钱，等于看电影。

宝塚歌舞团[1]——国际性的音乐、戏剧者。

街头音乐家。周游世界的音乐家。满洲国。小演奏会。

[1] 即宝冢歌剧团。

十月十四日

“明月”在“友联”[1]拍片，叫《燕子飞飞》，十一日已在香港路强生公司开始拍摄内景。我可以想到他们生活的一般。

若是有点勇气，还是跑日本好，反正我冒过的险也不少，多来几次又何妨？

现在回到上海固然有很多好处，但去日本一转再来，不是好处更多吗？总之，从稳处走便是回上海；去日本便是冒着险打张彩票。

计算日期，郑的款应该汇到，不知他还会有什么怀疑？据我推想：（一）爽爽快快地如数汇来。（二）措辞没钱，缓延日期。（三）先汇一部分。置之不理的事想来不会有的吧！

据最近的经验所得，对于音乐知识的修养不但要常听，而且研究音乐理论应当是和基练一样的日常工作。有时我曾对音乐抱过消极的态度，但读了一些音乐家的历史会即时鼓起很强的勇气。Wagner〔瓦格纳〕的一生都是和苦痛奋斗着。

前进吧！由日本而美、欧，有什么可顾忌的？！

十月十五日

学提琴的一月计划，现在已到期，拿着书到托诺夫那儿去退学。

“我接到电报谓我的家乡有□□[2]，此后我的生活费和学费会大成问题，所以需请假一月回去看望一转”，我很庄重地说。

“啊！这是一个顶大的障碍对于你的功课上。你是一个顶聪明的孩子，你将来的提琴会拉得不错的。”他有忧郁表情地说。

violin不论上行下行换位时，第一指无论如何紧压弦上，先把握着正确的把位再打别的指。

他和我指定了一个月的功课练习。piece交给他，但钢琴本被我骗了。

音乐会简直是死气沉沉快要坍台的样子，老丹大发牢骚，表示很灰心的样儿。其实谁不是如此想，根本这种工作一时不会做好。

---

[1] 上海友联影片公司。

[2] 日记涂去二字。

如此万里无云的月夜，我们逛到中南海，坐在凉棚下，喝着清茶。海中的四川人用口琴吹《璇宫艳史》，别人在大哼大唱，这深秋月夜的寂静被他们捣毁了！

随口哼起《祝您晚安》和 guitar 的分律伴奏，往事的追想是不可抑制地频频而起。

遇萧光汉和袁芷芬，她在先装没看见向前走。他们是初恋，这样的甜蜜生活是怪有味的。

三人身上才凑出一元钱不到，南海喝了茶，还要来“英林”消夜吃烤面包。

十月十六日

老丹来电话要约着老李们的口琴队和唱歌队参加“朝大”[1] 民众学校的募捐游艺会，还要我去提琴独奏。

走到中南海找老老，未遇。风大极，我走得出汗。

又走不少路才到“朝大”，遇老任，他们参加演剧:《一个烧饼》。要去日本的老陶也在这儿给介绍了，他和我的情形差不多，他也是在等钱。

我没带提琴去，他们都很失望，我加入了“非洲博士讲演”，颇受欢迎。

托诺夫在艺术院的演奏，全是些小调子，总的批评是还不错，详细的已经记好在心，只要看着节目单便可以忆起各曲的趣味。

在会场里认识了托的高足“清华”学生陆以循，谈起王人艺，他去年冬天在“清华”的演奏原是替陆拉，因他的手坏了。还有两个学提琴的女同乡也到。

夜里停了风，我们步月归。

十月十七日

一天的大风。天气虽冷我仍是没有加衣服，早上摩擦身体，工作时候多，所以简直不觉得怎样冷。

今天开始自己定功课练习，趣味很浓。

上海报载“明月”在“新世界”参加“路政展览会”表演歌舞，有胡

[1] 朝阳大学。

笳的新节目《提倡国货》，这便是他们所谓爱国的表演吧！

晚，在许屋看他们吞云吐雾[1]。后来在一号谈思想问题，他们要我给他们一个现生活的批判。五姐和表姐参加，我们的谈话便转移到云南的一切。

十月十八日

天气简直冷得不是一床薄被可以御寒，我有点害怕北平的冬天。我的冬衣，什么都当光了，要躲避这可怕的冬天，只有趁早离平。

想到钱到现在还不到，我又着急起来了！雨笙真的不理我了吗？

和张鹤、大佛门逛西单商场。回来和鹤谈上海的生活，一时的感情冲动，又想回上海。

十月十九日

拉琴正起劲时，觉得自己很有希望。一时会有如此一个幻想：

云南人学音乐成行点的我算得一个，等再学有相当成绩时可以回去开几次演奏会，使教育界的都听到我的专门技术，我可以要求到国外留学。

要是去不成日本，回上海可以到国立音院混津贴，同时在"联华"工作。

和鹤正开晚饭，茶房送好些信来，我看有几封牛皮纸封的，我想无疑会有我一封。等他一个个地分发完了，却都是别人的。唉！这几天望信的滋味是够尝了！一天起码问十次。

一卷报纸是雨笙寄给张鹤的，我们都很怀疑他为什么要寄这么些无聊的小报来。他说恐怕里面有信，我忽然意识到有这种可能，随便一张张地清理过，什么也没有。

无意地翻阅那些报纸，一张信掉出来了。在我没有打开之前我拿定是我的，因为给别人的信着实没有如此秘密的必要。等打开一看，开头便是鹤兄，找不到关于我的一个字，我深深地失望到底了！

我终于不可解，一封不关痛痒的信何必要夹在报纸里寄，既可以把

[1] 指吸鸦片。

别人的信夹在报纸里，为什么我的事竟一字不提？这事简直太玩弄了我的感情！

他俩都不在家，我今天感到十分的孤寂。常在一处倒不觉怎样，突然离开一天，似乎找不出可以谈得起话的人。计算今天拉琴、看报的时间也不少，但一闲便去看他们回来了没有，总希望着他们能早些回来。

十月二十日

想不到去日本的这机会瞎摸瞎碰地却碰出正路来，老陶可以找到音乐学校关系，一切无问题。登岸手续只需交一张百元日金票，他们看你有钱便不会猜疑到是来做工的或是其他危险分子。既到以后的住食问题都有人招呼。

这些弄假成真的事我不知干过多少，自己越想越有趣，我将自称曰“活神仙”。

好些人都认为我“不回朋友的信”是一桩顶不好的习性，我自己也觉到这是一个绝大的缺憾，我以后将尽力克服。

昨晚和张鹤、宏远发歪疯，十一点钟还鼓吹他们陪我跑马路，他们也觉月色可爱，便兴高气傲地手挽着手跑出去，三个活泼精悍的小孩，不顾一切地向前跳跃着。风虽冷，没穿长裤外衣的“小四猫”和光头无领的“小四狗”还觉得心里发烧，因为我们沿途讲的青年人漂泊吃苦的事。他们很愿意听我讲去广东、湖南的经过。

“英林”吃完点心出来，觉得冷风逼人，跳到会馆，已是灭灯的时分。

今早起来继续写雨笙的信。从来不会对人诉苦的我，今天却和他大诉起苦来。我除催他速汇赴日旅费外，还告他回上海的第二步计划。若是他一时不方便的话，可先汇够回沪的旅费，回上海再多方筹借。我报告他这儿冬天的可怕，我的冬衣一点都没有带。

写金焰的信和老宋的一明信片。

白天李健来谈，他总是说“乐联”[1]无望，处处感到困难。我说他们过去不该用如此大的招牌。在先我并未曾想到仅是五六个人，在我接到老丹

[1] 北平左翼音乐家联盟。

给的宣言时。

他请我奏曲给他听。

怪无聊地翻信看，想起应写封信给人艺和严励，我的提琴朋友。

大风一起，我便有些害怕，没有冬衣，在北平的冬天是不可随便开玩笑的。惟一的出路只求能早日离平。

北平，着实有它可以使人留恋的地方，但是为了生活，只能说一声“后会有期”！

十月二十一日

刚从杨瑞安家回来，因为今晚和他谈话的起劲，使我充满了创作欲。正在情感高涨的此刻，随便将它拟出一个计划来：

题材：以我由云南至广、湖的实际生活为取材，写成一篇长篇小说。

意识：以一个青年学生的对社会仅有浅薄的认识，而感情地走入士兵群众中生活，赤裸裸地暴露他的思想的无系统。但因客观环境的成熟使他渐渐理解他的现生活、现社会，因此，他才坚决确定了中心思想，踏上一条正确的大道。这是它的中心意识。

结构：车别为开始，以邓的送行的话介绍出主人翁的第一个性——嗜好文艺、动的个性，纯感情的。叙述招兵时相约报名的情形，多么踊跃地、高热地、有生气地，结果只剩一个人，显露出李、邓、郭、胡的胆小、畏缩。在此结束云南省的记述。

滇越铁路的北端，昆明车站的月台上，拥挤着人群。紧靠月台旁这一长条列车，将在二十分钟后开向安南去。

由海防至广东一段全是实生活的描写，以一个弟兄请写信一直联系到底。在每封信里都有悲愤的情感，尤其在他阵亡前的一封家信里，充满了血和泪，他始终是一个可怜的人。

到广东发新兵衣服，生了很大的感动，自己觉着今后的生活会可怕起来。但因旅途所见一切新的气象，在极吃苦的时候总觉是无上的快乐，那些可怖的幻想早已幻灭了。

入郴城后所遇到的眼光，恐怖的想像实现在眼前。到营里无意听见有人叫自己的名，原是旧友。这时的情感，一面是得到慰藉，一面是深悔为什么不在广东开小差。一时莫名的眼泪雨水般地涌将出来，也不怕难为情。

接着是一大段新兵生活的描写，直到开小差为止。此时期的主角是赵、陈、他三人。

由新兵至文书上士的生活的转变，此刻如登天堂。连长室堆着没人盖的被，勤务兵来烧火盆，从此没有人凶凶地叫你的名字，耳旁只听见些师爷的称呼。

客观环境中有兵变，年三十晚，毙人，狱中，小孩的歌唱，女人的租贷，农民的谈话。

录事生活的思想是：暂时的安息，想再度学生生活，遇旧友桂，谈话，借书看，思想上起了很大作用。刊物的影响，想入 × 军，想从事文艺生活，想编常识问答，想当电影明星，想开飞机、汽车，但没有想到当官。实生活是：预备功课、写短文、讨论问题、追密司、和陈进行开小差的事，请假不成，请拨入军官团。

换连长，一个是摆架子，新来的，我可以摆他的架子。新连长的恋爱史，请我代写情书。（这时期的思想和行动都是混乱的，尤其在对 × 半知不解的此刻。）

描写录事生活，多半偏重赵、耳二人对小资产阶级的幻想的失败，到加入军官团时已有比较健全的意识，一切行动都是有意义地干。

坐大木船至北江、韶关，上滩的拉船想起 Volga〔伏尔加〕的船夫曲。离郴时出发情形有西线无战事意味，妻室女儿的送别。他俩经第二营，勤务兵叫师爷。老赵途中的赌钱，北江的挫折，鼓起勇气提着箱子便走，身上只有一元多钱，只想此后脱离这种生活，到广东去做工都干，结果又入军官团。

时局转变，他俩都被遣散，拿着旅费住小旅馆，这是新的生活的开展。

二人同到上海，箱子里的书闯了祸，请保人才算了结。平安旅馆，亭子间生活，有关系，杨四姐，都会的早晨，两年以后，到湖北去。

* * *

对于我的音乐生活的转变，也想做一个有系统的文字。从幼时爱好音乐说起，买提琴，练习 Hohmann，入“明月”，个人教授，所谓 classic，沪战起，革命的音乐，北平来，日本去。

这样大概的结构可照上述，但需要再深刻些再写。这是贡献给时代的音乐家。

*　*　*

老陶来，他只有一二日汇款便到，他什么都预备好了，我听他的报告登时着急起来。

“笙请即汇二百元急耳马[1]”，下午三时打了一个电报，看他理不理！

咱三人游到中南海后面的隐士海心亭，坐在石阶上眺望夕阳烟景，真舍不得离开。

西单商场吃大菜，逛到“义丰”买小瓷人，我看中一个有美的舞姿的半裸女，她那肌肉发达的均匀，各部的曲线，真是恰到好处。我想到“德来西士特儿”们是比我还要欢喜，要是我能送给他们的话。

孔老接大高转小高的信，他竟把李生萱的住址忘了，直到现在打听到，信交去没有还是问题！

……[2]说起云南的柯仲平的创作精神，使我觉到我自己也可能做出和他差不多的作品，我有的是充分的材料。

以后将更勇敢地去实践人生，在这里面取得伟大材料，创造伟大的作品。

十月二十二日

作小说是要有充裕的时间，像我每日的基练几占一日工作时间的一半，不知所理想着要写的小说要几时才能完成！

在会馆里生活，每月若是有几十元的进款，一天拉拉琴，打打球，看看报，倒也安闲！我想到我要到日本去，恐怕不能天天看到上海报纸，注意电影、戏剧的消息。

接“三人”的信，一封三百多字的信竟有一百多“！”，平均三个字用一个！由此可知她是太情感了！太痛苦了！

她在前信说：“……你想入电影界的热，就如一个人盲目地爱他不该爱

[1]“马”指马日，即21日。

[2] 日记涂去二十余字。

的人一样的热，所以我无法劝阻你，让你去试一试。”我的回信里将其原意简言之曰：“你以‘盲目求爱’的狂热的眼光来勉强同意我。”她现在却倒反误解起这句话来！我不怪她，她身体弱，她的记忆绝不会记住这些小事的。

联华话剧部将在“兰心”公演托尔斯泰的《复活》，有田汉、欧阳予倩、应云卫为指导。

晚在二十五号房讲起宜兴鬼哭的故事，一时引起多少鬼故事来，讲得大家都毛骨悚然！外面刮着冷风，更添上悲惨的情调！

李表姐离会馆一礼拜了，今天才来，觉得特别亲热！她今晚和沪睡。

十月二十三日

看到《舐犊情深》的广告，急忙跑来报告这好消息，晚上五姐请我们三人去看。

《舐犊情深》是久已闻名的一个伦理片，描写父子之爱，由贾克·库柏传神的表演，更使人有很大的感动。他能叫人跟着他笑，跟着他哭，观众的感情全被他支配了。

片中有几处结构特别表现有力的地方，是一匹骏马的交易；狄克生气时他父亲所要的微笑；吐泡运气的口水。这三处差不多是从头联系到底都觉得它们有插入的必要，而且是恰到好处，这不能不算是导演的成功。

使我流泪的地方是第六号赛马倒地时跟他哭的，其次是狱中看他父亲，最后是他父亲的死。

据我散戏时的观察，有十分之八的观众是带着一双流过泪的眼睛。

回来乘洋车，很冷。到家已熄灯，我们又谈了半天才睡。小狄克的映像，终夜都没有遗忘。

十月二十四日

这两天贪热被窝，起床较晚，今天竟没有摸着提琴，简直太不行啦！

到故宫太和殿看热闹，老桑也挤丢了。咱们不是什么佛教会或捐过公德，没有红条就上不去，只得在远处看看。

班禅到底没有什么了不得，我们不等看他登座便出来。

得到一张“时轮金刚法会”印送的《班禅国师开示》，看了简直讨厌。他把他的佛教和政治联系起来，使众生能知道行善弃恶，谋国家的巩固，求一切众生的安定。最后他还替它们做宣传，刷标语：“……已有经验学识丰富的政治家，著有详细而美好的教训，希望详加研究而奉行之……”由此可见现政之一般！

大摇大摆地进中南海，没有人问票。身上仅有的一个大子已给了叫化子。沪丢了二毛五的铜子票，仅有的一元去看眼睛。

遇老阿，谈音乐的话很多，他的有趣的话：“这天气不是很好吗？”“今天的天气不是很像春天吗？”

晚上和陆万美、张鹤们作《舐犊情深》的介绍，和北平所谓《殉情记》即《牡丹花下》的检讨。

在五姐屋玩，见有侯自日本寄给张梧冈的信和画片、书签，他问起我到日本事能否实现。

十月二十五日

早起，记日记，读日文，指定新的练习，拉了两个钟头。

今天的琴音特别响亮柔和，简直爱不忍释。白天的功课很起劲。

有计划地让老洋人请客再看《舐犊情深》，五点多钟汽车已在门口等着，老许还没有回来。

我老早想到老阿不会跟我们去的，因为过去几次他都不曾和我们一块去玩过。

我们三人在汽车里想着会好笑，没有哪个的身上可以搜得出一个大子。然而，却坐了汽车，上一等戏院的楼座。

喇叭在门口一揿，茶房出了门，他们也不问吃饭没有，因为他们当然可以想到坐汽车看电影，到这时候才回来，不用说是用过饭了。

老许想到这事的滑稽竟为难起来，他说：“那么，我们怎样办？”

陈老弟急忙答他：“当然叫他开饭！这有什么……”

我笑着说：“我们莫非还要在茶房面前争面子吗？”

眼泪到底忍了好些咽下肚子，喉头总有些不好过。

算望到雨笙的来信了。生萱传交的信，被他六哥先看过便随便丢了，他最近才发觉。笙认为我日本之行单纯地是打量去进学校的，他和我打一打算盘，二百元当然是区区小数，他竟没想到另一重的关系。

他说对我的……[1]是充分同情的，照现在的情况说来，也只是能充分同情罢了。

计划失败，当然只有回上海工作之一途，但旅费的来源还不知到哪儿去开辟？

十月二十六日

他们有钱了，晚上请五姐、祖嫁[2]张梧冈看“中央”的《殉情记》，着实好。

今天的心境非常快活，什么心事都没有，总觉到这样安闲的生活，只有在北平能够享受几天，那么我何不随他再玩几天，不好吗？

十月二十七日

话虽如此说，不过能早去上海一天总是早好一天，这安闲的生活还是少享几天的好！

我想，在这月内到上海，马上入“联华”工作，以每月所得，先把这些旧账偿清，再作出国的想法。若是环境还不错的话，当然可以长干下去。

在西单牌楼一家小面馆吃晚饭，逛西单商场到十点多钟才转来。老丹来找我，他正预备留学。

明晚“清华”毕业同学会在“清华”礼堂开义勇军募捐游艺会，请我去帮忙音乐，有“剧联”的四五个剧本。

跑路到中南海找老老，他已睡了。他答应伴奏钢琴，明早来练习。

回舍已灭了灯，和他们谈了一会话便睡。

很难入眠，心里想着明天的演奏……[3]

---

[1] 日记此处缺五六个字。

[2] 张梧冈的绰号，“祖母”的意思。

[3] 日记此处缺失一部分。

十月二十八日

早起跑到李健家，约他晚上到“清华”，要了二十几个子坐车到中南海找老老练琴。决定演奏 Ligaspee[1] 给的那《第五变奏曲》。

不论在洋车上、走道时，脑里都在回旋着 *International*〔《国际歌》〕的旋律，预备晚上 solo。

五点半由中南海起身，西直门坐洋车去的，几个冷包子、干烧饼便算混过晚饭。

刚入礼堂将到开幕时间。即时奏完了事，可惜钢琴不能摆在台前，而且有重重的幕景，台下很听不见！遇“清华”的同乡们，全振环也在。

所演出的剧以《战友》为差，其余《S.0.S.》、《一九三二年的月光曲》、《乱钟》还不错。

在食堂遇从前在“联华”的吴宗济，他现在“清华”。到他寝室里，他把去年罗明佑生日联欢会的签名簿给我看，多有趣！我写的是“送给您一点礼物：耳耳耳耳”。还有很多名人、明星的签名，看来想起那晚的乐趣！

还是和杨协芳睡。

十月二十九日

到来宾宿舍找着“许多”[2] 和何思恭，一块往古庙拜访宏远、南生，他们还正在熟睡。

发现一些攻击“剧联”的标语，他们表示很大的不满，马上召集全体大会讨论出几个议决案。主要的是要东北同乡会发宣言，申述请“剧联”公演的意义，并解释标语上的谬论，结果他们承认了。

在大礼堂门口等车，他们请我跳非洲舞，我说:“你们别忘了这儿是 gentlmen’s university〔绅士的大学〕，多么庄重？！多么伟大？！”

汽车上的“上海女子宣讲员”，使他们会大声发笑，这是因为他们从未听过的缘故，他们之对我，太好感了！

[1] 所指不明，疑似笔误。

[2] 指许可。

刚进云南馆的门便得到一个可爱的消息：马哲民在“北大”二院讲演《陈独秀与中国革命》。我饭也不吃了！约着小鹤、大佛由中山公园下车走到“北大”。谁知临时改地点，在“朝大”。

走到那儿，表姐、沪、强们都遇在一块儿。

第五教室里挤得满满的，讲演者从人丛中挤到台上……[1] 一位密司简单地说几句道理话被鼓掌欢迎！

讲完后有一广东人上台替托洛斯基帮忙，被哄打下来！

西单小饭馆解决肚皮问题，回家写“明月”的信。

十月三十日

阅《日语研究》的《草枕》评，感到很浓的趣味。

到师大约祖嫁们上“中央”看早电影《义欲之战》，考尔门又是少不了情字。在“师大”午饭后，大闹会客室。三点钟赴音乐会，三重奏听得很满意，大提琴独奏也很好，高音、中音独唱还不错，小提琴独奏到底差。

很热闹地在会馆一号房吃晚饭。七点快到，往第三院跑。

在校门口遇一个洋奴失业者，我以广东话对付了他。

我决定过了“朝大”和商学院的演剧再走，从明天起要去排剧，我有好几个角。

接雨笙三十元的汇票，“三人”的信，颇慰。……[2]

十一月二日

今天最有趣的是攻打礼堂门，“你不拿钥匙开门吗？喂！挤！”不知哪儿来这么多人！全礼堂的楼上楼下，台上，走道中都挤满了。

晚上谈天，谈剧本。

十一月三日

沪没钱去医眼睛，我提议把我那三十块取出，我不是还可以看《人猿

---

[1] 日记此处涂去十余字。

[2] 日记此处缺失一页。

泰山》？

到“真光”看 *Tarzan*（《人猿泰山》），在小人国打战时，我却熟睡了。

到“开明”才知道“□剧”的戏演不成，因为条件不对而冲突。看了他们的跳舞和新剧，简直讨厌，赶快离开。同乡刘润泉想以他们国剧社的《法门寺》留住我，那当然是不可能的事。

八点半才开饭，和老许、大佛，二十八号谈云南的往事和他们□□情形。正谈得津津有味，钟沪也是看 *Tarzan* 转来。十点钟回屋读剧本睡觉。

十一月四日

上午逛西单商场买礼物：小皮壳手折、风景照片、珐琅铜瓶，算是没上当。

我决定后天走，仅以二十五元勉强维持到沪。这儿的伙食钱请他们担负。

刮着大风，天气骤冷，我光着头，还是那么一套西装，到慈慧寺排戏，临时写了一关于□□□□□□□□，当了提琴教师，办了在平剧务手续事。

第三院和舍饭寺都是空跑一趟。

晚饭后和陈老弟到林家，正和小孩们讲故事，林老伯回来，打断了我们的小集会，他们太可爱了。

林是刚从云南转来，今早到平，他在上海时遇雨笙，知道我的一部分情形。满口说些为要迎合我的漂亮话。

因为林说起西南商店的话，沪想起他们的火腿罐头有在上海找条销路的可能。我俩在电车上也谈，在黑暗的胡同里也谈，也不知冷，也不知路远，不觉到了杨瑞安家门口。

时间已是十点多钟，除杨老师外都睡了，和他谈了一刻钟话，顺便辞行，他知道我所以要去日本的真相，我之所以要这样，其作用全是鼓励他。

今天的工作最忙碌且紧张！

送了一张云南古碑给老阿，据老许回来的报告，他很高兴地接受了。

十一月五日

今天天气已经是够冷了，起得早，洗了身，写了几个给万姐姐辞行的字。

下雪了！多美！这是今年北平第一次下雪，她庆祝我在北平第一次演剧的成功！她欢送我明天的离平！

已经冷到华氏零度，我穿了许的毛背心、大衣、便帽，和大佛一道到商学院。十点钟，他们的庆祝会才举行。

大佛带我到一个女同乡家坐，她是《血衣》里的小青，我们曾在秋季大会上见过。她提到赵释和赵晓镜的话。我……[1] 他们都在商院。

哥哥没找着，杨女士把赵晓镜带到后台来找我，谈了半天。好像她很愿意听“明月”的消息。

昨天弄的象征剧命名曰《起来》，排演结果还不坏，可惜晚上因时间不够而取消了。我仅拉了琴。

同乡去的不少，我一出台他们便喊“小四狗！”我的《血衣》算是演成功了。

随便钻到哪儿都是冷，在台上起立时只发抖，正好是剧里所需要的抖。

……[2] 商院里训练好一些强悍的纠察队，扛着大木棍四处防卫，一面叫学校当局不许放进一个。

我是带着提琴的，不等剧完便先走，回家收拾行李。

北平！算是告了一段落吧！二次重来，不知又待何时？

十一月六日

拿着小红本到各号签名忙、接电话忙，直到三点五十分才起身到车站。在二十五号坐最后一次的车。

送行的还不少，有几个很像要流眼泪的样儿，想不到他们会对我如此好！

十一月七日

旅费还是陈、许们的帮助，我深深地感谢他们。

同车的山东大胖子，谈话颇投机。我知道他是到广州去的一个干政治

[1] 日记此处缺失若干字。

[2] 日记此处缺失若干字。

工作的人，但是他总不肯放一句话。

十一月八日

整两天到上海。今早到浦口时买南京《中央日报》看，“明月”在“金大”[1] 义务表演。到北站不能取行李，搭电车到郑雨笙处，他们正吃饭。晚写信。

十一月九日

早上取行李。到“联华”，等好久金焰才来，他愿意我到这儿来一块干。

在卜万苍宅午饭后往“明月”取箱子，遇七嫂子。四处参观一周，一切如故，可是凄凉多矣！七嫂子好像比以前活泼些，对我很好感。

把箱子送到西南商店再来“联华”，决定今晚搬。……[2] 搬到老金屋里，找不着电灯开关，黑暗里在床上躺一会……[3] 睡地铺。他和老卜说的结果是：“等想想法子。”据说我来的时候不对。

十一月十日

拉基练很起劲。和卜谈音乐与电影的关系着实密切，我总是暗示给他，音乐在电影上应当居于重要地位。

午饭后，口琴合奏，简直有世界口琴名曲所不及之美，有意味，恰好他的是一个低音琴。

写老宋和许强的信。梨花、鲁史来。

下着雨，借雨衣，坐顺便车到老大处，找到由北平介绍所要找的人，做了所要做的事，很满意。

两人喝了五瓶啤酒，乐极！两架单车驶往折西家。“明月”遇胖姐姐，我们都在四处留字。

睡时他谈了一段 Romantic〔浪漫〕的故事，打嘴巴，哭[4]……

---

[1] 南京金陵大学。

[2] 日记此处缺失若干字。

[3] 日记此处缺失若干字。

[4] 日记此处整页缺失。

十一月三十日

笳子到吃饭时才来，她带些苏州的食品来。

到“明月”，见了国美，斯咏们。枝露陪我们到任光家，找了全“四明邨”都找不到，扫兴地回来。四先生在家，谈了很久话。一些人对我都还好感，这倒是出我意外。

回家叫门不开，到公司和老石睡，他要我谈谈我的过去。

十二月二十九日

今天开始拍《除夕》，派我担任场记，一切只感到生疏。想到生活的转变，觉得很有味。

日记又停了一个月，一方面是因为忙，它方面却也是因为没有写的地方，我实在不愿意给人看见。

是在二十六日开始办公的，在先说做演员，后来又说管服装，到底是剧务。

简直没有闲空拉琴，我只觉得太可惜。为了没有送圣诞节礼物，老师那儿也没去了。

《三个摩登女性》受了好几次的检查，结果修改几个字幕通过了，今天已公映。

想写几篇文章，到现在还没有动笔。打起精神来吧！完成我的一年计划，预备第二年计划的开始。

就是这样的生活如何的枯燥，尝试一下再说吧！

心绪非常烦乱，不知想写些什么？要是再不活用一下脑筋，不知将会迟钝到哪一步？

一九三三

一月三十日

下一个决心，无论如何都要忍苦耐劳地继续写日记！从今日起！

去年今日，我还劝别人要不断地写日记，在此刻，我应该自己劝自己。

廖伯民此次的来沪，对于我的现实生活给予一个很大的动摇。在先想整个放弃这边，回云南去。后来一想，这种动摇性的危险，将会陷于不可收拾之地。最近的决定是：要是他们的旅行团能实现我才回去，目的在收集民间歌谣、乐曲。并不是整个放弃这儿的工作。虽然是请假，但随时要与公司发生关系，影院或影业社。

我爱所谓“动的生活”，是我的好处，同时是我的缺点。根据几年来的经验，得到不少的教训，以后该给它一个正确的理解：什么时候该动？什么时候该静？

听了锦晖处新收的唱片，音乐却有很大的进步，嘴上虽在骂，心里却不安；自己实在浅薄，何敢去批评人？！你骂他不对，你不但不能做出比他好的东西来，连你所骂的都做不出，这有什么意义？！

照近来的生活看，我已显然脱离了音乐之途，外面挂着空招牌，肚子里拿得出的是什么？

做了一桩未了之事，心里总是痛快之至。今天忙一天，却做了不少事。

小白的生日（正月初五日）。买新鞋二双，看足球。任[1]从北平来，在“交大”遇。折西处谈演剧事。到伯民处写灌片稿。

一个有奋斗精神的女性！全出我意外。

音乐之途！！！

一月三十一日

这是家里的心理：以为漂泊在外，总是有很大的危险性似的。二哥给我的来信说要我回滇去发展，所谓发展，我不知他们想要我成为一个什么样的人？！

我向他报告一些我在外面的所谓发展，若非意外的必要时，我是不愿回去的。

伯民来，和黎民伟谈了很多话。和“联华”合作事大概一时不能实现，根本没有准备过拍什么剧本，这工作是要我们自己干的。我想，此次若能随这考察团跑一趟，相信可得不少材料，也许将来我们在云南要拍的剧本都会产生自我之手。

他的脚生冻疮，走路很吃力，我送他上电车。

今天和 violin 的感情特别好，有空便回来拉，开过三次琴箱。

晚拍《除夕》街道景，燕燕坐在雪地上，看她冷得可怜。一个小热水袋在她的双手里迅速地抚弄着，看来也不见得会加暖多少。一个表现女子被欺侮时忍痛说“……他太欺负我了”的镜头，使她真情地流泪不止。等她回到房里休息的时候，我对导演说了一句笑话：“她是冻哭的吧！”

影片公司里最苦恐怕是算演员了！想到她那五年的合同，最后一年才能拿到百元的月薪，太苛了！

想起红小姐[2]的事，也就可笑，他们竟以为真的，其实他们已给我开了玩笑。他们以为所以有如此成绩者，全在昨晚小白的寿餐。

拍十六个镜头，到三点半才完结。

---

[1] 任予人（于伶）。

[2] 小红，即周旋。

二月一日

抱着并不高的希望去看《天明》试片，倒是出我意外地好。现在来给它一个短批：

在意识上算是没有像《奋斗》那样混乱、讨厌，至少它还有许多地方是暴露现实社会的罪恶。

在戏剧的组织上说，它的线索还很清楚，它有一贯的联系。但在结局处稍觉松懈，原因是导演拼命地学外国戏，后面有些不近情理的地方。

导演的技巧总脱不了《野玫瑰》一个味儿，利用小聪明的地方很多，很趣味地穿插着。

表演方面，莉莉比在《火山情血》好得多，但不能表现出一些力。一个革命者在刑场上的死，绝不是那样怯懦的，这是她失败之处，不过我觉得她很有希望。高占非简直没有戏做，这是导演着重女人的缘故，尤其是莉莉。

摄影简直是开国片之新纪录，有几个镜头简直可以和外国片相比，如荷花池等，简直是美不可言。

总之，国片都能如此片，够矣！

在光华戏院中所遇的熟人太多，干妈和莉莉都来了。

教阿铿唱歌。这孩子真是天才。

看打篮球，在“交大”，大明星们！输得可怜！

到“乾记”找雨笙，买火腿。

老宗、阿谭在家吃饭。他们要听我小提琴 solo，退步了。

二月二日

细心地回到祖�张梧冈的信，再写五姐黄香谷的，装在一个信封里。信封写坏了，只得另写一个，谁知只拿出一封信便把它撕碎。后来发觉丢了一封信，急忙在字纸篓里检查。没有时间另写，将那些碎纸片寄去。

汉文来，他说他近来也在 in love〔恋爱〕了，每天有空便跑到胡萍那儿，程度已经相当地高。谈了些恋爱经，我不觉恐慌起来了。

回家阅《马克思传》，趣味很浓。他们大谈性爱问题，似乎一点也不能吸引我的注意。老吴问我:“聂子，怎么不叹气？”他们说今天的我，在谈性爱问题时不叹气这倒是例外。

榆关失守后，北平的同乡们纷纷南下，病腿诗人陆万美来访，他告诉一些我走后北平演剧的情形。他问我是否有病，因为我已没有离北平时那么胖，同时在这无血色的面庞上挂着一副失眠的眼睛。

这是无法的事，为了饭碗，哪里还顾得了什么失眠不失眠!

二月三日

宣传了很久，所谓轰动全世界的巨片《大饭店》今天算是看了，是金焰请客。

剧情也平常，不过看看大布景、大明星。

几个明星努力地做戏，当然没有问题的好，我最欢喜的是嘉宝和约翰·巴里摩。

晚拍六个镜头，布景是老翁家及三嫂家门口，有大风雪，利用大风扇，空气颇紧张。

迷恋着金焰的陈碧华，近来的表现更可怜了！今天在她的办公桌上瞎写些什么“你是我亲爱的榆吗？”和金焰的女朋友们的名字，好像故意给人摆着看也似的，走开了。不久，老金顽皮地加了好些批，使她痛苦非常。

甘草西瓜子倒也好吃。

总是睡不着，想搬一搬家，搬到老吴[1]房倒是清静些，到公司也可以省点钱。

二月四日

老早就应该搬家，但总找不到适当的房子。最近老吴要想搬家，老金的意思要我搬到他那小房子去，我正犹豫着。

同王斌谈起搬家事，一头的高兴，日记也不写了，马上跑出去找房子。在月明公司隔壁，两人合租了一间前楼，兴奋地跳着，嚷着:“Our new life

[1] 指吴永刚。

will begin!”〔我们的新生活要开始了！〕“咚”的一声，我的有脑病的头碰在矮房顶上。

到Lazaro[1] 退钢琴，大块头很客气。

想继续读日文，把在北平买的《日语研究》拿来翻阅几页，没有什么趣味。忽然想到要是续读《日语汉译读本》，趣味或者会浓些。

一个商务印书馆的店员说：“这种书现在已经不卖了！”我听了很奇怪，是不是抗日便日文都不许读了呢？

我坐在三等车上，车到赫德路站看见箴子和英茵，我以为她们要上来，我急忙跑过头等去。“有朋友来，等一会自然会补票。”我对卖票人说。谁知她们并没有上来，电车已开走，我知道又是自己和自己开玩笑了。卖票人发现我的票是三等票，我说我到西摩路便下去，他才许可我不补票（我的三等票是十五分）。车到西摩路，卖票人向我要票子，我当然不会给他，他一面关门一面骂着：“买三等票子坐头等！”我觉得他还没骂完，我已跳上前面小三等。卖票人问我，我说：“客人已走了！”他笑着看看我的票，点点头。过了几站，他很客气地：“先生！你抛球场下吗？”我笑着接过他手里的揩油票，点点头。——当时发觉自己这种虚伪的可怕。到折西家，箴和英在那儿，谈起“明月”事，箴子大发牢骚。她说这次表演后她将脱离“明月”，到北平读书去。她常接万姐姐和赵晓镜的信，希望她赶快脱离。

记得在小白的生日那天，我把洪伟烈的小孩当作我和枝露的小孩，和她大开其玩笑，我想她以为我是故意的，其实我什么也不知道。我觉得很对不起她，无意中给她感受使她痛心的事！

晚在家拉琴，唱歌，京戏一来，不能多待一刻，跑到公司听无线电，红莺在俱乐部烧书信、日记本之类。

二月五日

上午搬家，高兴极！布置新屋，处处都讲究美。一块破蓝布做桌布，上面有最美的图案，大小也非常适合。一直布置到晚。

他们在“交大”比篮球，遇斯咏和小陈。

---

[1] 琴行名。

没有电灯，过洋烛生活。

二月六日

林楚楚说黎铿很听我的话，他每天早晨起床时都念着："先生叫我写字，写好了要记分数，不写要打手板。"像这样一个孩子，真难得。

顾文宗来，关于请薛玲仙拍所谓社会教育片的事，今天大概可以决定。我跑来跑去和他们做介绍人，不算不顺利地做好，觉得很开心。

和顾一块到折西家，他刚预备出外。谈了一会，什么条件都妥善了，顾和折西同到张治儿处取款（共酬洋二百元，先取一百元）。

两个女主角本来是人美一个，玲仙一个，听说人美已经吃过他们的酒席，现在却不答应，使他们很不满意。

到"乾记"取几本书回，遇某同乡。他们办一个小报，请我招登广告，担任电影戏剧方面文字。

又催一次搬回钢琴，代玲仙取了两张保单，她想租琴练习唱歌，锦晖和她编了两个新歌收音：《粉红色的梦》、《南海美人》。他近来专干投机事业，维持饭碗。

叫娘姨今晚开两客饭，她报告我金先生屋里"有咖"[1]朋友喝老酒。她对我很好感的。

原来是和吴永刚新迁贺喜，他的妈妈蒋耐芳和他坐在一方，主人金焰，傻瓜唐[2]也在座。

我和金焰合唱催眠歌，我的女高音唱得很好。这时我觉得有醉意，要是这时候起不再喝下去，相信一定玩得有趣，接着几杯白玫瑰装下肚，我知道这是十足的醉了。傻瓜送我回新屋，在老卜门口吐了一堆，不知怎么走到家里。睡了一会，他送了一个橘子给我吃。

二月×日[3]

这次搬家的目的完全是为建立我的新生活。说到舒服、方便，当然是

---

[1] "有"的意思。

[2] 指唐纳。

[3] 日期缺失。

在卜万苍家好，然而在日常生活上所受的坏影响却非浅显。金焰近来的动摇更显著地暴露，使我觉到非常的失望，不肯实地做事，漂亮话是要说的。

上午正补日记，万苍请我到老大那儿代他催一催字幕。他说他昨天已去过任光那儿，听了他为《母性之光》所作的曲，很好听。任光很不错。

到老大家，他已出去。到春秋剧社，老李和老五弟下象棋，一会鲁史来参战，我喝了一杯甜玫瑰花茶便走。打电话给任光，不在家。

吕班路遇两个女同乡，她们好像很安闲地在逛马路。我们分手后，我便忙碌地往前跑，低着头。

燕燕有病，不能拍戏，我在制片厂捡废片玩。

任光打电话给我，他等我吃晚饭，到那儿已七点多钟。他正作曲，一位从未见过的女士从里面出来。他介绍是同乡，我当时便猜想到是那杭州的老情人。

听了他的新作，我觉很满意，很有情感。它的旋律、拍节、和声，都表现着特殊的味儿，听去不曾感觉到是从外国东西抄袭来的，但也不是完全的中国味。[1]

二月十二日

《生路》给我们的是：苏联五年计划的建设者不是社会的上层人物，而是大众；它的成功不是偶然的，而是群众的力量。

任光、安娥、槐秋我们四人在一家天津小馆吃饭。他俩说着法语，我俩说着她和老金的事。

音乐研究会，从今天开始，他改正我很多在“乐句”与“味儿”上的错误。

晚在安娥家里谈，到十二时才回，在任家睡。

二月十五日

伯民十五号晨赴香港。

Nothing。〔什么也没有。〕

[1] 日记此处缺页。

黎锦晖的吹功。

王斌看我想得难受。

陈燕燕唱歌。

二月十六日

萧伯纳明天到沪，电影界、文学界联合各团体开欢迎会，汉文来送请帖。

整天大雨，晚带燕燕到任光家唱歌。

二月十七日

欢迎萧伯纳

幽默的老文豪萧伯纳氏在七十七岁这样高寿还游历到中国来，一般努力新兴文学戏剧运动的人更是感到异常高兴的事。

中国电影界和文艺界召集了一个欢迎会预备到码头去迎接，晚上便把他请到青年会吃西餐。

新关码头上拥着人群，“中国电影文化协会”的旗帜下站满了熟人，“Good morning!”“オハーヨ！”[1]“早啊！”“Hello！四只耳朵！”都围住了我，拉手的拉手，脱帽的脱帽，老G[2]总是捏我的耳作为见面礼。

我们的主任[3]听说罗明佑的父亲和萧同船来，当然拿了camera〔相机〕来拍两本新闻片。他那袖珍小相机是随时不离手的，机会一来便看见他闭了一只眼在那儿看西洋镜，嗒嗒地至少要拍五张。他的脸总是挂着一副和蔼的笑容，在他拍照的时候。

从上午九时站到下午一时，还望不见有萧伯纳的影子，据说是被宋庆龄半路邀去了，这些抱着热望要见萧老头的接客都失望地离开了码头。有的好像不相信这种说法，还站在那儿老等，两眼眺望黄浦江头。但，有的却在失望的归来的途中不断地咒骂着。

---

[1] 两句外语均是“早上好”的意思。

[2] 指金焰。

[3] 黎民伟。

晚上的聚餐当然不成功，我到青年会空跑一趟。

三月一日

到“明月”去

人美化好了装在锦光房里飘飘然地哼她们的新歌，丽珠坐在光友床上洗耳恭听。原来她也是化了装，别的，小陈、国美、枝露都是一样。

“Dry brother[1]！〔干哥哥〕你运气真不好，你好久没来了，今天来找我们玩，我们又要去拍照。”这是我的 Dry sister〔干妹妹〕的头一句话，她停止了她的唱歌，在我进门之后。

“聂子！”小白子在叫。

“聂子！”小红的声音。

“聂子！”这是两个人同时在叫。

一会儿答应不了那么多，知乐跑了过来：“你不理我吗？”

斯咏从男宿舍跑出来：“啊！聂子！”我觉得她的体重增加了。

“Dry brother!”小陈也这样地叫着，“你等着我们回来再走吧！”回头，知乐抢着说：“聂子！我陪你玩，我是在家的！”

“这几天我就希望有谁来看看我，哪晓得谁都没有来，你怎么知道我有病？”笳子很感伤地拉着我的手说。

“我今天是特地来看你的，因为郑君里说你有病。谁知你们又要去拍照，不能陪我玩。”我巧妙地回答她，一面拉着她的手走到教室里。一会儿阿麦来了，当然从我的手中把她夺过去。

小白子在弹钢琴，大概是新的基本练习，弹得很流利，似乎进步了些。

…… ……

只要一跨进“明月”的门，好像到了另一世界似的。他们不知天有多高，地有多厚，整天只知寻快乐，只知唱歌、弹琴，别的是再管不着的。不错，这儿是另一世界！是月宫！

所谓为歌舞——黎锦晖的歌舞奋斗到底，这是他们的标语、口号，那班黎锦晖的忠实信徒，没有一天不反复地背诵着。然而，事实摆在我们面

---

[1] 这种称呼疑似作者和朋友的玩笑，干兄弟的正确表述应为 sworn brother。

前，这班信徒，甚至于黎锦晖，只觉得可怜！肉麻！

她妈的，什么叫 Be careful〔小心〕？！这到底是什么用意？要你管我做什么？什么狗屁导演？！

* * *

“明月”便是这样瓦解了！

人美大概是没问题的和“联华”定了约，我们谈起过去最快乐的时期不禁感伤几至流泪。她说“明月”的尾声是2 2 7—||，这是一个没有静止的尾声。

三月七日

写信比写日记重要。

注意现生活的充实，不要过分地理想将来的生活。

音乐上的修养：1. 经常地写谱。2. 尽可能地参加乐队演奏。3. 注意云南的音乐。

三月十六日

《除夕》拍完，导演先生要我写一篇稿子登特刊，听说这是宣传委员会的决定。

我从来没有写过吹牛拍马的宣传文字，不知从何说起，吃了人家的饭，又不能不听人家的命令。

《母性之光》开拍的第三天——今天，可以痛快地休息一下，要是再像前两天那样辛苦下去，恐怕我的脑袋快破裂了！虽然辛苦，却有相当代价——得到一个实习导演的机会。

老实说，这场戏不要我是不行的。

大场的演戏，感到另一种风味。像我们这样蹩脚的上海话，居然凑成功一个反帝的上海语话剧。

三月十五日是田老大的生辰——昨天。今晚请吃面，多么有意义的一个宴会，听了不少演讲。到跳舞场弯了一下，华[1]和我们谈到善钟路！

[1] 华汉。

回家还在拍戏，翻阅以前日记，又是负了很多的债！

三月二十二日

“对于这一门，我倒是门外汉，非请老聂导演不可。”卜万苍很客气地对办公室的那些职员说。在事前，我也知道他必定会如此说的。

可笑！可笑！写这么点东西竟提过四次笔还没写好，近来的忙着实是从未有过。

自从导演陈燕燕唱歌之日起，脑袋没有一天舒服过。

三月二十一日起搬到主任室办公[1]。

近来差不多每天都在过开会生活，单“联华”方面就有什么航空救国会、俱乐部会、话剧剧本讨论会，前天从早晨开到深夜一时。

“联华”航捐会执委、话剧剧本起草委、音乐股主任、联华一厂俱乐部执委、秘书、中国电协组织部秘书、电协组长、电游艺会筹备委员、中国新兴音乐研究会发起人。戏剧方面，公司工作，自己练琴、看书、运动、作曲、教唱歌、写信等，便是我的日常生活。

本来想补日记，但也没有什么意思，反正是在上面那些东西里钻来钻去。

恋爱空气非常沉寂，简直想都没去想它。

十八号那天到仁济医院看田老大的病，他从汽车上跌下来，伤了！

《都会的早晨》试片的这天早晨，差不多满戏院都是熟人。我的 Dry sister 坐在最后一排，她介绍了她的 First lover〔第一情人〕、闻名的顾梦鹤。

今天俱乐部新执委上任，我被选为秘书，事务更麻烦了！

四月七日

本来决定要到黄克体育馆去练身体，已经把钱预备好，老金一番煽动（也可以说解释）马上动摇了。再仔细想想自己所得的薪水若干，每月花十多块钱的车费、学费，实在不合算，结果决定不去了。

老金要我将这学费交给他，他可以每日负责叫我早起。他倒会讲生意

---

[1] 作者担任联华一厂音乐股主任。

经，有钱可赚，自己也可早起。

下了决心自己克服自己，每日早起，加长室内运动时间，已经实行了五天了。

交通大学的工业铁路展览会举行以来，差不多每天都去跑一趟。“联华”成绩展览室里每天都可抓着偷相片的贼，有一天竟有十五个之多。

坐着公司车跑了一天，为了租借《母性之光》音乐会大厅所需的乐器。我带了筘子一块去，利用不花钱的汽车到胶州路看人美，听说她已从杭州回来。到那儿只有顾梦鹤和田老大在，她已出去看电影。

田老大的伤好以后，精神大减。他说等他再休养几天，一切工作应努力干起来。彭飞来，他们走了，我们上锦晖家。

话剧老是排不成气，我看前途未见乐观。

想写文章，但肚里太空，需要努力读书。

四月十八日

昨天替黎民伟送照片给人美签字，在那儿玩了一天。所谓“新月”[1]的大台柱白丽珠女士到锦晖那里练歌。那臭狗架子，我真不要看。和梦鹤讲广东、湖南话，把哭着的人美都逗笑了。

在史东山家里开“联华”第一、二厂同人联合会第一次执行委员会。东山请客吃晚饭，到深夜二时这会才结束。今天一早又有人来家里开会，整天没有精神。

同仁医院看王斌，已经拔去五个牙，脸上一边瘦着，一边肿着。可惜！他在这“粉红色的四月”，反尝失恋的悲哀！

四月十九日

这两天突然冷起来，下着绵绵春雨，闷煞人也。

和黎民伟、卜万苍们筹备俱乐部的乒乓比赛，预备在明天举行。

为《电影画报》检照片，头也弄昏了。“电协”开各组联席会，只有请假。

[1] 新月歌舞团。

和老苏上“雅洁”晚餐，谈起公司事，议论特多。

约阿蒋到我房里吃可可，大谈其出路问题。他在王斌的床上睡。

四月二十日

我觉得有病的预兆，每天总是头疼发热，但对工作，仍是不停地做下去。

每晨的洗身运动已经停了好几天了，今早脱开衣服一看，好像肉松了些。

看《除夕》试片，比赛乒乓。

昨晚读了几篇日记给阿蒋听，我们都互相鼓起写日记的兴趣，我决定继续好好地写下去。

四月二十一日

昨晚带陈燕燕去唱歌，顺便揩油听竺清贤的有声影片。试映一本老宗拍的天主教学校，收音技巧似乎比《春风杨柳》进步多矣。

任光作好《母性之光》里所用的南洋歌曲，他自觉很满意，本来也好听。有如说它是南洋，不如说它是中国味。

燕燕听了这新曲高兴得了不得，黄绍芬当然也要顺风扛一下旗，表现似乎比她还更热烈欢喜这歌。

任光作曲时所想到的唱者当然是燕燕。但他从来不知道在戏里是给黎莉莉唱的，今晚我告诉了他，他感到很大的失望。后来我们商量的结果是无论如何要让燕燕收这张唱片。

但杜宇开拍有声片，今晚请我去配点娃娃哭的声音。洪伟烈告诉我非去不可，我为了朋友的面子，就是昨夜的睡眠不足，我也不愿偷懒。

十点半从任光家出来，坐了两次黄包车，直到联华第四厂。在车上想着“我们的导师”怎样给它填上美的旋律，并不觉得路长，只觉得冷得发抖。大衣当得太早了，真吃了不少苦。

等到十二点多钟才开始。韩兰根化装成卓别麟样在看护着一个小孩子，嘴里哼着陈玉梅的杰作《催眠曲》，小孩的哭声（我的哭声）总是和他找麻烦。他那副尴尬面孔做出种种丑态，别人都笑了，为什么引不起我的真笑？

杜宇和殷明珠表示很感激的样子，我的嘴唇已经发肿了。

汽车送回，到家刚四时。

今早本想多睡一会儿，谁知九点钟便有人来叫醒，说什么卜万苍请我。

一个戏院布景，会场摆了一百多座位，台下奏乐的地位什么也没有，我知道这是我的事务来了。

钢琴是在月明影片公司借的，别的乐器要我想法，于是到Lazaro租了两只cello，为省钱只买一副弦线，那只只有用麻绳代替。

我觉得我拉cello比拉violin好，特别在今天，cello给我很浓的趣味，整天抱着舍不得放。也许是乐器好的缘故吧，我拉得比从前好。

今天所拍的这景是全剧的最末一场：一个托儿院的游艺会。一百多观众在台下嚷着、吵着，为了到时还不开幕，什么瓜子壳、香蕉皮、飞箭向台上乱掷，会场秩序大有不可收拾之势。一会儿幕开了，燕燕抱着死小孩慢慢走到台前，她的眼神呆了！她的头发乱了！她像一个疯人样的可怕，于是观众的情绪突然寂静了下来。

找了许多小孩临时演员，我最欢喜的有四个：燕燕的英文教师的小孩，“雅洁”广东饭店的两姊妹，公司后面的小美人（三四岁）。我带着他们玩，讲故事。

一个假的死小孩在我和燕燕的怀里换来换去，一会儿头掉了，一会儿脚又跑了出来，她很听从我的导演。

老郝在摄影场跑来跑去，处处想出出风头。像这样的人只要在我的眼里闪过一眼，我便知道他将在一个钟头内所做的事。

箱子来，她对于公司订合同事总抱消极态度，我对她这次的搬走更可以看出她对任何事情的动摇性太大。当然，不住在公司里，恋爱问题总是自由得多。

商学院来比赛乒乓，到金焰家去叫他，揩油吃红豆饭。他们所吃的菜饭，到底两样一点，总有点怪味，那碗豆渣真不敢领教。

近二日来，饭后漱口却特别讲究。

乒乓比赛打败了，一比六。

钢琴和cello合奏起Martha来，不禁想起入明月社的头半年，南京鼓楼饭店的合奏，令姐来看我。

我大显钢琴本领，骗骗不懂的人，弹来弹去还不是四年前的几支进行曲。老金唱了*Sing me to sleep*〔《唱歌让我入睡》〕，我的假嗓子黑人调，都受人欢迎。

已经十二时还打了几次乒乓球，这不能不说是比赛乒乓所提起的兴趣。约石寄圃到我屋里睡。

听说王斌还要拔三个牙，腮上要开刀。我替他想着真值不得，为了一个小女孩而受那么大的痛苦，虽然牙疼不是其直接关系，但可以说全是她弄坏的。要说她既然爱他，为什么她得到他病的消息都不来看他，并且简直说："我不去！"

谈起健康和大便，老石总说是夜里拉好，我总说是早晨好。我讲了我在北平病的经验给他听，他才相信了。

四月二十二日

睡到十二点钟才起床。到公司，上午戏已拍完，演员都在吃饭。老石看见我拿着钥匙上厕房去，他说："你是刚起来的吧！因为你大便总是在起床之后。"我无言可否认。

午饭时听苏怡说今天《申报》关于彭、陈案的审判[1]有一看之必要。回到公司，一口气看完了那长的审判经过，陈独秀的辩护颇为动人，章士钊律师的补充也特有劲。

练了两小时的基练，感到没有教师的痛苦，细想对提琴技术拼命的深造，实觉空虚。要是每月多几个钱的话，我还是决定去学声乐。

千里来打扰了我，带他到老任那儿交稿；看见他们的长篇宏论，自己内心里只是着急、惭愧，又觉着自己太空虚了。

送 cello 还 Lazaro，顺便到四马路逛书店，买了两本旧书：《写给青年创作家》、《文学术语辞典》。买了点原稿纸，走到大自鸣钟坐电车回来。

在马路上走着，看看手里拿着的东西，自己想着好笑，简直好像预备做作家一样。

绍芬和燕燕都没回来，也许她自己到任光那儿去了，我偷懒在俱乐部打球、听无线电。

[1] 国民党政府审判陈独秀、彭述之等人的案件。

“不同生活接触，不能为生活的著作；不锻炼自己的人格，无由产生伟大的作品。”

四月二十三日

主任慌忙地在收拾着 camera，赶九点钟到码头迎接罗明佑，得到他的许可我们去拍俄大使到华的新闻片。

人美、笳子、小陈在俱乐部我都不知道，一见之下，不免又是几声“Dry brother!”

约人美一块到“雅洁”吃饭，她和我谈起她的合同问题。她说现在已成僵局，“联华”方面也不提起，而她自己更不愿意去提。说起笳子的可怜，我总说她是自讨，好好住在公司，何以会到这地步，月底也许可以发点薪水。人美要替她向老金借十二元交房租，我想很难办得到。

天气分外燥热，跟他们到商学院看篮球比赛。看着输的可怕，我不看打球了，把袋里装着的《创作与生活》拿出来看了好多页。

老金、伟烈、人美我们四人，四点一刻才从公司出发，到新关码头不久，俄大使便登岸了。

群众很拥挤，多半是“国民御敌自救会”会员，有各分会的大横旗、小红旗，他们在讲演、呼口号、发传单。在爆竹声中有俄文口号的高呼。巡捕、包探密布着。新闻记者抱着照相机跑来跑去，老洪的 camera 找不到地方摆，终于没有拍到一个 close up〔近镜头〕。

俄使鲍格莫洛夫和他的老婆、小孩坐上汽车，在我面前停了些时，后面的群众拥上来，前面的巡捕又往后推。人美夹在我和老金当中，看她挤得怪可怜。

一股示威群众从爱多亚路想冲过英租界，巡捕阻止了好几次，到三洋泾桥终被法国兵冲散了，囚犯车也开来……老洪的摄影机在动了，好材料，好机会！

请马包探打听俄使所住的地方，回到家已有电话来过，本想再去补拍几个镜头，可惜没有片子了。

在老金家吃饭，有两样朝鲜菜实在不好吃，怪味无穷。

人美总是打我的头，我也很重地还了几下报仇。

四月二十四日

今日天气晴和，不免跑到郊外走走。从“交大”后门外绕到前门，身心都觉十分舒畅。

本来香耶要来，我到家里来等，他到公司找不到人便回去了。

在家写着情书，老金来。他不但看见藏在书底下的这封未写完的情书，而且发现了我的日记本，他无论如何要抢了看。

明早有人来，没做夜工，十二时睡。

四月二十五日

在看着音乐理论书籍，人美打电话给我说今早试映《春潮》。回去叫老金，他还没起，时间已经来不及。

正预备到人美家，忽接一上海女子的电话，把我吓得心跳。原来是我的 Dry sister。洪、吴、金我们四人去的，要了些照片，她不给那一张。

在孙瑜家开执委会，菜很好吃，讨论谣言事。

到第四厂补收一点小孩哭，在千里家喝咖啡，三时返。

四月二十六日

“电协”干事会没开成，在电话里和瑞兄谈。

因为昨天公司里的人都走光了，主任把名字都记起来，大发其牢骚。和人美、筎子、茵出去，写了一张请假条。

张昕若请客在小小食园吃饭，到“新月”看北平新生，外国人教跳舞，参观了黄克体育馆。

到任光家练燕燕的歌，带了提琴去。胡蝶来。Hawaii Band〔夏威夷乐队〕几位南洋华侨来，他们要我加入他们合奏。

四月二十七日

公司托我借跳舞衣拍戏用，打电话给人美，据说已送到“新月”去了。听说红莺和筎子都在那儿，等一会洪伟烈、吴永刚都要去。

我是负了使命在外工作，当然可以借此玩玩，于是跑到人美家。

一上三楼，他们正打得热闹，一会我也加入战团。因为怕痒，处处失败。

《你不要说不》，我和老金表演，他吓得跳窗子。

吴永刚请客“坐飞机”，表演倒飞行，我跌在地下头擦破了！

喝“高粱”又喝“五加皮”，有六分醉意。大跳其 Hula Hula 舞，大讲演其“非洲博士”。由八点钟闹到十二点。

梦鹤讲鬼故事，我们三人躺在地板上，到一点多钟才送她上楼睡觉。

下来睡地板，我俩谈老宗的故事。

今日拍外景，在龙华附近黎灼灼的外国朋友家，很有味。

上午和黎民伟吵，为了把宣传照片给卜万苍签名的问题。

四月二十八日

早上去找张昕若借衣服，他答应送来。到公司一转，又跑到五马路取箱子，买了几本音乐书。

中午在家收拾书桌。晚在郑应时家开执委会，算是蔡楚生请客，讨论明天对于罗明佑召集谈话会的准备。推举卜万苍为代表，死咬着我们的原议：书面答复。

二时始散。

四月二十九日

罗明佑的谈话来得非常厉害，软硬都有。他说以后要是每月不能出二部影片，他决不再办下去，我们可另寻好的待遇。

代表卜万苍表示全体意见后，他要我们再选代表多人共同讨论，散会。

接着便开执委会，坚持原议，暴露种种阴谋。大家都主张使其更尖锐化，明天用信催其从速答复。

晚到任光处唱歌，完全是谈了一晚话，燕燕非常清楚。

四月三十日

等借钱，到一点多钟才借到，黎民伟和卜万苍整谈了一上午的话。

到任光家，安娥总是唱什么《甜蜜的梦》。原来他们曾谈论过我的恋爱问题，并且替我指出谁有资格，无聊！我不急，他们却替我干着急。

"新光"看《古国艳乘》。回来在"永生"听老任和老张谈生意经，在"大三元"吃饭。

到严折西家，约儿童节目和国货商场奏乐事。

坐黄包车换坐外国人的大黑新汽车，从海格路送到公司，他到回力球场。

五月一日

我们的May day〔五一国际劳动节〕到来，我们要沸腾起热血去纪念它。

昨晚左想右思，还是凭自然吧！没锁门，关照过老陶[1]，先走了。

失望地回来。

任光家唱歌，他改正我拉提琴的许多错误。本来要拉好一支曲子不是容易的事。

五月二日

汉木们来，一上午。

拍戏，苏州有李藜丁来访。今日感到怪无聊，教燕燕唱歌。

晚开执委会，讨论罗明佑的复信，决定在明日大会提出最后通牒。

五月十三日

五月九日下午六时赴杭州，夜十二时到，住西湖饭店。

第二天休息，因天气不十分好。上午打篮球、游船至平湖秋月、三潭印月，下午游里湖，逛岳坟等处。夜，游船至十二时。guitar，violin。

第三天拍戏，我饰一黑人。夜，游船。

第四天上午在平湖秋月拍"人儿是细语在木兰舟上"，所谓杭州的"三个摩登女性"！下午睡觉，小孩来吵醒，收得聂子礼物。六时半快车赴沪，十二时到。睡在蒋的床，臭虫成群结队跑出来，一夜不能安眠，起床看书。

今天白天睡午睡，晚拉琴，小店女来玩，和王斌谈恋爱问题。

---

[1] 陶也先。

五月十四日

想起杭州之游，着实像“明月”的跑码头。当我们在车站上闲谈时或到了旅馆找房间时，简直没有想到是和“联华”来拍外景。有机会想细致地补一下日记。

今日是 Mother’s day〔母亲节〕，老金和他的叔约往“国泰”参加纪念会，据说有美国兵的军乐演奏。

去迟了，军乐已过去，只听了几首耶稣赞美诗，全会场简直充满了基督教的空气。美丽的美国少女给我戴上鲜花，艳福不浅。

到任光家，他们几乎不认识，因为我穿了一身南洋的服装，手里拿了根粗的手棍。

任和安正讨论着新音乐的倾向问题，要我参加讨论，没有什么结果。我的意思是：西洋音乐的发展如中国一样：西洋的古典派而歌剧而 Jazz 而新的——中国的古乐而京昆戏曲而歌舞曲而——这些预备另写文字。

作好一支半歌曲，他不正确的批评，我不愿接受。

国货商场看时装表演大会，和胡蝶、萍、艾霞们寒暄了些时。徐来还记得起小弟弟，虽然我戴了黑眼镜。

“电协”开会，到的人很少，死气沉沉。孙瑜发表长篇谈话，千里把《电影文化》编好提出辞职。

吃了国货啤酒，肚子胀得难过。从“四明邨”走回，夜已深。

在途中有两种矛盾的思想：想静静地找出新兴音乐理论的系统写一篇文字；同时想在半途碰上女朋友。

五月十五日

昨夜被蚊虫大扰，终夜未寝，燃灯看书。

决定借钱买蚊帐。写了十五元的支条，结果减成十元，还惹得主任说不少闲话，因为我已借到下月的钱了。

正教黎铿唱歌，忽来大雨大雷，外面也停止拍戏。

雨停，吴淞路买回大圆顶蚊帐一顶，七元五角。

布置可爱的小屋，换了新式样。

宗维赓和几个人来，燕燕和他谈判用照片给人做广告事，他以认错而缓和她们的气愤，老着脸再要一张。他送了《现代电影》第三期。

五月十六日

昨晚睡得非常舒服，起得很早，扫了地，洗了身，拉了琴到公司。

拍戏。洪伟烈的小女儿却费了不少力。要一个笑的镜头，特别去把她的祖母接来逗她。

和老苏辩论男女明星混合足球队和“天一”比赛的浅薄，说得他下不了台。他总是坚持着他的道理。

天气异常闷热，在院里翻杠，人很多，练得很起劲，虽然满身是汗。

王琰请我伴她去买蚊帐，在电车上她告诉我她从天津来的经过，又是一个奋斗的女性！

燕燕为了安娥的多话，不高兴再到任光那儿去唱歌，她总怪我为什么不和她一块练。

寄圃、王琰、洪莺同到老金家约他到“光华”看《蝴蝶夫人》，半道遇大雨，在老金家喝完茶便返。

五月十七日

耐芳[1]和香耶来老金家里谈。人美打电话来，我要她来这儿吃中饭。吴永刚的老婆明天要返苏州，我们几个苏州游客在洪伟烈家请她吃饭。喝了早酒，很兴奋，大唱其京戏。

拍悲剧，老卜要我拉琴，帮助燕燕表情。有一镜头使她大哭不已，她说我的 violin 为什么要拉得这么悲！

和人美到家里来，给她杭州带来的小扇。后来在公司拍了几张照，周伯勋弄得走光了。

音乐会大厅所丢的书，今天还了十五元。

电灯来电了，高兴极，把丽丽的 guitar 借来弹到十点多钟。

---

[1] 即郑伯奇。

五月十八日

原订计划是买一本 *violin concerto*〔《小提琴协奏曲》〕，后来一想，不如买几本比较有用一点的。“Alois”[1] 买弦和 *Songs of the Hawaiian*〔《夏威夷之歌》〕。再回到“Lazaro”买 *Violin pieces*〔《小提琴练习曲》〕，没有，“永安”买了 *The First Step How to Play Hawaiian Steel Guitar*〔《演奏夏威夷吉他入门》〕。

“电协”开会，聚餐。四点钟便跑去，一面看新书，一面等。

散会已十一时，和金焰消夜，喝五瓶啤酒。

五月十九日

拍戏，结婚礼堂，小燕的新娘还好看，拍了一张工作照片。

晚，到任光家唱歌。

五月二十日

搬任光的钢琴到大东公司，他去校琴，晚拍末场有声。

Dry sister 来。

想写几篇关于《母性之光》的音乐的文字。

1．作曲的经过。

2．初试。“情感”、“空气”，决定了。

3．教授唱歌。

4．开矿歌。

5．所谓造空气“灼灼”、“燕燕孩子死”。

6．情感培养，收音前的准备。

7．收音详记：空气，骂，肚痛，听筒，哭，wonderful〔很棒〕，笑。

五月二十七日

几天来忙得连睡眠的时间都没有。

要想干一种运动，不是谈何容易的事，更不是空谈一些理论便可以做到的。我一向感觉到这种拉夫式的工作方式不是一个正当的方法，由过去

---

[1] 琴行名。

很多事实告诉我们，根本是走不通，即使可以勉强维持，到底还是空的。

什么乐队、音乐研究会，未尝不是我时时刻刻在心的事。当然，等到一切抓着路线的时候，建立一个强固的组织是不难的事。安娥近来的言论，有些固然在理论上可以说得通，但她并没有比较深刻地认识事实。

说到整个的音乐运动，更是一桩难做的事，不是畏难而不做，而是要认识这难的存在，先把自己的基础打好，才有资格去领导人。老实说，我自己知道自己的空虚、浅薄，还没到领导人的程度。

任光和安娥的话："你要去争！加薪，要酬劳，不要太傻！你每月所得二十八元，但给他们做的事太多了，不要受人利用！"

吴永刚的话："蔡楚生说，一个人若是还没有成熟的时候，最好少说话。你虽是觉得音乐在电影上的重要，但资本家看你并不在眼里，而是可要可无的，他们总是尽其剥削之能事。我希望你在此刻拼命地学习、研究，预备在将来去用。若是没有用的机会，在这一生里不断地学习、研究，倒也是极快乐的事！"

卜万苍的话："老聂是一个导演人才，做戏或者还少有希望，但有自由主义的色彩。"

郑君里的话："最好在他们的工作时间内不要专去做自己的事，使人的印象不好。"

有人说："在这失业恐慌的社会里，有碗饭已经算是不错的了！"

老卜近来被王琰迷住了！行动颇为人注意，我还和她一块去买过帐子，看过影戏，以后要当心些！

明天端阳节，不想到任何地方去玩，本来人美约到她家里过节，但想到要送礼，还是少多事！

六月三日

"什么是中国的新兴音乐？"这是目前从事音乐运动者，首先要提出解决的问题。我们知道音乐和其他艺术、诗、小说、戏剧一样，它是代替着大众在呐喊。大众必然会要求音乐的新的内容和演奏，并作曲家的新的态度。他们感觉到有闲阶级所表现的罗曼蒂克的、美感的、内心的情调是不适切的，是麻醉群众意识的。

"接受革命的作曲家们试图这种要求，但是编出革命的、同时保持高度艺术水准的音乐，不是容易的事情。抛弃经过几个时代发展下来的作曲的习惯，此外，还有配称为大众音乐的，究竟能够有么？关于这问题的论争，恰如其他艺术上一样，在音乐界惹起沸腾。旧时代的作曲家们，跟从革命前确立的方法继续作曲；他方面，革命产生的新时代音乐家们，根据对于生活和艺术不同的态度，贯注生命。”

讨论音乐研究会成立已有头绪。

谈瑛的故事，想不到。

一周间的 romance〔浪漫史〕。

七月一日

电影演员应当有音乐的修养——到底没动手写出来。

《母性之光》在六月二十七日拍最后镜头，二十九日晚在“光华”试映。

七月二十日

半年计划：

A．经济的：1．生产：“联华”工作每月二十八元，写文字每月十元，作曲不定。

2．消耗：饭十元，住四元，车费十元，零用四元。

B．学业的：音乐，电影，戏剧。

〰〰〰〰〰〰

为了“联华”同人会的第二件大事——张石川纠众打伤詹汉连，二厂又拍《小玩意》。接着第三件大事——黎主任发脾气，宣布一厂停办。……忙得什么东西也不能写。好在昨天把这件大事结束了，一切从今天再开始吧！

*　　*　　*

一月来大事记：1．张詹案。2．一厂风波。3．明星同人会成立。4．“百代”收了大批唱片，我收一张《开矿歌》。闹了不少意见，结果通都不出版。5．拍《小玩意》臭豆腐[1]。6．romance 的进展。昨天七月十九日三个欠下了，

[1] 作者在《小玩意》中扮演卖臭豆腐的。

一个全的对消了。

*　　*　　*

九月十二日

《人生》剧本提出讨论，在戏的结构上和意识上有着很多毛病，费穆将原剧本修改过重新提出，我们贡献了不少意见，结果通过了。

*　　*　　*

信条：不说漂亮话　　不出风头

多读书　　多写作　　多拉琴

*　　*　　*

八月三十日在南京路永安公司门口发神经病，被送到仁济医院住了七天。医生说是脑冲血，叫我不要把这病看轻。曾请了一个神经病专家来和我医治。

在病期中，每天平均有三人来看我，谈瑛次数最多，其次邢少梅。

医药住院费共三十九元，全是公司负担，因为是在工作时昏倒的。

九月六日出院，九日搬了新家。请假一月，没有薪水，好在还有《小玩意》的酬劳。

非常可爱的新屋，却花了不少钱去布置，买了新床、桌、椅、凳、马桶、痰盂……啊！记得太无聊！

总之，世界上最可爱的便是我这间新屋！

这才算真正的新生活的开始，每日生活非常有规律，读书和工作时间较多且效果较大。

不断的，努力！努力！努力！

十月十九日

每月预算：房租 $11.00，饭 $10.00（连小账），娘姨 $2.00，洗衣 $2.00，车资、零用 $10.00。共 $35.00。

现在每月收入只有三十元，事实已经不敷应用，只有赶紧想法生产！

1．写剧本。2．写文章。3．进行演员事。4．教授提琴。

*　　　*　　　*

脑病！缠了一个月，生活发生恐慌。"九一八"到厂销假，占三天便宜，到月底可以拿到十五大元。

拍外景，谁不认为是最快活的事。一个意外的通告，二厂要我到浙江石浦去做《渔光曲》的音乐工作。头天在厂收了请假牌子，第二天又挂上"在外工作"的蓝底白字。多么惬意！

我成一个好人也似的，背了包袱，左手提 violin，右手提 guitar，冒雨走了半天才喊到洋车到二厂。啊！他们，都那么快乐！我的 Dry sister。

*　　　*　　　*

要是照预算两礼拜回沪，我绝不会患喉症的，我自己知道。一方面固然是吃东西不谨慎，再方面却要怪自己对这种医药常识的疏忽，尤其在我——医生的儿子，是大不应该！

在身体瘦下来的时候，你才觉得在身体健康时的骄傲是不该，这和去年在北平患痢疾后有同样感觉。

刚到上海时，每人的见面礼是："啊！为什么瘦得这样厉害？"你的心会砰地一跳！

十一月十四日　星期二

病算是好了！决定本年十一二月份为病后休养时期，曾订大纲及细则如下：

大纲：

不喝酒	不做激烈运动	不晚睡	少用脑
不赴宴会	不吃刺激饮食	不晚起	少吃荤
多吃滋补饮食	多看影戏	多玩	
多到公园散步	多听音乐	多笑	

细则：

糟了！眼睛坏特[1]了！不能写！

十二月九日

患了这两场大病，却把眼睛弄出毛病来，好像是远视眼，但它的远度

[1]"坏了"的意思。

常常会变动。他们说是脑神经还没有复原的缘故，不要紧的，我放心了些。

有规律的生活，实行不满一月，身体已完全恢复健康了，此后该如何继续努力我的工作？！

想写文章，想写剧本，想继续日记……这些，从明天慢慢地开始起来吧！因为身体好了！

十二月十日

自从我寻到这所我理想的住宅，不到半月便搬来一个新的邻居 Miss 谈[1]。昨天，又增加一个了，他不是别人，却是留德的跳舞专家陈梦庚先生。他为了在大菜馆楼上开跳舞学校而被工部局禁止了，只有搬到这儿来住着。“预备写文章，译东西”，据他说。

他高兴地收拾着房间，告诉我怎样开始他的新生活。不出去，整天埋着头写，生活费只需二十三元，拿稿费来生活已是多多有余。

他也是听到谣言的一个。他问我和谈的关系，我向他解释了很多，他也能相信我。他妈的，真倒霉！想到这种冤枉事，真是不高兴再住这房子！

十二月十一日

昨晚的睡眠相当充足，起床便拉基练，预备晚上赴交响乐队的演奏。

我是热烈地期待着每个礼拜一的到来，这是第二次了。

前次上了一个当，法国学堂没有小便处，今天却先在华龙路上解放了。

这次的地点改在楼上大礼堂，Podushka〔波杜什卡〕的门徒小法国人已在里面跑来跑去地拉什么 concerto，我进去他停止了。刚坐下不久，王人艺和小张来，少甫的先生也跟在后面。

先奏的比较难，他们已合过五六次，我更感到不顺手。后一个倒很容易，只是 1st violin 不很齐。

---

[1] 谈小姐，指女演员谈瑛。

一九三四

一月二十九日

一九三四年是我的音乐年。

在去年的十二月份算是重新开始了音乐生活，自从加入了交响乐队和到人艺处上课，更提起了我努力研究音乐的兴趣，我决定这样继续下去。

从今年第一天第一时起便不断地努力练习 violin，每天在公司的俱乐部里办我自己的公。

一月二十四日接到联华公司的信说请我休养身体。好！领了欠薪、双薪，走之大吉。我倒不在乎，但同人会和别的地方都大加讨论，着实也应当。现在我是黑炭[1]的同志了。

报上登着我要到德国学习音乐，今天到联华二厂补《渔光曲》戏，他们都问我这消息确不确实。

二月二十四日

需要画上几笔，已经一个月没写了！

这一月内的生活完全变更了，似乎比从前惬意得多，简直不像一个失

[1] 指江涛。

业者的生活。

“百代”收音、作曲，配音——《人生》，自己练琴，赴演奏会唱歌队，便是这一月的主要工作。

景光约我到南昌“怒潮”去，已经答应了又打了回票，原因是不应当去！人艺去了，我预备再到老头那儿上课去。音专失败。

最近收入较丰。

四月四日

四月一日起入“百代”工作，第一次和厂长谈话，使他非常满意。他要我做的工作是帮助任光的一切收音工作，经常地教授歌者，抄谱，作曲。

从这天起，每日提早练琴时间，六时或六时半起床，总在起床后半小时便开始练习，又恢复了在爱文义路时的晨课。

交响乐队开过两次演奏会，我对于这乐队的兴趣更浓，每礼拜二次夜工，不论怎样疲倦我都不愿缺席。最近又练的是 Tchaikowsky〔柴可夫斯基〕和 Gluck〔格鲁克〕的 Symphony〔交响乐〕，技巧比较难，Sloutsky〔斯洛茨基〕预备以两月工夫练熟。

从此每天有弹琴机会，可以实际开始研究《对位法》及继续研究《和声学》。

照常上课，每礼拜的功课都不错，常常得到老头的夸奖。

听过一次 violinist Robert Polake〔小提琴家罗伯特·波拉克〕的 solo，是揩油的。

继续加入合唱，tenor〔男高音〕到底吃力。

音乐研究会近几周都是在我家里开，每次开会时的空气倒很紧张，但实际的事却做得不多。

同人会向公司商量结果，只给我一月薪水。他们问我的意见，我发了牢骚，坚持原议，一直硬到底。

全是机械式的生活，没有一点爱的滋润，苦矣！然而实际上也无半点寻求恋爱的暇时，奈何？！

自从《南洋大观》的配音工作开始，便停止了交响乐队和合唱队的练习，这是一个莫大的损失，但实际上也真没有那么许多功夫。[1]

《渔光曲》的配音花了两个礼拜，真忙死人，算是在六月十四日正式在“金城”大戏院公映了。音乐和音响的效果还算不错，各报倒是一致地赞许！

《渔光曲》

1．音的 F.i、F.o[2]。

2．音的 Desoph[3] { two records。〔两张唱片〕
人工剪接法。 }

3．说话，音响，同时用唱片。

4．枪炮声，碎物声，其他一切杂声，均可用计格数的插入法。

5．一本详细的片长，时间表。

6．雨声、机器声、乌鸦叫、火烧声、人声、风声。

7．几个标准唱片。

任光到香港收音，上海一切事务全是我负责，乐队的训练非常有成绩。

森森音乐社在青年会演奏，风头十足。

我将导演一歌剧，我自己主演。

《桃李劫》作曲，《大路》作曲。

《大路》事件，暴露了他的阴谋；百代“新声会”试音的影响；他们到北平去。《飞花村》的作曲，在“胜利”灌片；十一月底向“百代”提出辞职。搬了家，租了钢琴。

十二月做《大路》配音工作，新年开映，批评甚佳。

---

[1] 四月四日的日记从这段开始记录的内容时间跨度达半年，应是补记的。

[2] Fadein，渐入、渐强，Fadeout，渐弱、消失。

[3] 疑似笔误，意思不明。

一九三五

一月，进二厂，声乐团的训练，也费了一番功夫。旧年公映，登台唱《新女性》歌。《新女性》收音糟透。

影片《新女性》中的“侮辱”新闻记者问题，闹得十分严重。

三月八日

阮玲玉自杀了！《静夜》应该成为纪念她的曲子了。

四月一日

便是今天，“联华”两厂合并，我去走过一趟。和孙瑜的谈话，据说《无愁君子》想找我配音，新的经常关系将会重建起来。这时我倒憧憬着一些新的希望：“联华”将拍有声片了！牧之的 Music Comedy〔音乐喜剧〕，许多电影曲子要作。……啊！我慢步踱入百代公司。去年今日开始进“百代”的，今天来跑一趟倒有相当意义。

晴天的霹雳到来了[1]！听过了一些好的合唱片以后：赵元任的《教我如何不想他》、《江上撑船歌》……遇国立音专的学生……

[1] 作者得知国民党政府准备逮捕他。

到日本去！牛皮！三哥[1]！留欧！……马上到“电通”[2]，解决牧之的问题。回家大写计划，三时睡觉。

在 Aksakoff〔阿萨柯夫〕家习钢琴及 theory〔理论〕，自一九三四年八月十日起至一九三五年四月一日。

四月十五日

所谓“牛皮”生意，经过十五天的准备，居然能在今天告一段落了。

一件冬大衣送给洗衣师，他帮了我不少的忙，否则我这几大件行李，真有些讨厌。

到汇山码头已经八点钟，“长崎丸”的三等舱里挤满了中国人。

还是没有人来送行好，省掉不少的麻烦，好在他们都能谅解我的苦衷，真的一个都没来。

四个苏州朋友，那个“劲儿”，有些吃不消！

船开不久，检查官来了，我有的是文凭，惬惬意意“派司”[3]了。

四月十六日

下午一时二十分到长崎，登岸吃了中国馄饨。五时开船。

四月十七日

下午三时抵神户。伴苏州朋友到大阪（乘电车），“红兰亭”的宁波大师傅请吃中国饭。夜十时坐快车往东京。

这一夜，睡眠太不舒服。和日本人的谈话，颇有趣。

四月十八日

上午八时半抵东京车站，汽车直达张鹤的住所。“东亚”[4]听了两个钟头的课。

---

[1] 作者准备以去日本找做牛皮生意的三哥为借口，离开上海。其实此时他的三哥已回到昆明。

[2] 电通影片公司。

[3] 即 pass，通过。

[4] 东亚日语补习学校。

写七封信，主题是“牛皮生意”[1]。

四月十九日

“东亚”报了名，拉四点钟提琴。

和鹤到大冈山访孔老，在吴诚格的新居大谈其往事。十一时返，自己坐电车回来的。夜市，好便宜的书！

四月二十一日

和鹤、谷到日比谷赴陆军户山学校军乐队演奏会，最值得注意的是以“满洲国”为题材的行进曲《戴冠式の钟》，行进曲《兰花》和幻想曲《日满亲善》。

短小的《东京市歌》，是东京市歌制定的时候悬赏征求得来的歌词（高田耕甫），由山田耕作作曲。

行进曲《戴冠式の钟》，“一个神圣而庄重的乐曲，在举国举行皇帝戴冠的盛仪时，伴着圣钟齐鸣。”（原注）

行进曲《兰花》。（原注缺）

幻想曲《日满亲善》。（原注缺）

以上三曲，在作曲技巧以后者为优秀，但免不了东偷西抄。两个行进曲颇富于鼓动性，尤其是《兰花》的主题，是优美而活泼的中国风旋律。其余几个是西洋曲。指挥者冈田一太缺少气魄。

四月二十二日　（星期一）

银行取款，走了许多马路。下午七时半在日比谷公会堂听新交响乐团的演奏，有 pianist，Arthur Rubinstein〔钢琴家阿瑟·鲁宾斯坦〕的独奏。

指挥 Hidemaso Konoye 还好。乐师共六十余人，除 1st solo violin 是西人外，其余全是日本人。佩服！佩服！

cello 独奏时太糟，oboe〔双簧管〕独奏也有毛病，由此证明一般个人演奏技巧之不行。

---

[1] 作者以此借口告知亲友他到了日本。

四月二十三日

这几天跑马路的成绩相当不错，东京市的方向算弄清楚了。昨天和今天跑的地方真不少，没坐过一次电车。

下午六时，同鹤、谷看“宝塚”少女歌剧。“东宝”剧场的建筑着实是一个现代歌剧场的建筑法，化一块钱参观一下都值得，莫说还看了四个钟头的节目。

四月二十四日

和鹤、谷到新宿第一剧场看“松竹”少女歌剧，现代的舞踊〔舞蹈〕比“宝塚”多，也是四个钟头节目。有《世界之满洲国》一剧，用连环电影。《东京踊り》的最后场面颇伟大！

自分の話として。〔自己的话来说〕

全日本映画竞映会拾零[1]。

“电影是一設大众最亲密的娱乐，它的影响不但能鼓动国民的精神，而且大有转移国家文化之势。这次举行全日本电影竞映会的目的，便是为着促成商业电影的进步、发达，从侧面给予一种刺馬〔刺激〕的作用，以完成电影的国策。在另一方面，所谓‘大众的’，不单是以他们本身的低俗的兴味为本位〔基础〕，而且艺术地把握着优秀的内容。在这种意义下，把各影片公司最自信的影片集于一堂，举行这竞映会，对于我国国产电影界的划期的〔划时代的〕（？）举行，起了非常的 sensation〔感觉〕。由各方面的赞辞，证明这是可靠的。”

ナンヤンス〔胡言乱语〕——31.June 34.〔1934 年 6 月 31 日[2]〕

六月二十五日　（星期二）

今晨在两个钟头以内，看日文书的量，算是打破从到日本后的纪录。就是在质的方面，懂的程度，也似乎进步多了。

---

[1] 下一段文字夹杂了一些日语词汇，影响理解的词在括号中注明中文意思。

[2] 日期应为笔误。

ソ联〔苏联〕的婚姻制度——外交评论。

法国乐坛近况——1．法国全作曲家联合协议整顿放送事业，为了设备之完整及节目的腐旧。2．音乐批评家和管弦乐的正指挥打官司，告批评家损坏名誉。3．作曲家发明新弦乐器，类似 viola〔中提琴〕。

苏联戏剧祭〔节〕——九月一日——十日。——《世界知识》七月号。

看中国的电影——《改造》杂志。

王莹的爱人在上海被捕——《每日新闻》。

七月七日

近来简直没感到记日记的兴趣，以前我可算是一个有“日记精神”的人。从今年来，一直没有连日写过，这也许是一种损失；然而，在事实上实在没有那么多时间。

不愿老生常谈，“从今天起，要每日继续了！”但以后总希望尽可能地每天写一点，以免事后懊悔的痛苦。

为了弥补以前的损失，只有用一下统计的法子。

音乐方面

1．五月二日、三日于日比谷公会堂听全日本新人演奏会。主催〔主办〕为读卖新闻社，参加学校有日本高等音乐学校、日大艺术科音乐部、东京音乐学校、东洋音乐学校、东京高等音乐学校、中央音乐学校、武藏野音乐学校、大阪音乐学校、神户女学院音乐部、帝国高等音乐学院。节目分二日奏完。第二夜鹤和谷要去“参观听众”，在休息时，我的大衣被窃，袋里有皮手套一只，《日华字典》一本。在占位子时我们简直同声赞美日本的所谓“民间道德”，谁知道他不争气，马上便出了这么大的乱子。报告事务室时，才知在这堂堂的公会堂里，同样盗案，已有过不少登记。算了吧！以后还是少赞美些好！第二天去根究，警视厅的包打听向我们打了招呼，说正在调查，等有结果时再为通知。

这天有老侯和吴琼英，他请我吃了日本食“大虾饭”，在“银座”散步后上吃茶店。借吴的光才有上二阶〔二楼〕的资格，否则便是在一阶〔一楼〕做“单身”。后来上跳舞场，看了半天，两人都虚伪地说着不一定跳，但是脚底是痒得可以，结果他忍不住了，说："既到这儿，不跳有些难为情的，买十张跳舞票两人分跳吧！"我当然没有反对的理由，于是吴琼英开始和我们选择舞女了。真倒霉！顾到面孔的样子，就顾不到身长的高低，实际上坐着是比较难于勘定。已经跳了四个矮子了，吴希望我抱一个穿和服的跳一次，结果，这最后一员打破了前四员的纪录。吴看了很感到兴趣，于是我大开其讲习班，弄得他莫名其妙！"理论到底是理论！"

2. 五月十二日午后五时至九段军人会馆举行的儿童舞踊会，主催者为岛田儿童舞踊研究所，门票推销员是我们的渡边妙子先生。因为她太热心的缘故，使我觉着很有趣味，而怀疑到那三张票子是人家送给她的。看来也着实可怜，在整个的日本妇女没有得到解放以前，她们只有用这类方法来弄几个钱。鹤买的票，结果他牺牲了，为了艺术聚餐会的不肯退席。节目有二十三个之多，大半为日本舞踊和西洋舞踊。歌曲多系童谣，独唱者顶大不过十二三岁，顶小的五六岁都有。有的用 record〔唱片〕。最有趣的要算是幼儿舞踊，他们毫无顾忌地尽管在台上错误，观众大笑不已，但他们都极镇静（Dark change〔暗转〕时家长领入）。节目中《支那之手品师》（中国的变戏法者）是用两个日人所理想的中国怪装儿童，手执小棍，东跳西跳。最后一场是"樱花舞"，踊者大小二十余人登场，也就是岛田研究所的全体。岛田自己也出来领头大跳，但在头上蒙了一块花布，不给人看出他的真面目。今晚看得太满意了。

3. 五月二十四日午后七时三十分在日比谷公会堂举行提琴巨匠 Efrem Zimbalist〔埃弗伦·津巴利斯特〕的提琴和新交响乐团的定期演奏，提琴协奏曲有 Mozart 的 *No.5. A major*〔A 大调第五小提琴协奏曲〕和 Mendelssohn〔门德尔松〕的 *E minor*〔E 小调小提琴协奏曲〕。新响管弦乐有：Michael Glinka〔迈克尔·格林卡〕的 *Overture to the opera op.64, Ruslan and Ludmila*〔歌剧《鲁斯兰与柳德米拉》序曲〕和 Friedrich Smetana〔费里德里希·斯美塔那〕的交响乐诗 *No.2 Moldau*〔第二乐章《莫尔道河》〕。遇侯和吴琼英。我买了一张 Zim. 氏的照片，想找他签字，向一个外国人打听一下，他说要在散场以后，那时我也没有这样的兴致了。

戏剧方面

1. 老陶[1]介绍一个朝鲜朋友给我（李相南），他是日本著名的照相家远近雄的门生。虽然朝鲜籍，但因在日已八年多，简直和日本人一样。我们虽是第一次见面，已经是和故友一样，毫无拘泥地玩着、闹着。到新桥漕船〔划船〕的时候，我们谈了到满洲、朝鲜、哈尔滨的旅行计划，我觉得我的日语有些进步了。以后我应该抓住这一类的经常关系。

本来那晚（五月二十八日吧）是由老李介绍看"新桥"演舞场的《蝴蝶夫人》的，为了老陶弄得糊里糊涂，时间也没拿准，结果空走一遭。正在扫兴的当儿，我提议到"筑地"剧场去见识一下，看一看这左翼剧的策源地。恰好这里正在演着新筑地剧团的《坂本龙马》，我们更高兴了，虽然毛毛雨下得闷人。快到开场时才有人来卖票，生意异常冷落，警察走来走去。从开场到末尾，没有给人会感到疲乏的时候，虽然话是简直听不懂。剧作者将历史用新的手法表现出新的意识来，代解答了崇拜英雄偶像之不可靠，以个人力量推翻一种旧统治势力，结果新的统治势力依然连连而生，这非与集体的力量配合起来去斗争不可的。这戏里有着革命的热情，有着血的奔放，随时会使你的情绪紧张起来。

有一天新筑地剧团在"东亚"三楼开演讲会，我整站了三四个钟头。听了岛田敬一讲《日本新剧之活动》，《坂本龙马》的导演佐佐木孝丸的《新剧的现状》，最后是脚本之朗读、独幕剧，《取引にめろず》〔《不成交》〕全体演员就在讲台上大读其台词，导演坐在台旁，有时也居然加入动作表演，至于面部表情，却是随时注意到的事。

2. 六月二十九日午后六时半，"飞行馆"、"创作座"[2]的第七回公演，借老李的光，揩油看的。他带我参观后台及舞台上的灯光装置，到底比中国有些道理。他们的灯光管制完全是有组织的，而且事前有充分的预备，应用时一点也不感吃力。三个独幕剧《母亲》、《筑地明石町》、《赤鬼》。据说这剧团是重技巧的，在我看来，似乎也不见得有什么特出的技巧，也许我们不懂也说不定。内容方面简直不必提，简单的三句话便可代表：第一

[1] 陶也先。

[2] 两个日本剧团。

剧者家庭琐事也；第二剧者日本女人换衣服也；第三剧者买卖式之婚姻也。实在不够劲儿！

3．四月二十八日晚在一ツ桥，一桥讲堂观《雷雨》公演，导演：吴天，刘汝礼，杜宣。第一、二幕还大致不差，第三幕简直失败，收场时该是导演负十足责任。演技以瑞茜还比较过得去，老仆近文明戏，常常以装作的滑稽过多而破坏整个空气。长子最糟，次子还有那种傻劲的个性。第二次预备公演时，突被公使馆禁止，说“有伤国体”。

电影方面

1．五月十四日东京每日新闻社主催的全日本映画コンクール〔全日本电影竞映会〕在神宫外苑日本青年馆举行，我参加的是夜之部。公映影片有松竹蒲田摄影所出品《若旦那春烂漫》〔《年轻丈夫的浪漫》〕和“日活”[1]现代剧《里街之交响乐》。导演和演员都出台讲演，大有《新女性》献映之夕的风味。这两个影片以后者较好，但无内容，无非从美国音乐歌舞片东偷西抄而来，有时完全照抄，甚至剧本的构成也是全部模仿，一元的票价实在有些不值得。

2．六月二日上午十一时到水道桥和老李约会，往日活摄影所参观，认识一新女友，还相当有味。她常找我说话，我不懂时也不辞劳苦地再三解释，我倒有点心动了。在电车遇我们久候没来的日本朋友，新宿换车至多摩川，走不远便到日活。门禁也相当严，介绍信送进去半天了才有人来，结果还不是所要找的人，又等了半天，才被招待进去了。看了两个摄影场，一切并没有什么特别，等于到“艺华”去走一遭一样，职演员们的吊儿郎当劲儿还是那么一套。到多摩川游园漕船，遇难，裤子浸湿，游泳，脱裤子，他们都笑了，我却连声地喊着“大丈夫”（没关系）。在新宿吃茶店和日女友分手，送她一短程路。我和老李上日活摄影所开的支那料理店〔中国饭馆〕吃饭，“武藏馆”揩油看《复活》。八点钟从新宿跳上电车，知道裤子内部还有许多水分，小腹有些不自然。好容易到了神保町车站，急忙飞入钱汤〔澡堂〕里，三十分钟后，“大丈夫”是也。

[1] 日本活动电影制作所。

其他

1. 五月二十六日

和谷、老李様〔先生〕到大冈山东京工业大学，参观时间约三小时。吃午饭后遇吴琼英。饭后往洗足池散步，沿途和吴诚格大谈政治问题。天气太热，脱上衣又被人说“失礼”，真是苦极了！大冈山喝冰茶，大吃云南口味，到家整十一时。

2. 四月二十七日

和鹤、谷、小高（衮父）游明治神宫外苑。

3. 六月二十日

和鹤、谷游井之头公园——遇日本美人。

4. 六月二十七日

和鹤、谷游植物园——追小白兔。

特殊事件

1. 剃胡子，从容自若地把剃刀放下，嘴揩干净了。

2. 早稻田校歌——“这是尔先生欢喜听的！”忘れならない……二度と三度——〔难以忘怀……两次和三次——〕

3.“小猫！ Mi！ Mi”ライオン〔狮子〕齿磨时。主妇之友有什么手相，防空预习。

4. ヨサン、ヨサン！いらつしやい〔×君、×君！欢迎〕……艺术聚餐，第五次会上，中国艺术活动的报告，violin 独奏。

第六次会上，欢送张教授，大唱雄壮歌。

诗歌座谈，三阶，“诗精神”日本语，台湾朋友，留东新闻之聚餐会记事。

一九三五年。

七月八日

虽然是短期旅行，收拾起行李来也就讨厌，什么都想拿，什么都觉得有用，但想到搬行李上下车的麻烦，自己又该发脾气了。最后决定带小皮箱一只，布包袱一个，Violin 一具。

旅行期内的日语研究，预定读完两本日文与日语书，《日本语はじめ》〔《初级日语》〕第三册，《音乐社会学》，Violin *Kreutzer*。

“日本女人的脸色变化和日本的天气变化一样”，的确不错！近来我这位房东太太真有些吃不消，假期房租减让的事，已向她说过三回之多，到现在还没有明白表示。由她今早的面部表情看来，大概是有点不高兴的样子。上两次我还可以忍耐一下子，这回可确实受不了，要是到晚上再无答复，决定搬走。

换上新洗来的夏季西装乘汽车往“飞行馆”赴老李的约会，预备一块儿去访林和先生，这是欧阳予倩介绍的戏剧批评家。前几天问过老李，他说并没有这样一个朝鲜人（其实是我的错误，他是百分之百的日本人）。等我给他介绍名片看时，想不到他们不但熟识，而且是住在同一ビル〔公寓〕，对照互相的地址，完全证实了。

飞行馆旁边的小吃茶店里一坐，叫了一个冷咖啡，半口半口地喝着。时间坐长了总有些不自然，想找点事情做做，于是大写起日记来。客人走光了，再来的也走光了，第二杯咖啡也快要当酒一样地喝完了，他妈的，还不来！……正写到这儿，“聂耳様！”他在外面喊起来了。

林和先生出门去了，要下午四时后才可返东京，我们决定再走一遭。但正在四时以前的空闲中，总得找点事做做，于是和他到有乐座，什么写真研究所等一处一处地辞行。后来到丸ノ内松竹馆访那天在一块游河水的大坪様。看了两个半场日本有声映画，一个是《噂の女》〔《被议论的女人》〕的后半场（现代剧），又一个是时代剧〔古代剧〕的前半场。前者的印象还不错，后者实在有些看不惯，冗长的歌舞伎座场面，真讨厌！

快五点钟了，再访林和先生，仍是没回来。我把自己的名片和介绍名片交给那位颇谦和的事务室职员，请他转告说我避暑后再来拜访。记住了！是银座七丁目，五，三ツ喜ビル〔三喜公寓〕三楼的“戏剧改造社”。从海滨回来，第一件要做的大事。

银座大街上的漂亮姑娘真不少，我不禁地喊着 wonderful。乐器店买弦线，松坂屋买礼物。

从小公园穿过，《早稻田校歌》，似乎有去一遍的必要，——太无趣味了，十五分买卖，空坐半小时便走。

约鹤到楼下吃饭，ヤえコ[1]还是不在，午饭时就没有看见了。问ノブコ[2]说还是到那边洋服店去，我会怀疑到她也许改行了。今晚的定食〔套餐〕特别好，ラバサン〔女房东〕大有饯行之意，ノブコ也有恋恋不舍之感，可是不能和ヤ说一声“サヨウナラ”〔再见〕实在是一个遗恨，至于ライオン齿磨〔狮子磨牙〕的理想，不过理想而已。

和鹤散步时大发牢骚，关于日本的留学生生活，小资产阶级的劣根性，我到日本来的意义，以至于我对华的领导问题，还背出昨天给他的信“……我们目前的幸福将会葬送了将来的生命，要是不从速醒悟的话”。

晚上和房东太太的形势严重化，妙子也在，弄成僵局。郭様也明白说过，她仍是不干脆地说出要多少钱。等我决定明天搬走时，她才讲出可以打七折。因为今晚我的态度相当硬，说话也颇厉害，否则她还是“没有明白你的意思”。

杨様正向我报告今天到房州找房子的经过时，妙子送了两个冰淇淋来。谈话不久，她说也许我们以后看不见了，她回故乡后，十九是不会返东京了，因为母亲想念的缘故。寐前她又到我房门外请求我拉一次提琴，意味浓厚。

七月九日

闹钟上在四点半，结果就醒了，五时出发，ノブコ还没起，我在“玄關”（门厅），听见“聂様”叫了一声。

乘电车到大门，“芝富士馆”门口前静候，才五时半。少年（二十一岁）警察来找我闲谈，他还问到中日问题的意见，我说我们研究艺术的人是国际主义者，不管那些国家与国家间的政治纠纷。

七时上汽车，李様与大坪様和汽车夫颇谈得来，汽车夫的学问颇渊博，什么问题都可以谈一下，兼有绅士风。

经横滨时见一吃茶店员，穿着肉感的内衣在门口和一小孩打闹着，想到人家说：“上横滨”、“到热海”这类笑话。

---

[1] 人名。

[2] 人名。

八时半到藤泽，我们半天才找到李様的朋友家。滨田様原来也是干照明的，在“飞行馆”的照明部任职，看这人颇老实，有点夫子气。

早饭后到江の岛〔江之岛〕，只要五分公共汽车费就到。二分门票过长桥便是岛，岛上风凉的原因是大树多。除卖土产及食堂外，似乎没有什么东西。到后面，绕到岛肚子里，简直比什么地方都有味，海浪滔滔，《渔光曲》拍外景时的回味，岩洞的深，较无锡、圆通山不知好几百倍。又坐公共汽车至对山海岸，沿海边走了不少路。李様下海，一会工夫便上岸喊肚子痛，这便是不听我们劝告的缘故，哪儿会有刚吃饱饭便洗海水浴的道理？再沿海边走，过了好几处有浴场的地方，可是人并不多，可以点缀一下风景的及格者还没有，也许还不是时候吧。

太疲倦了，在电车里大打瞌睡。到家就快往烧汤入浴，哈哈，运气真好，简直是……因为三人一起去的，不便多看，同时想到“那个”，还是不看为妙，出来时就简直没有了。

一个十五岁的朋友，却比我高，英语发音也还不错。第一次吃日本名食“生鱼”，也算没出毛病，好像比老金做的生牛肉好吃。横田的姐姐说明天可以弄好些。

拉了 violin 给他们听，讲解了中文对联，他们渐渐对我熟起来了。十时到小朋友家拿被褥，被招待去弹风琴，简直糟到没有说处，自己非常着急，想到丢了几个月的钢琴练习，将来如何补偿？直到睡觉时仍是感到不安。

七月十日　（水曜日〔星期三〕）

六时便醒，昨晚睡得太舒服。

横姐往东京做事去了，他们还睡得很熟，补抄昨日日记。相当感到讨厌，从他们起床到吃早饭，我没有说上三句话。

等大坪様到一点半还没有来，滨田様又要听听我拉 violin，他不但记得许多提琴曲的名字，就是每曲的作者也顶清楚地背得出，看起来倒是颇像一个懂音乐的人。他的留声机唱片中有交响乐曲、提琴独奏、独唱等，由此可见日本人一般的音乐程度。

有一张 *Souvenir de Moscow* 是 Elman〔埃尔曼〕的独奏，开始的几小节和弦奏完便接 Andante〔行板〕。

午饭后甚疲倦，天气也热得可以，我和李様整装预备出发海滨浴场。我那黄短裤、大帽子的夏装，差不多年年如此。要是到房州海滨去给吴琼英们看见，不免又说“洋里洋气”。

乘公共汽车（六分）到鹊沼（くげぬま）海滨。这儿的海岸似乎比江の岛多些，人也不少，花布伞、花布棚的点缀，海岸显得更美了。江の岛孤立海中比从镰仓看到的江の岛秀丽得多。

肚子里好像还十分饱满，我提议多休息一会再下水，李様受了昨天的教训，今天也不那么性急了。

我在一个比较人少的地方，坐下换上游泳衣，第一次尝到日本的海水。

跳了几个浪便往人多的地方去散步，兜了一个大圈，没有一个人不经过我的检阅，并无什么收获。

郊外散步，和李様大谈恋爱观。他过去曾恋过三个日本女子，但是现在已经完了。他主张不结婚，也想到欧美去游历。

大坪様到七点半才来，昨晚住在横滨，为了朋友的约会而误了我们的时候，今晚就回东京。

大喝啤酒，五香花生是下酒菜。到八点多钟才吃晚饭。

李様向横姐们报告今天的经过，说到我是一个十分有趣味的人，说我穿着一件女游泳衣到处参观，结果是别人来参观我。我当时否认，我的游泳衣绝不是女的，我已经穿了三个夏天了，在上海并没有谁笑过我。虽然我不断地辩护着，他们总是大笑不已，那比我高的小朋友笑得最起劲。最后我说:“我才不相信，瞧着看吧！明天我穿到海滨去，并且要喊着‘御覽なさい！’〔请看！〕”大家又笑了。其实我老早已经怀疑过这件游泳衣，但从来没有人笑过我，因此也就放心了。再想一想它的来历，当然也是可能的。在上海似乎着实不大注意，在这儿可两样了。明天决定另外买一件新的。

送大坪先生到车站，散步到艺妓住所附近。什么花样也看不见，还是和普通的人家一样，门口好像是多一盏灯。

今晚天气突然冷起来，回家快十一点了，床铺蚊帐已全部弄好。啊！到底是日本的妇女。

七月十一日　（木曜日〔星期四〕）

鸟叫声、邻居小孩们的嬉笑声、钟摇声，他们两人熟睡的鼾声……多么寂静的乡村哟！我从来也没有想到我会到这样美的地方来安闲地住着，更没有想到会和日本人弄得这样亲切，居然住人家，吃人家。

天气不大好，有点寒意，也没有到海滨的兴趣。在家翻地图，决定到有名的温泉（别府）一游。在这几天内，也许会到箱根、热海去一回。到了这里还不去这两处名所，真是太不值得了。现在只等新协剧团的回信，然后再定。

大概他们都有晚吃饭的习惯吧，今天又是到一点多钟才吃午饭。是横田様弄的咖喱饭，我太客气了，肚子还有一半没饱。

散步到东海，经过了一个学校，健美的女性（？）——不过比都市女子肉色黑些，在打着篮球。她们都十分注意我的大帽子。

一个大神社，颇像公园，里面有一株大树，和黑龙潭的松柏差不多，幽静处也有黑龙潭的意味。

到小朋友家，他正在用功，预备学期考试，我们不愿进去打扰他，但是那位女主人（不知是他娘还是他的什么人？）无论如何要招待一下。只在门口坐坐，糖果、果子露也弄出来。一会地震起来，小朋友奔来奔去，我倒一点也不在乎，很快也就停止了。

洗热汤，没有什么。

晚饭后正在研究英日会话对照的时候，外面有带头马的一样的铃声[1]响起来，第一次知道“号外”的到来。

“静冈地方的大地震！市内起火灾！房屋倒坏多数！”原来就是刚才的事（午后五时二十五分），我们所感到的不过是微震而已。

横田姐弟们渐渐对我感到趣味了，无论如何要我唱歌、跳舞，后来居然做起跳舞教授来，大教其 Waltz。横田和李様却也是想诚心学一学，“一，二，三！一，二，三！”陈梦庚的教授法原来搬出来，留声机也开起来了。

晚上颇冷，十时睡觉。

---

[1] 云南马帮的头马脖子上都挂有铜铃。

七月十二日

窗外小孩们的歌声把甜梦惊醒，横姐还未出发。拿朝报一看，地震消息占着大的篇幅，接着丁零当郎的，“号外”又来了，满幅都是地震的照片，真有些可惨可怖！

天气似乎比昨天还要冷。饭后便看看书，和李様读 *Little Woman*〔《小妇人》〕的英日对照本。因为天气不好的缘故，什么地方也不想去。

在附近乡下散步，不论走到什么地方都有游公园的感觉，到处都是大树、小山。走过一些精致曲折的小路，进了神秘的森林，我真说不出是到了一个什么美境？

風呂〔洗澡〕，十三四岁和十岁左右的在这里和他们的一块洗[1]，样子也十分美。

我已决定今天到箱根、热海去，坐十点五十分的车，四十五分才从家里动身。在半途一看钟，有的已经过了十一点了，有的已是五十五分，眼看着没有希望追到，中止了。

当然坐下一次车，横田様和我到松崎丰（小朋友是也）家，要他给我画一个案内〔指导〕。弄了半天，我感到麻烦了，天又快要下雨，我索性不高兴去了。

松様有三四个同学和我们一块到家里来，听我拉了提琴，他们都向我表示欢迎。那种可爱的样儿，真有说不出的羡慕，全是十五六岁的孩子！

横田様，李様，松様，我们四个人到海滨散步（鵠沼，公共汽车六分）。因为天气不好的缘故，不预备下水，看看打鱼的，在沙地上走走，谁都是无精打采的样子。在藤泽下了公共汽车已飞着小雨，到家后在席子上一卧，感觉到今天太无味了。

正扫地时，进来一位戴眼镜、穿洋服的少女，手里提着包袱，好像是从东京来的样子。在没有人介绍以前我是好像没有看见她一样，后来自己要求李様给介绍，原来她是横姐同事，是从东京来的。

她提了包袱进我们睡的房间，关门时特别关照小孩子绝对不要开门。那刚和她滚在地下打架的小孩子，仍是顶顽皮地向她笑着，她又再三叮嘱

[1] 句义不明，疑似有漏字。

着:“绝对不能开的哟！”那顽皮的小孩子已爬到窗子上去，仍是嘻嘻哈哈地模仿着她刚才谈话的动作。

过一会，她已换上一身粉蓝大花的和服出来，背上背的大印也是相当考究而且漂亮的，这时看起她来，似乎比刚才美得多了。眼睛虽然小小的，但有着她特别的美、日本妇女的美。她常常露着笑容，眼睛只是两条小线，谈话的腔调，大有映画对白的意味，那种温柔处，可说是代表了日本的女性。

晚上电灯线坏了，三个人（李様，她，我）围着一支小洋烛谈话，别有一种风味。她和李様也好像有过些“往事”，他们常有含意深沉的谈话。

修电灯者来，我们三人出去散步。已经九点多钟了，他们还有兴致想到江の岛去，我当然同意。买了三张票（每张十分），走过来时伊居然从袋里掏出十分钱来还我，我拒绝了，她说了一声“すみません”〔不好意思〕，啊！这是日本人的特征！

从岩本楼别馆的大石桥走过，看见桥下有许多 boat〔船〕，大家不约而同地叫起来“ボート、ボート！”[1] 不等我们到码头，那租船者便把桨送到船上，拉着船边恭候着我们，李様漕船，我坐船尾，她坐当中。

从江の岛那边去，长桥上的游人已经是稀少了，江の岛神社的鼓声隐隐地可以听见。我们的船快到海边时，便不敢进去，回过来往小河里去。

人是那么静，水是那么平，要是摇桨停止了，只有虫叫声和自己的呼吸声，简直寂静得可怖。两边的密林阴森森的，前面泊着几只小船……（他们叫着到海边去，简直写不下去了！）

从海边走到鹄沼海滨浴场，路上没有遇着一个人。民谣，蛇叫，啊！想不到竟是到藤泽来最有意思的一天。在鹄沼等电车时已十一点半钟了。

七月十三日

昨天太疲倦的缘故，睡到八点才起来。まるやま様[2] 刚起来的样儿，要是给我们的张鹤博士看见，一定会大增分数。她穿着睡衣，拖着草鞋，在

---

[1] boat 的日音。

[2] 人名。

院子里玩弄着树叶，她那没有戴上眼镜的眼睛，似乎比较大了些一样。当她笑起来的时候，两排白牙露了出来，两只眼睛又是成为两条细线。

早饭后，大家都很高兴地收拾着东西预备到海滨浴场去。只有李様却闷闷不乐地打着不去的主意，因为他的“梦三妹、幻しい三妹”〔梦着、想着的三妹〕，今天下午两点钟要由东京到此。

我们对他过度的开玩笑，他实在没有法子拒绝，只得要求我们容许他在两点钟的时候回来。

李様、まるやま様、丰様、他的小弟弟、横姐一行六人到海滨时，人已经多极了，因为是星期天，而且又是好天气的缘故，简直是热闹得可以称为“鹄沼银座”了。

到处都是十五六岁的小女孩，尔要是和她们笑笑的话，她们无有不同样给尔笑一笑的，尤其在跳浪的时候，好像特别要尔注意她的动作似的。有时侥幸跳过一个大浪，她马上回头来看一看尔，给予一个骄傲的微笑，有时连跳一个小浪都会跌了一跤时，她蒙着脸含羞地大笑起来了。

两点钟时大家都上岸了（まるやま様没下水），李様第一个先换好衣服，本来在先讲明一块回去的，但等我们换好时，他已逃走了。

小孩和丰様溜冰（陆上）去了，我和两位女士上了公共汽车。一会小孩哭哭喊喊地在车外叫起来了，知道他并没有和丰様在一块，找我们半天没找到。

车开了，まるやま様问说：“聂様！昨晚！这里是么？”原来是到了昨晚我们摸黑路听见蛇叫的地方。我说：“对了，我们从这里过去就找到电车站了。”

回家一看玄關里并没有客人的鞋子，李様在里面叫着：“客人没有来哟！”我们都替他惋惜。

四点半才吃中饭，客人仍是没来。李様坐卧不安，一会儿出去了，一会儿又回来了；一会儿把刚洗来的衣服穿上了，一会儿又脱下了。看着真有趣，结果半天不见他回来（两位女士也和友人早出去了）。

拉琴的时间相当长，横田様约到外面散步，又走了一些好地方，这时正是日落时候，满天布着美丽的云霞，像这样的乡村生活是很久没过了。

所有的人回家了，提琴、留声机、英日会话、笑话、跳舞，突然热闹起来。在十分钟内和李様学会了一个朝鲜民谣，他们都称赞着“旨い！旨い！”〔好！好！〕其实这是再简单没有的工作了。当まるやま様放着Gossec〔戈塞克〕的Serenade〔《小夜曲》〕的时候，大家都肃静了，使我忆起过去对violin最努力的时候，也是romantic生活最充实的时候。

晚饭后，已经九点钟了。虽然是十四的月亮，实在已经够美了。李、横姐、まるやま様我们四个人照样到昨晚的旧地。和昨晚所不同的是有月亮，有风浪，多一个人，船大一点。

航程较昨晚远多了，小河的曲折处也比昨晚来得多而且有诗意。何况有那么明的月亮，每个人的面庞都可清晰地看出。

江の岛桥上的红绿灯增多了，原来今夜是神祭的本祭[1]。

到车站已十一点，等二十七分开的车，我已打盹了。车来，まるやま打我打得相当重。可是到了电车上还没醒透，要不是她和我谈那么多话，我真有本事在电车上大睡其觉。

真惬意！回家时床已铺好了，钻进帐子便睡。

七月十四日

虽然是一个乡下的中学生，甚至于普通妇女，他们都能谈出几个音乐家的名字和他的作品。老实说，他们能分别某个serenade是某人作的，某个歌谣是某国的民谣，而我有时候却没有他们清楚。他们音乐水准会比我们中国高，这也是当然的结果，只看他们每天新闻纸上的音乐消息啊，播音节目啊，触目便是音乐家的名字和作品的番号〔编号〕。要是有无线电和留声机的更是容易记住了，何况无线电和留声机是比中国普及，而一般人对唱片的选择水准也不是那么低，根本他们日常所听到的已不是低级的东西了（这是针对中国来说的，譬如在上海日常所听到的播音节目是些什么？）。

我看着横田的日常生活倒很有趣，早上很晚起来，饭后便睡，海水浴也不去，只是散散步，看看书。……他们所谓养病，我觉得这样恐怕会把病养出来，夏天不洗海水浴而睡觉，不论什么病都不见得适宜吧！

---

[1] 祭神的正日子。

天气很好，十二点多钟才预备到海滨。

约了丰樣、横田也一块去，但并不下水。

天气热极了，海边的人比昨天礼拜还多。有一个小学校来旅行，男女学生约百余人，由教师一组一组地带到海里去，好像一群小水鸭一样的，口笛一响，叽里呱啦地又挤上岸来。啊！那群母鸭，顶大的不会过十六岁的样子。

今天的跳浪运动比较进步了，下水三次，日光浴三次，皮肤晒得通红。

上午十点钟吃了两小碗早饭，到家已五点钟。横田各自睡着看书，毫无预备吃饭的动静。这次算是真感到肚子饿得痛苦了，早上不要吃的生桃子也拿来吃了，可惜只有一个。李樣看出我的饿态，他问我："尔要是肚子饿的话，可不必客气，出去吃点吧！我们是大丈夫！"现在我才知道全是些吃饭不依照时间的胃病鬼。我假客气之后，急忙整装出发。在车站附近吃了一个カレーライス〔咖喱饭〕好像没有多少效用，又到一家再吃一个ミルクとパン（牛乳和面包）。

慢慢在街上溜溜，买了一册便宜的《现代语辞典》。路上遇横姐，救了我的迷途，浴汤也可以找到了。

皮肤简直痛得如针刺一样，我仍是和热汤抵抗，等出盆时，已是红得发紫。后来用毛巾摩擦，实在有些受不了。

本来预定明天动身的，为了李樣要等大坪自东京的来信，只得多延一天。后天清早出发，游热海、箱根，夜车到京都。也许横田姐妹也会同游热海。

真正的日记是记出每天自己的心里的变化，加以分析和批判。再，当日国际政治情形的记载也是非常必要的。至于把每日所做的事，正面的记出来，这是再无味没有了。

意大利和阿比西尼亚[1]的冲突，到现在是最尖锐化的时候了。墨索里尼驾着自己的爱机从罗马出发监视和鼓励远征的军队。而另一方面，黑人备战之忙，也足以给黑衫党一个很大的威胁。如我们在新闻影片所看到的《阿比西尼亚军队出征》，那些黑人，忙忙碌碌地抬着大炮，擦着枪。不要看不

[1] 今译埃塞俄比亚。

起这些黑人，他们倒有这勇气和所谓法西斯大国来干一下。再看一看地图，阿国的国土，差不多快要用刘别谦的导演手法了——显微镜。同时在美洲的几十万黑人也在吼起来了。

七月十五日

下雨，在家睡觉，看书，收拾好行李，决定明日出发。

横田姐回来，她已请了两天假陪我们玩，在先我不大明了这种情形，还是坚持明天走。后来一想，在人情上实在有些过不去，于是决定多延一天。

读一本日文对照的《英文作文》，兴趣非常浓厚。这是一本非常好的文法参考书，上面所选的日译英的例题，全是各学校试验得满点〔考试满分〕的答案。我重新感到读书的乐趣了。

一时高兴，想跟李様到朝鲜玩一转，十月一日以前到他的家乡，十月一日到京城，他去做新建剧场的灯光主任。后来仔细考虑一下，似乎也得不到什么东西，花费了那么多的时间去空走一遭实在有些不值得。还是早些返到东京，实现“音乐技术修养”与“第二计划”。快快找到先生，钢琴继续练起来，和声学开始学习起来，这样便宜的生活费、学费，不加紧努力等几时？

第一“三月计划”算是在月前实现了。按照目前说日本话的程度，已是超过预料之外，自己向自己喝一杯吧！

第二“三月计划”是“培养读书能力”，同时加紧“音乐技术的修养”，直到离日的时候。

从明天起，是第二计划的开始。虽然是在暑假旅行中，读书的时间有的是！提琴的练习也绝不会发生任何阻碍。尤其是到房州海边时，“以多练习提琴少说话为要！”温习 Kreisler and Mazas〔克莱斯勒和马扎斯〕。

附：

第三“三月计划”，翻译试作，作曲（唱歌，乐剧）。

第四“三月计划”除继续第三外，便是俄文学习。整理作品，欧游准备[1]。

（注）一切在日音乐、电影、戏剧、活动、访友、参观等是从“第二”

[1] 作者原计划经日本，去欧洲学习。

开始时开始。

七月十六日

今日为第一“三月计划”期满之日。将过去三月工作作一检讨，大概得下面的结论：

1. 日语会话和看书能力的确是进步了。

2. 音乐方面，因听和看的机会多便忽略了自己技术的修养。三个月来没有摸过一下钢琴，实在是莫大损失。

3. 提琴练习时间比离国前那一向多。这倒是好现象，但始终是不够，没有先生又是主要原因。

4. 没有作曲（？）的原因是“欺人欺自己”的自觉。“尔为什么到日本来？”

5. 中文程度的重新清算，有相当效果。

明天开始新计划，随时不忘的是“读书！”、“拉琴！”

十六日日本又检举共党，他们过去和中国发生联系，现在是通过美国而和国际党发生关系——今日《朝日新闻》有着很详的记载。